56,–

STEFFEN-THOMAS EHRIG

Devisentermingeschäfte als Instrument der Währungspolitik

AF817206

Volkswirtschaftliche Schriften

Herausgegeben von Dr. J. Broermann, Berlin

Heft 200

Devisentermingeschäfte als Instrument der Währungspolitik

unter besonderer Berücksichtigung der Devisentermingeschäfte der Deutschen Bundesbank und der Schweizerischen Nationalbank

Von

Steffen-Thomas Ehrig

DUNCKER & HUMBLOT / BERLIN

Akademie-Bibliothek
Bochum
Zugangs-Nr. 506.73
Systematik W 72
Verfasser Ehr

Alle Rechte vorbehalten
© 1973 Duncker & Humblot, Berlin 41
Gedruckt 1973 bei Buchdruckerei Bruno Luck, Berlin 65
Printed in Germany
ISBN 3 428 02923 2

Inhaltsverzeichnis

Abkürzungsverzeichnis

a	Ausland
AWG	Außenwirtschaftsgesetz vom 28. April 1961 (BGBl. I, S. 481)
AWV	Verordnung zur Durchführung des Außenwirtschaftsgesetzes vom 22. August 1961 (BGBl. I, S. 1381)
BBG	Gesetz über die Deutsche Bundesbank vom 26. Juli 1957 (BGBl. I, S. 745)
BGBl.	Bundesgesetzblatt (Teil I bzw. II, Jahr)
BIZ	Bank für Internationalen Zahlungsausgleich
Gb-Bbk	Geschäftsbericht der Deutschen Bundesbank für das Jahr
Gb-Nbk	Geschäftsbericht der Schweizerischen Nationalbank für das Jahr
HdSw	Handwörterbuch der Sozialwissenschaften. Herausgegeben von *E. v. Beckerath* / *H. Bente* / *C. Brinkmann* u. a. Stuttgart/Tübingen/Göttingen 1956 ff.
i	Inland
I	Indifferenzmarge
$I_{o, u}$	oberer bzw. unterer Interventionspunkt
IWF	Internationaler Währungsfonds
IWF-Abkommen	Abkommen über den Internationalen Währungsfonds (BGBl. II 1952, S. 638)
JbfNuSt	Jahrbücher für Nationalökonomie und Statistik
K_A	Kassatransaktionen der Arbitrageure
K_N	Kassatransaktionen der Nichtarbitrageure
K_o	Devisenkassakurs
K_e	erwarteter Kassakurs
K_t	Devisenterminkurs
Mb-Bbk	Monatsberichte der Deutschen Bundesbank
Mb-Nbk	Monatsbericht der Schweizerischen Nationalbank
NBG	Bundesgesetz über die Schweizerische Nationalbank vom 23. Dezember 1953 (Amtliche Sammlung der Bundesgesetze und Verordnungen der Schweizerischen Eidgenossenschaft, Jg. 1954, S. 599)
r	Mindestreservesatz
RGBl.	Reichsgesetzblatt (Teil I bzw. II, Jahr)
s	relativer Swapsatz (Jahresrate)
S	absoluter Swapsatz
T	Laufzeit eines Devisentermingeschäfts in Tagen
T_A	Termintransaktionen der Arbitrageure
T_N	Termintransaktionen der Nichtarbitrageure
z	Geldmaktsatz (% p. a.)
Z	Zinsertrag (absolut)
ZfgK	Zeitschrift für das gesamte Kreditwesen
ZM	Nettozinsdifferenz

Einführung

Unter „Währungspolitik“ sollen im Rahmen der vorliegenden Untersuchung alle staatlichen Maßnahmen zur Beeinflussung oder unmittelbaren Festlegung des Zinsniveaus, der Liquidität oder des Wechselkurses der Binnenwährung zusammengefaßt werden, soweit diese Maßnahmen auf die Verwirklichung bestimmter vorgegebener Ziele gerichtet sind[1]. Die monetären Zwecken dienende staatliche Finanz-, Preis- und Lohnpolitik („exogene“ Währungspolitik[2]) und die von den internationalen Organisationen getragene Währungspolitik liegen also außerhalb des Rahmens dieser Arbeit.

Die Verantwortung für die innere staatliche Ordnung des Geldwesens, d. h. „die laufende Manipulierung und Regulierung des Währungsgeschehens und der Währungsentwicklung“[3], ist in den meisten Ländern einer zentralen staatlichen Behörde, der Zentralnotenbank, übertragen worden. Dieser stehen zur Verwirklichung ihrer Aufgaben die Instrumente: Diskont-, Lombard-, Mindestreserven- und Offenmarktpolitik zur Verfügung. Unter den Bedingungen des gegenwärtigen Währungssystems werden Wirksamkeit und Einsatzfähigkeit dieser Instrumente jedoch durch wirtschaftspolitische Maßnahmen anderer Länder beeinflußt. Je engere wirtschaftliche Verflechtungen zwischen den einzelnen Staaten bestehen und je geringer die Beschränkungen sind, denen der internationale Waren- und Kapitalverkehr unterliegt, desto mehr büßt die einzelne Notenbank von ihrer währungspolitischen Autonomie ein. Nach der Wiederherstellung der Konvertibilität der wichtigsten Währungen und der Liberalisierung des internationalen Waren- und Kapitalverkehrs sahen sich die europäischen Notenbanken daher vor zwei Hauptprobleme gestellt: die Aufrechterhaltung ihrer kreditpolitischen Autonomie und die Bekämpfung der sogenannten „importierten“ Inflation[4].

---

[1] Vgl. *Europäische Wirtschaftsgemeinschaft* (Hrsg.): Die währungspolitischen Instrumentarien in den Mitgliedstaaten der Europäischen Wirtschaftsgemeinschaft. Brüssel 1962. S. 13. — *Herbert Giersch:* Allgemeine Wirtschaftspolitik. 1. Bd. Wiesbaden 1961. S. 17, 22.

[2] *Hero Moeller:* Art. „Währung“. In: HdSw, Bd. 11. Tübingen und Göttingen 1961. S. 433.

[3] *Helmut Lipfert:* Einführung in die Währungspolitik. 5. Aufl. München 1971. S. 5.

[4] „The closer approach to full convertibility of West European currencies, a goal which the Germans had been foremost in proclaiming and in attaining,

Ein überdurchschnittlicher Preisanstieg in einzelnen Ländern — etwa infolge expansiver Lohn- oder Fiskalpolitik — führte im Goldwährungssystem aufgrund internationaler Warenbewegungen zu Goldverlusten dieser Länder und damit zu einer monetären Kontraktion mit sinkendem Preisniveau. Denkbar ist ein derartiger Automatismus auch in dem geltenden System fester Wechselkurse. Da aber die Vollbeschäftigung bei konstanten oder steigenden Löhnen im Vordergrund der wirtschafts- und finanzpolitischen Ziele des Staates steht, wird die kontraktive Wirkung von Reserveverlusten in der Regel durch erhöhte Kreditgewährung der Notenbank ausgeglichen. Daher vollzieht sich der internationale Ausgleich der Binnenpreisniveaus in Richtung einer allgemeinen Preissteigerung, es sei denn, die betroffenen Regierungen entschließen sich zur Änderung des Wechselkurses ihrer Währungen. Diese wird jedoch allgemein als „ultima ratio" einer stabilitätsorientierten Währungspolitik angesehen[5].

Die kreditpolitische Autonomie der Notenbanken wird in dem bestehenden System fester Wechselkurse dadurch beeinträchtigt, daß binnenwirtschaftlich bedingte Veränderungen des Zinsniveaus häufig grenzüberschreitende Kapitalbewegungen hervorrufen, die die Wirkungen der zinspolitischen Maßnahmen teilweise kompensieren. Der Verlust an Handlungsfreiheit auf dem Gebiet der Zinspolitik ist besonders schwerwiegend, wenn im Inland Überbeschäftigung herrscht und die Bilanz der laufenden Posten und des Kapitalverkehrs einen Überschuß aufweist, eine Situation, der sich die Deutsche Bundesbank in der Vergangenheit mehrfach gegenübergestellt sah. In diesem Fall können Kapitalexporte nicht durch eine Zinssenkung herbeigeführt werden, weil diese die Expansion im Inland verstärken würde; eine restriktive Kreditpolitik zur Dämpfung des Booms führt zu Geldzuflüssen aus dem Ausland, vergrößert also das außenwirtschaftliche Ungleichgewicht.

---

ironically brought with it a freedom of international capital and money movements and a responsiveness of such movements to international interest rate differentials which greatly weakened the power of monetary policy in Germany to influence the domestic economy." (*Patrick M. Boarman:* Germany's Economic Dilemma. New Haven/London 1964. S. 281.)

[5] „In der Tat ist eine Änderung der Währungsparität kein normales Mittel der Währungspolitik, das bei jeder, vielleicht nur vorübergehenden Störung des äußeren oder inneren Gleichgewichts angewandt werden könnte; vielmehr stellt sie eine ultima ratio dar, die nur bei Versagen aller anderen Mittel und bei einem wirklich ernsthaften und dauerhaften Zahlungsbilanzungleichgewicht statthaft ist." (Gb-Bbk 1960, S. 51.) — Nach Art. IV Abschn. 5 (a) des Abkommens über den Internationalen Währungsfonds (BGBl. II 1952, S. 638) sollen Paritätskorrekturen nur im Falle eines „fundamentalen Ungleichgewichts" vorgenommen werden. Dieser Begriff ist allerdings bisher nicht eindeutig definiert worden. Vgl. dazu *Margaret G. de Vries, J. Keith Horsefield* u. a.: The International Monetary Fund 1945—1965. Vol. II. Washington, D.C. 1969. S. 91 f.

Auch im umgekehrten Fall eines Zahlungsbilanzdefizits bei Unterbeschäftigung läßt sich von den beiden währungspolitischen Hauptzielen — Stabilerhaltung des Binnenpreisniveaus und Ausgleich der Zahlungsbilanz — nur eines zu Lasten des anderen verwirklichen[6].

Zur Ergänzung ihres traditionellen währungspolitischen Instrumentariums begannen daher einige europäische Notenbanken Ende der fünfziger Jahre — die Deutsche Bundesbank im Oktober 1958, die Schweizerische Nationalbank Ende 1959 —, an den Devisenterminmärkten zu intervenieren. Die folgende Untersuchung analysiert zunächst den Einfluß dieser Operationen auf die Devisenkursbildung. Im zweiten Teil werden dann die Devisenoperationen der Deutschen Bundesbank und der Schweizerischen Nationalbank im einzelnen dargestellt, und es wird untersucht, inwieweit das währungspolitische Instrumentarium in den beiden Ländern durch den Einsatz der Devisenterminpolitik ergänzt wurde.

Die Arbeit wurde im November 1972 dem Fachbereich Wirtschaftswissenschaften der Technischen Universität Berlin als Dissertation vorgelegt. Es ist dem Verfasser ein aufrichtiges Bedürfnis, an dieser Stelle seine tiefe Verbundenheit mit seinem verstorbenen akademischen Lehrer, Herrn Professor Dr. Alfred Kruse, zum Ausdruck zu bringen, dessen fachlicher Rat die Arbeit wesentlich gefördert hat. Sein besonderer Dank gilt auch den Mitgliedern des Direktoriums der Deutschen Bundesbank und der Gesellschaft von Freunden der Technischen Universität Berlin, die die Veröffentlichung in großzügiger Weise unterstützt haben.

[6] Vgl. dazu *Herbert G. Grubel:* Forward Exchange, Speculation, and the International Flow of Capital. Stanford (California) 1966. S. 128.

Erster Teil

Möglichkeiten der Einflußnahme auf die Devisenkursbildung von seiten der Zentralbanken

A. Das Kursgleichgewicht bei festen Wechselkursen[1]

Wenn im Rahmen dieser Arbeit von Devisen die Rede ist, so sind damit Sichtguthaben in ausländischer Währung gemeint, d. h. im Ausland fällige Forderungen zur Abwicklung des bargeldlosen Zahlungsverkehrs[2]. Dementsprechend ist der Devisenmarkt der Markt, an dem der Ausgleich zwischen Angebot und Nachfrage in ausländischen Sichtguthaben stattfindet; Handelsobjekt sind „Auszahlungen", d. h. „Ansprüche auf Zahlung in fremder Währung an einem ausländischen Platz"[3], Marktparteien sind sowohl Banken (Geschäftsbanken[4] und

[1] Vgl. hierzu insbesondere die Arbeiten von *John Spraos* (The Theory of Forward Exchange and Recent Practice. The Manchester School of Economic and Social Studies, Vol. XXI [May 1953], S. 87 ff.), *Anthony Egan Jasay* (Bank Rate or Forward Exchange Policy. Quarterly Review [Banca Nazionale del Lavoro], Vol. 11 [1958], S. 56 ff.), *S. C. Tsiang* (The Theory of Forward Exchange and Effects of Government Intervention on the Forward Exchange Market. Staff Papers, Vol. VII [1959—60], S. 75 ff.), *B. Reading* (The Forward Pound, 1951—59. The Economic Journal, Vol. 70 [1960], S. 304 ff.), *Herbert G. Grubel* (A Multicountry Model of Forward Exchange: Theory, Policy, and Empirical Evidence, 1951—1961. Yale Economic Essays, Vol. 3 [1963], S. 105 ff.; Forward Exchange, a.a.O.), *Oswald Braun* (Zur Theorie des Devisenmarktes. JfNuSt., Bd. 177 [1965], S. 22 ff., 132 ff.), *Hans-Joachim Jarchow* (Der Devisenterminmarkt als Ansatzpunkt für Zentralbankinterventionen. Weltwirtschaftliches Archiv, Bd. 95 [1965 II], S. 202 ff.; Theoretische Studien zum Liquiditätsproblem. Tübingen 1966. S. 122—146), *Hermann-Josef Dudler* (Diskont- und Terminkurspolitik. Frankfurt a. M. 1966), *Egon Sohmen* (The Theory of Forward Exchange. Princeton 1966), *Jürgen Schröder* (Zur Theorie der Devisenterminmärkte. Berlin 1969) und *Manfred Neldner* (Die Kursbildung auf dem Devisenterminmarkt und die Devisenterminpolitik der Zentralbanken. Berlin 1970). — Einen zusammenfassenden Überblick über die vorliegende Literatur zur Theorie des Devisenterminmarkts gibt *Gerhard Graf* (Zur formalen Theorie des Devisenterminmarktes. Berlin 1971).

[2] Diese allein bestimmen die Preisbildung am Devisenmarkt. Vgl. *Helmut Lipfert:* Internationaler Devisen- und Geldhandel. Frankfurt a. M. 1967. S. 44. — *Heinrich Rittershausen:* Internationale Handels- und Devisenpolitik. 2. Aufl. Frankfurt a. M. 1955. S. 169. — *Paul Einzig:* A Dynamic Theory of Forward Exchange. 2. Aufl. London 1967. S. 2. — *Grubel:* Forward Exchange, S. 3. — *Tsiang:* Theory, S. 76.

[3] *Lipfert:* Internationaler Devisen- und Geldhandel, S. 19.

Notenbank) untereinander als auch Banken und ihre Nichtbanken-Kundschaft.

Je nach der Wertstellung der Auszahlungen unterscheidet man das Kassadevisengeschäft (in der Schweiz auch „Komptantgeschäft" genannt), das Termindevisengeschäft und das Optionsgeschäft. Beim Kassageschäft findet die Devisengutschrift im Ausland und die Anschaffung des Gegenwerts im Inland in der Regel am zweiten Werktag nach Vertragsschluß statt[5], während bei einem Termingeschäft die Fälligkeit, d. h. der Zeitpunkt der Abwicklung, in jedem einzelnen Fall von den Parteien festgelegt wird; bei Abschluß eines Optionsgeschäfts erhält einer der Partner das Recht, den Devisenbetrag zu einem beliebigen Zeitpunkt innerhalb eines vereinbarten Zeitraumes abzurufen bzw. zu liefern.

Das Wertäquivalent, das Devisengeschäften zugrunde liegt, ist — je nach Fälligkeit des Geschäfts — der Kassa- oder der Terminkurs der Devise, d. h. der Preis von einer oder hundert Einheiten ausländischer Währung, ausgedrückt in inländischer Währung[6]; Kassa- und Terminkurs einer Währung stimmen nur in Ausnahmefällen überein, da sie unterschiedlichen Einflußfaktoren unterliegen, wie noch zu zeigen sein wird. Ist der Terminkurs höher als der Kassakurs, so spricht man von

---

[4] Unter Geschäftsbanken werden hier alle Kreditinstitute außerhalb der Zentralbank verstanden. Vgl. *Otto Veit:* Grundriß der Währungspolitik. 3. Aufl. Frankfurt a. M. 1969. S. 29 — Praktisch wird der Devisenhandel in Deutschland und in der Schweiz jeweils von einer kleinen Gruppe von Geschäftsbanken abgewickelt. Vgl. dazu *Manfred Hein:* Die internationalen Geldmarktgeschäfte westdeutscher Banken. Berlin 1966. S. 30 ff. — *Eberhard Bremeier:* Strukturanalysen ausländischer Bankensysteme: Schweiz. Frankfurt a. M. 1968. S. 30.

[5] Am New Yorker Geldmarkt werden zwei Arten von Guthaben gehandelt: Guthaben bei Geschäftsbanken (clearing house funds), die zwei Tage nach Abschluß des Devisengeschäfts gutgeschrieben werden, und Zentralbankguthaben (federal funds), die einen Tag nach Vertragsschluß fällig werden. Die Bedeutung letzterer liegt u. a. darin, daß nur mit ihnen Schatzwechsel (treasury bills) erworben werden können. Vgl. *Lipfert:* Internationaler Devisen- und Geldhandel, S. 130.

[6] Diese sog. „Preisnotierung" ist an allen Devisenmärkten üblich außer in London, wo der Preis eines Pfundes Sterling, ausgedrückt in ausländischer Währung, notiert wird („Mengennotierung"). Der Begriff Wechselkurs ist also mehrdeutig. Da jedes Land unmittelbar nur den Wechselkurs seiner *eigenen* Währung im Verhältnis zu allen anderen Währungen verändern kann, wird sich der Ausdruck „Wechselkurs" in seiner üblichen Verwendung (Preis „der" ausländischen Währungseinheit) im Rahmen der vorliegenden Untersuchung häufig als nicht problemadäquat erweisen; m. a. W.: es wird sich häufig nicht umgehen lassen, den Wechselkurs der *eigenen* Währung zu betrachten (Mengennotierung). Darauf sei an dieser Stelle besonders hingewiesen. — Im Devisenterminhandel kommt darüber hinaus die Agionotierung vor, bei der nur die Abweichung von einem bestimmten Wertverhältnis (dem Kassakurs) genannt wird. Vgl. dazu *Lipfert:* Internationaler Devisen- und Geldhandel, S. 53, 58 f. — *Werner Schwilling:* Die kursbildenden Faktoren am Devisenmarkt. Köln 1963. S. 8.

einem Report der Termindevisen, liegt er darunter, so spricht man von einem Deport. Report und Deport werden gemeinsam als Swapsatz bezeichnet; dieser wird entweder als absoluter Betrag — etwa in D-Mark für eine oder hundert ausländische Währungseinheiten — angegeben (sog. Agionotierung[7]) oder als Jahresrate in Prozent vom Kassakurs[8].

Weder die Zentralbanken noch die Geschäftsbanken sind jedoch bereit, zu einem bestimmten Kassa- oder Terminkurs wahlweise Devisen anzukaufen oder zu veräußern; sie nennen ihren Kunden einen „Geld"-kurs, zu dem sie Devisen übernehmen, und einen „Brief"-Kurs, zu dem sie Devisen abgeben.

Wie sich zum Teil schon aus dem Vorstehenden ergibt, ist der Devisenmarkt kein einheitlicher, geschlossener Markt. Die wichtigsten Valuten wie D-Mark, US-Dollars, englische Pfunde und Schweizer Franken werden an allen internationalen Bankplätzen regelmäßig gehandelt. So kann ein deutscher Exporteur, der Dollars gegen D-Mark zu verkaufen wünscht, dies außer in Frankfurt auch in New York oder — wenn auch in der Regel zu ungünstigeren Bedingungen — an einem anderen Platz tun. Jeder lokale Markt ist also in Teilmärkte für verschiedene Währungen aufgespalten, und diese Teilmärkte gliedern sich ihrerseits in Teilmärkte für unterschiedliche Auszahlungstermine. Nennenswerte Kursunterschiede zwischen lokalen Märkten für zwei bestimmte Währungen werden bei freier Konvertibilität durch die Arbitragetätigkeit der Banken verhindert. Daher ist es gerechtfertigt, Teilmärkte, an denen jeweils zwei bestimmte Währungen gegeneinander gehandelt werden, in lediglich zwei Bereiche zu unterteilen: in „den" Kassamarkt und „den" Terminmarkt.

Die Kursbildung in diesen beiden Bereichen wird durch die Dispositionen der Kreditinstitute, der Nichtbanken und der Währungsbehörden beeinflußt. Die Verhaltensweisen dieser Marktteilnehmer sind indes nicht an ihre Gruppenzugehörigkeit gebunden: Ein Exporteur, der einen Wechsel wegen des niedrigeren Diskonts an eine ausländische Bank verkauft, beeinflußt das Marktgeschehen in ähnlicher Weise wie eine Bank, die flüssige Mittel an ausländischen Geldmärkten aufnimmt, Spekulation der Nichtbanken und „offene Positionen"[9] der Kreditinsti-

---

[7] Vgl. Fußnote 6.

[8] Ist K_o der Devisenkassakurs, K_t der Devisenterminkurs und T die Laufzeit des Geschäfts in Tagen, so beträgt der Swapsatz absolut $S = K_t - K_o$, als Jahresrate ausgedrückt

$$s = \frac{K_t - K_o}{K_o} \cdot \frac{360}{T} \quad \text{bzw.} \quad s = \frac{K_t - K_o}{K_o} \cdot \frac{360}{T} \cdot 100\,\%.$$

[9] „Offene Positionen" sind Netto-Forderungen oder Netto-Verbindlichkeiten einer bestimmten Fälligkeit in fremder Währung.

tute bewirken gleichartige Kursveränderungen. Wenn also zur Darstellung der Einflußmöglichkeiten der Zentralbanken auf die Kursbildung am Devisenmarkt hier zunächst das Kursgleichgewicht am Devisenmarkt definiert werden soll, so erscheint es zweckmäßig, die Struktur von Angebot und Nachfrage nicht unter morphologischen, sondern unter funktionalen Gesichtspunkten zu untersuchen.

Die Verhaltensweisen der Marktteilnehmer lassen sich in sieben Gruppen einteilen:

1. Zinsarbitrage, d. h. die kursgesicherte Anlage oder Aufnahme von Geld im Ausland[10]; ungesicherte internationale Geldmarktgeschäfte können als eine Kombination von Zinsarbitrage und Spekulation angesehen werden[11].
2. Liquiditätsarbitrage;
3. Kursdifferenzarbitrage am Kassa- oder Terminmarkt;
4. Spekulation, d. h. Aufbau „offener Positionen";
5. Zahlungsabwicklung im Außenhandel durch Kauf oder Verkauf von Kassa- oder Termindevisen;
6. Reaktionen der Währungsbehörden[12];
7. Hedging, d. h. die (nicht kursgesicherte) Kreditaufnahme im Ausland oder der Terminverkauf einer Währung zur Sicherung bestehender Währungsrisiken.

I. Arbitragegeschäfte

1. Reine Zinsarbitrage und „Prestige"-Geschäfte

Reine Zinsarbitragegeschäfte werden in erster Linie von größeren Kreditinstituten durchgeführt; die Kredittransaktionen von Industrie-, Handels- und Versicherungsunternehmen am Eurogeldmarkt haben jedoch seit Mitte der sechziger Jahre ständig an Bedeutung gewonnen.

Freie Liquidität fließt — unter der Voraussetzung freien Devisenverkehrs und bestehender Markttransparenz — stets an denjenigen Geldmarkt, an dem die höchste Verzinsung zu erzielen ist. Bei der Be-

---

[10] Der Ausdruck Zinsarbitrage wird hier — in Anlehnung an die in der angelsächsischen Literatur gebräuchliche Bezeichnung interest arbitrage — zur Kennzeichnung zinsinduzierter internationaler Kapitalströme verwendet. Abweichend *Hein:* Die internationalen Geldmarktgeschäfte, S. 40.

[11] Vgl. *Tsiang:* Theory, S. 92, 94. — Kritisch dazu *Graf:* Zur formalen Theorie, S. 178 f.

[12] Die Interventionen am Devisenmarkt werden in der Regel von den Zentralnotenbanken, in einigen Ländern auch oder ausschließlich vom Schatzamt, dem Währungsausgleichsfonds oder ähnlichen Institutionen durchgeführt.

rechnung der Rendite internationaler Geldmarktanlagen gehen die Kreditinstitute von der Bruttoverzinsung einer Anlage aus; dabei ist zu berücksichtigen, daß am New Yorker Geldmarkt die Zinstage nach dem Kalender berechnet werden, während in Europa der Monat einheitlich mit 30 Zinstagen angesetzt wird. Mithin ist der Zinsertrag amerikanischer Anlagen gegenüber europäischen Anlagen gleicher Nominalverzinsung in Monaten mit 31 Tagen höher und bei Anlagen über den Februar-Ultimo hinaus niedriger.

Die Bruttoverzinsung ausländischer Geldmarktanlagen muß zunächst um die Kurssicherungskosten bzw. -erträge korrigiert werden, die beim Abschluß eines entsprechenden Gegengeschäfts am Terminmarkt anfallen. Denn Fremdwährungsanlagen sind — außer im Fall völlig starrer Wechselkurse — stets mit einem Kursrisiko behaftet, weil der Devisenkassakurs bei Fälligkeit der Anlage, zu dem die Bank die frei werdenden Devisen wieder in Inlandswährung eintauscht, in der Regel von dem Kurs abweicht, zu dem sie die Devisen zum Zeitpunkt der Anlage erworben hat. Dieses Kursrisiko kann durch ein Devisentermingeschäft gedeckt werden. Die Höhe der Kurssicherungskosten, die der Zinsarbitrageur zu zahlen bereit ist, richtet sich im wesentlichen nach dem im Ausland erzielbaren Zinsmehrertrag. Umgekehrt wird eine Bank bei Übernahme einer Kurssicherung mindestens denjenigen Swapsatz verlangen, der der Bruttozinsdifferenz zwischen in- und ausländischen Geldmarktsätzen entspricht; denn zur Deckung des übernommenen Risikos muß sie einen Geldtransfer durchführen, durch dessen spätere Auflösung die offene Terminposition, die bei der Übernahme der Kurssicherung entstanden ist, ausgeglichen wird[13].

Aus der Sicht der Zinsarbitrageure ist der Gleichgewichtszustand zwischen Kassa- und Terminkursen also hergestellt, wenn eine inländische Geldeinheit am inländischen und am ausländischen Geldmarkt den gleichen Nettozinsertrag liefert[14], d. h. wenn

$$1 + Z_i = \frac{1}{K_o} \cdot (1 + Z_a) \cdot K_t \qquad (1)$$

(K_o = Devisenkassakurs im Anlagezeitpunkt, K_t = Devisenterminkurs für den Fälligkeitszeitpunkt t, Z_i = Zinsertrag einer inländischen Geld-

---

[13] Vgl. *Walter Lotz:* Die Währungsfrage in Österreich-Ungarn und ihre wirtschaftliche und politische Bedeutung. Jb. f. Gesetzgebung, Verwaltung und Volkswirtschaft im Deutschen Reich, N.F., 13. Jg. (1889), S. 1285.

[14] Vgl. dazu *Erich Schneider:* Einführung in die Wirtschaftstheorie. III. Teil. 11. Aufl. Tübingen 1969. S. 108 ff. — *Schröder:* Zur Theorie, S. 18 ff. — *Braun:* Zur Theorie, S. 29. — Allerdings fehlt bei diesen Autoren eine allgemeine Formulierung des Gleichgewichtszustandes für beliebige Anlagezeiträume.

einheit im Inland bei Anlage bis zum Zeitpunkt t, Z_a = Zinsertrag einer Deviseneinheit im Ausland bei Anlage bis zum Zeitpunkt t)

oder
$$\frac{1 + Z_i}{1 + Z_a} = \frac{K_t}{K_o}.$$

Addiert man auf beiden Seiten der Gleichung

$$-1 = -\frac{K_o}{K_o} = -\frac{1 + Z_a}{1 + Z_a}$$

so erhält man

$$\frac{Z_i - Z_a}{1 + Z_a} = \frac{K_t - K_o}{K_o}; \tag{2}$$

daraus folgt unter Zugrundelegung der Geldmarktsätze im Inland (z_i) und im Ausland (z_a) und des Anlagezeitraums T (in Tagen ausgedrückt) wegen $Z_a = z_a \cdot T/360$, $Z_i = z_i \cdot T/360$

$$\frac{z_i - z_a}{1 + Z_a} = \frac{360}{T}\,\frac{K_t - K_o}{K_o} \tag{3}$$

oder

$$z_i - z_a = \frac{360}{T}\,\frac{K_t - K_o}{K_o} + (K_t - K_o) \cdot \frac{z_a}{K_o} \tag{4}$$

oder

$$z_i - z_a = \frac{K_t - K_o}{K_o} \cdot \left(\frac{360}{T} + z_a\right)^{15}. \tag{5}$$

Die linke Seite der Gleichung (5) entspricht der Bruttozinsdifferenz zwischen inländischen und ausländischen Geldmarktanlagen, die rechte Seite den Kurssicherungskosten. Bei Ungleichheit beider Größen besteht eine Nettozinsdifferenz („Zinsmarge")

---

[15] In der Praxis wird die vereinfachte Bedingung $z_i - z_a = \frac{360}{T}\,\frac{K_t - K_o}{K_o}$ verwendet (*Schneider:* Einführung, S. 111), die auch der Zinsparitätentheorie zugrunde lag (*John Maynard Keynes:* Ein Traktat über Währungsreform. München/Leipzig 1924. S. 118, 142. — Vgl. auch *Lotz:* Die Währungsfrage, S. 1285 ff.). Die Differenz zwischen dem näherungsweise aufgrund dieser Gleichung und dem nach Gleichung (5) berechneten Gleichgewichtszinssatz betrug selbst bei den extremen Marktsätzen im Sommer 1969 (Deport des Dollars gegenüber der D-Mark 8 % p. a., Zinssatz für Dollar-Anlagen 12 % p. a.) weniger als 1/4 % p. a.

(6) $$ZM = z_i - z_a - \frac{K_t - K_o}{K_o} \cdot \left(\frac{360}{T} + z_a\right),$$

wenn die — vom Umfang und der Laufzeit der Anlage weitgehend unabhängigen — Abschlußkosten außer Ansatz bleiben[16].

Deutsche Kreditinstitute mußten bei der Berechnung der Rendite ihrer Auslandsanlagen zeitweise auch den Zinsvorteil berücksichtigen, der sich aufgrund der Mindestreservebestimmungen ergab[17]. Solange Verbindlichkeiten der Geschäftsbanken gegenüber Gebietsfremden in Höhe der eigenen Auslandsanlagen der Banken von der Reservepflicht befreit waren, entstand bei Geldexporten in der Regel ein „Kompensationsnutzen"[18], weil sich die Opportunitätskosten der Auslandsanlage, d. h. der Zinsertrag einer entsprechenden Inlandsanlage, verminderten. Denn zur Anlage am *deutschen* Geldmarkt stand den Banken nur der nach Abzug der Mindestreserveverpflichtungen verbleibende Teil der Ausländer-Einlagen zur Verfügung.

Die Opportunitätskosten einer im Ausland angelegten Geldeinheit betrugen also

(7) $$C = z_i \ (1 - r) \ \% \text{ p. a.}$$

(r = Mindestreservesatz für Ausländereinlagen); der „Kompensationsertrag", der zu der Nettozinsdifferenz zu addieren war, ergab sich daraus zu

(8) $$KE = z_i - C = z_i \cdot r\% \text{ p. a.};$$

verzinsten sich also beispielsweise amerikanische Schatzwechsel nach Abzug der Kurssicherungskosten mit netto $z_a = 4\,\%$ p. a., Offenmarktpapiere der Bundesbank mit $z_i = 5\,\%$ p. a. und verfügte das Kreditinstitut über kompensationsfähige Sichteinlagen von Gebietsfremden, die mit einem Reservesatz von 30 % ($r = 0{,}3$) belegt waren, so ergab sich bei einem Geldexport ein Zinsgewinn von

$$z = z_a - z_i \ (1 - r) = 0{,}5\,\% \text{ p. a.}$$

Die geringere Nettoverzinsung im Ausland wurde also durch den Kompensationsertrag in Höhe von $z_i \cdot r = 1{,}5\,\%$ p. a. mehr als ausgeglichen.

[16] Die Abwicklungskosten lassen sich in der Regel nicht in Form einer Zinskorrektur ausdrücken; es handelt sich dabei überwiegend um Aufwendungen, die die Banken zur Aufrechterhaltung ihres internationalen Ansehens ohnehin für erforderlich halten. Soweit sie in unmittelbarem Zusammenhang mit einem Devisengeschäft stehen, lassen sie sich nur dann in eine Zinskorrektur umrechnen, wenn Laufzeit und Betrag der Auslandsanlage bekannt sind.

[17] Vgl. S. 146 f.

[18] Mb-Bbk, September 1965, S. 21 (Schaubild).

Die Liquidierbarkeit von Anlagen in englischen oder amerikanischen Geldmarktpapieren steht der entsprechender deutscher Anlagen nicht nach. Zwar können die Titel nicht an die jeweilige Notenbank zurückgegeben werden, wie dies in Deutschland und der Schweiz der Fall ist, doch ist ein Verkauf an die auf den Handel mit Schatzwechseln spezialisierten Londoner „Discount Houses" und New Yorker „Government Securities Dealers" zu den Marktsätzen jederzeit möglich. Wenn dennoch in der Praxis zeitweise zu beobachten war, daß die Banken bei plötzlichen Liquiditätsanspannungen in erster Linie inländische Geldmarktanlagen auflösten[19], so läßt sich dies aus der — mit der Kurssicherung im Zusammenhang stehenden — geringeren Mobilität von ausländischen Geldmarktanlagen erklären[20].

Das spezifische Risiko von Auslandsanlagen ist schwer abzuschätzen. Es besteht in erster Linie in unvorhergesehenen Transferbeschränkungen und in der Nichterfüllung der Termingeschäfte, die zur Kurssicherung des Geldexports abgeschlossen werden. Da die Kreditinstitute die Bonität ihrer Geschäftspartner nie mit völliger Sicherheit beurteilen können, setzen sie für jede Bank einen Höchstbetrag (Limit) für Terminabschlüsse fest; politischen Risiken wird durch zusätzliche Länderlimits Rechnung getragen.

Als Prämie für die genannten Risiken sieht *Hein* den größten Teil der „Indifferenzmarge" an, d. h. des Mehrertrages ausländischer Geldmarktanlagen gegenüber inländischen, der mindestens erzielt werden muß, damit ein Geldexport in Gang kommt[21]. Diese Spanne betrug in der Zeit zwischen den Weltkriegen etwa 0,5 % p. a.[22], in Deutschland und in der Schweiz werden heute 0,25 % p. a. als ausreichend angesehen[23]; allerdings sind die Kreditinstitute dieser Länder häufig gezwungen, bei Geldexporten auf einen (nominalen) Mehrertrag zu verzichten, da der Binnengeldmarkt oft keine ausreichenden Anlagemöglichkeiten bietet.

Übersteigt der durch Gleichung (6) (Seite 18) definierte Nettozinsvorteil des inländischen Geldmarkts die Indifferenzmarge I, ist also $ZM > I$, so legen ausländische Banken flüssige Mittel im Inland an. Be-

---

[19] Vgl. *Hein:* Geldmarktgeschäfte, S. 201 f.

[20] Vgl. S. 70, 133 f.

[21] *Hein:* Geldmarktgeschäfte, S. 98. — Vgl. auch *Helmut Lipfert:* Swapsätze und Währungspolitik. In: *Helmut Lipfert* (Hrsg.): Internationale Finanzmärkte. Frankfurt a. M. 1964. S. 328. — *Ders.:* Der Geldmarkt. 7. Aufl. Frankfurt a. M. 1970. S. 46 f.

[22] *John Maynard Keynes:* A Tract on Monetary Reform. London 1923. S. 128. — *Paul Einzig:* The Theory of Forward Exchange. London 1937. S. 172 f.

[23] Vgl. auch *Paul Einzig:* Some Recent Changes in Forward Exchange Practices. The Economic Journal. Vol. LXX (1960), S. 487. — *Committee on the Working of the Monetary System* (Hrsg.): Minutes of Evidence. London 1960. S. 637. Frage 9720.

steht — ggf. unter Berücksichtigung des „Kompensationsnutzens" — ein Nettozinsvorteil des Auslandes, der größer ist als die Indifferenzmarge ($ZM < -I$), so transferieren inländische Banken Fonds ins Ausland. Der Umfang der Geldtransfers steigt also sprunghaft an, sobald der Nettozinsvorteil eines Geldmarktes die Indifferenzmarge erreicht oder geringfügig überschreitet. Bei höheren Nettozinsdifferenzen steigt das Arbitragevolumen unterproportional, weil die liquiden Mittel der Banken beschränkt sind[24]. Darüber hinaus wird es für die einzelne Geschäftsbank, die mit den einzelnen Kreditinstituten im Ausland nur bis zu bestimmten Höchstbeträgen Geschäfte abschließt, bei steigendem Arbitragevolumen immer schwieriger, geeignete Partner für weitere Geldexporte zu finden. *Tsiang* weist außerdem darauf hin, daß durch zinsinduzierte Kapitaltransfers ein Ungleichgewicht im „marginal yield of convenience" der Anlagen einer Bank an den verschiedenen Plätzen entsteht[25]. *Sohmen* schreibt den unterproportionalen Anstieg des Arbitragevolumens mangelnder Markttransparenz zu, die zur Folge hat, daß potentielle Anleger in Unkenntnis bestehender Gewinnmöglichkeiten Geldexporte unterlassen[26].

Der Umfang der bei einer bestimmten Nettozinsdifferenz ins Ausland transferierten Fonds wird durch die sogenannte „Transaktionskurve" der Zinsarbitrageure wiedergegeben. Diese ist der Graph der Funktion, die die Abhängigkeit der Netto-Devisennachfrage bzw. des Netto-Devisenangebots vom Devisenkurs oder vom Swapsatz darstellt. Das Transaktionsvolumen wird üblicherweise auf der Abszissenachse, der Devisenkurs bzw. der Swapsatz auf der Ordinatenachse gemessen; bei dieser Darstellungsweise steigt die „Transaktionskurve" mit steigendem Arbitragevolumen überproportional an[27].

---

[24] Hierauf wiesen bereits *Keynes* (Traktat, S. 132) und *Ralph G. Hawtrey* (The Art of Central Banking. London 1932. S. 407 f.) hin. — Zur Beurteilung der Zinselastizität internationaler Kapitalbewegungen in der Gegenwart vgl. *G. R. de Carlo:* Interest Sensitivity of Short-Term Capital Movements: Some Recent Statistical Studies. Kyklos, Vol. XXII (1969), S. 737 ff. und die dort besprochenen Untersuchungen.

[25] *Tsiang:* Theory, S. 81.

[26] *Egon Sohmen:* Flexible Exchange Rates. Chikago 1961. S. 70.

[27] Ist die Bruttozinsdifferenz zwischen in- und ausländischem Geldmarkt vorgegeben, so entspricht die Nettozinsdifferenz dem Swapsatz bzw. — bei exogen bestimmtem Kassakurs — dem Terminkurs; vgl. Gleichung (6), S. 18. — Die gekrümmte Transaktionskurve wurde — soweit ersichtlich — von *Herbert G. Grubel* (A Multicountry Model, S. 119 und passim) in das Devisenmarkt-Modell eingeführt. — Zum Folgenden vgl. *Grubel:* Forward Exchange, S. 19, 24. — *Braun:* Theorie, S. 31.

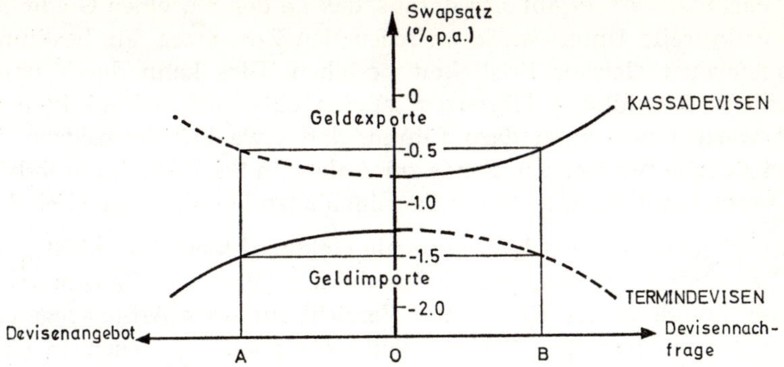

Abb. 1: Transaktionskurve der Zinsarbitrageure am Kassa- und Terminmarkt

Abbildung 1 gibt den Verlauf der Transaktionskurve eines einzelnen Zinsarbitrageurs, etwa einer Geschäftsbank, wieder. Sie stellt die Netto-Nachfrage (rechte Seite) bzw. das Netto-Angebot (linke Seite) der Bank am Devisenkassamarkt (ausgezogene Kurven) und am Devisenterminmarkt (unterbrochene Kurven) in Abhängigkeit vom Swapsatz dar. Die Bruttozinsdifferenz $z_i - z_a$ betrage -1 % p. a., d. h. das Zinsniveau sei im Ausland höher als im Inland. Der Gleichgewichtszustand zwischen in- und ausländischem Geldmarkt ist also bei einem Deport der Auslandswährung von (näherungsweise) 1 % p. a. hergestellt[28]. Beträgt die Indifferenzmarge der Bank — wie in Abb. 1 angenommen — $I = 0{,}25$ % p. a., so gibt die Bank kurzfristige Kredite an das Ausland, wenn die ausländische Währung einen Report oder einen geringeren Deport als 0,75 % p. a. aufweist. Sie muß dann im ungünstigsten Fall 0,75 % p. a. für die Kurssicherung aufwenden, erhält aber im Ausland eine um 1 % p. a. höhere Bruttorendite, so daß ihr Nettozinsgewinn mindestens 0,25 % p. a. beträgt.

Um den Geldtransfer durchführen zu können, fragt die Bank die entsprechende Menge Kassadevisen nach, bei einem Deport von 0,5 % p. a. also *OB*. Gleichzeitig bietet sie die bei Auflösung der Anlage anfallende Devisenmenge zum Fälligkeitszeitpunkt an. Der Umfang des Devisentermingeschäfts (*OA* bei einem Deport von 0,5 % p. a.) entspricht dem Umfang des Kassageschäfts zuzüglich des Zinsertrags der Auslandsanlage.

Ist der Deport der ausländischen Währung größer als 1,25 % p. a., so findet ein Geldimport statt: Die Bank nimmt im Ausland Kredit auf, bietet das Auslandsguthaben am Kassamarkt gegen Inlandswährung an und leiht diese am Binnengeldmarkt aus. Zur Kurssicherung erwirbt sie Termindevisen entsprechender Fälligkeit. Der Gewinn der Bank liegt in diesem Fall in dem Kursabschlag der Termindevisen, der größer ist als die Differenz zwischen Zinsaufwand im Ausland und Zinsertrag im Inland.

Durch Aggregation der Transaktionskurven aller Zinsarbitrageure für sämtliche Anlageformen einer bestimmten Fristigkeit entsteht eine Kurve elastischeren Verlaufs und ohne die durch die Indifferenzmarge verursachte Unstetigkeit. Der gleichmäßige Kurvenverlauf in der Nähe

22 Vgl. Gleichung (5), S. 17.

der „Paritätsrate“[29] ergibt sich daraus, daß an den einzelnen Geldmärkten strukturelle Unterschiede zwischen den Zinssätzen für bestimmte Anlageformen gleicher Fristigkeit bestehen. Dies kann durch unterschiedliche Liquiditätspräferenzen an den einzelnen Geldmärkten erklärt werden und kann dazu führen, daß etwa bei Swapsätzen, bei denen sich die Besitzer von Fonds zur Anlage in Schatzwechseln indifferent verhalten, Geldexporte für Terminanlagen bereits lohnend sind.

In der Praxis werden internationale Geldmarktgeschäfte nicht allein aus Rentabilitätserwägungen heraus durchgeführt. Die Banken transferieren liquide Mittel häufig unter Verzicht auf einen Arbitragegewinn oder sogar mit geringem Verlust, weil sie Wert darauf legen, in angemessenem Umfang am internationalen Geld- und Devisenhandel beteiligt zu sein[30]. Es handelt sich dabei also um „Prestige“-Geschäfte, deren Ziel nicht die Realisierung eines Zinsgewinns, sondern die Aufrechterhaltung oder Steigerung des Ansehens des Arbitrageurs ist, in denen dieser den Nutzen der Geschäfte sieht. Infolge der „Prestige“-Geschäfte muß die aggregierte Transaktionskurve in der Nähe der Zinsparität als außerordentlich elastisch angesehen werden.

2. Liquiditätsarbitrage

Bei den internationalen Geldmarktgeschäften deutscher und schweizerischer Geschäftsbanken spielt die Liquiditätsarbitrage eine wichtige Rolle; denn beide Binnengeldmärkte bieten zu den herrschenden Zinssätzen in der Regel nur beschränkte Anlagemöglichkeiten, sind aber zugleich das bevorzugte Ziel spekulativer Geldbewegungen. Bei der Liquiditätsarbitrage steht nicht der Zinsgewinn im Vordergrund, sondern der Wunsch, überhaupt eine verzinsliche Anlage für freie Liquidität zu schaffen[31]. Sie erhöht also ebenfalls die Elastizität der Transaktionskurve der Arbitrageure. Bei Geldexporten, die einen Nettozinsgewinn gegenüber einer — hypothetischen — Anlage am Binnengeldmarkt erbringen, lassen sich Zins- und Liquiditätsarbitrage nicht trennen, da sich die Erschöpfung der Anlagemöglichkeiten am Binnengeldmarkt

---

[29] Die „Paritätsrate“ ist der Swapsatz, der der Bruttodifferenz zwischen dem inländischen und dem ausländischen Geldmarktsatz entspricht; sie ergibt sich aus Gleichung (5) zu $(K_t - K_o) / K_o = (z_i - z_a) / (360/T + z_a)$.

[30] Vgl. *Einzig:* Dynamic Theory, S. 167. — *Oscar L. Altman:* Foreign Markets for Dollars, Sterling, and Other Currencies. Staff Papers, Vol. VIII (1960/61), S. 321 ff.

[31] „... doch ist schon länger zu beobachten, daß die Banken in Perioden hoher Flüssigkeit am Inlandsmarkt den Geldexport auch dann vielfach fortsetzen, wenn dies von der Rendite her eigentlich nicht mehr lukrativ erscheint. Die großen Geldanbieter vermeiden damit, daß am Inlandsgeldmarkt ein noch größerer temporärer Angebotsdruck entsteht.“ (Mb-Bbk, Oktober 1967, S. 15.)

empirisch nur in Ausnahmefällen für einzelne Marktbereiche nachweisen läßt[32].

3. Indirekte Zinsarbitrage der Importeure und Exporteure

Die der indirekten Zinsarbitrage der Importeure und Exporteure zugrunde liegenden Transaktionskurven am Devisenmarkt haben grundsätzlich den gleichen Verlauf wie die der reinen Zinsarbitrage, doch müssen hier einige für diese Marktteilnehmer typischen Verhaltensweisen und gewisse institutionelle Besonderheiten berücksichtigt werden. Ein *Importeur,* der zu einem späteren Zeitpunkt eine Zahlung in ausländischer Währung zu leisten hat, steht vor der Wahl, entweder die benötigten Devisen per Termin zu kaufen oder Kassadevisen zu erwerben und diese bis zur Fälligkeit seiner Verbindlichkeit anzulegen. Maßgebend für seine Entscheidung sind die Differenz zwischen Kassa- und Terminkurs und die Zinsdifferenz zwischen In- und Ausland. Beim Kauf von Termindevisen zum Kurs K_t beträgt der Gegenwartswert der Verbindlichkeit $K_t/(1 + Z_i)$ pro Deviseneinheit, beim Kauf von Kassadevisen zum Kurs K_o und Anlage derselben im Ausland $K_o / (1 + Z_a)$, wobei Z_i und Z_a wieder der Zinsertrag während des Anlagezeitraumes ist (vgl. S. 16 f.). Die Bedingung für eine Kurssicherung über den Terminmarkt lautet also, wenn die Transaktionskosten vernachlässigt werden[33],

$$\frac{K_t}{1 + Z_i} < \frac{K_o}{1 + Z_a};$$

daraus folgt

$$\frac{K_t - K_o}{K_o} < \frac{Z_i - Z_a}{1 + Z_a}$$

$$Z_i - Z_a > \frac{K_t - K_o}{K_o}(1 + Z_a),$$

bzw. wegen $Z_a = z_a \cdot T/360$, $Z_i = z_i \cdot T/360$

$$z_i - z_a > \frac{K_t - K_o}{K_o} \cdot \left(\frac{360}{T} + z_a\right). \tag{9}$$

---

[32] Dies ist beispielsweise der Fall, wenn die Deutsche Bundesbank Abgabesätze für Offenmarktpapiere festsetzt, ohne daß solche Titel von den Kreditinstituten tatsächlich erworben werden können.

[33] Erklärung der Symbole siehe S. 16 f.

Im Falle

$$(10)\qquad z_i - z_a < \frac{K_t - K_o}{K_o} \cdot \left(\frac{360}{T} + z_a\right)$$

hingegen wird der Importeur Kassadevisen erwerben und diese bis zur Fälligkeit seiner Verbindlichkeit im Ausland anlegen, d. h. einen Geldexport durchführen[34].

Ein *Exporteur,* der die Wahl zwischen einem Terminverkauf des Exporterlöses und einer Kreditaufnahme im Ausland hat, wird sich zu einem Geldimport entschließen, falls

$$\frac{K_o}{1 + Z_a} > \frac{K_t}{1 + Z_i},$$

d. h.

$$(11)\qquad z_i - z_a > \frac{K_t - K_o}{K_o} \cdot \left(\frac{360}{T} + z_a\right),$$

wobei für z_i und z_a die Zinssätze einzusetzen sind, die dem Exporteur bei einer Diskontierung der Forderung in Rechnung gestellt werden.

Wie ein Vergleich der Gleichungen (9), (10) und (11) mit Gleichung (5) (Seite 17) zeigt, findet die indirekte Zinsarbitrage der Importeure und Exporteure (Ausgleichsarbitrage[35]) formal unter den gleichen Bedingungen statt wie die Geldexportgeschäfte der Banken. Die Bedeutung dieser „Händlerarbitrage"[36] darf allerdings nicht überbewertet werden. Ein Importeur wird seine Entscheidung nur dann aufgrund der Gleichungen (9) und (10) treffen, wenn ihm in ausreichendem Umfang liquide Mittel zur Verfügung stehen und er das Zahlungsziel seines Lieferanten trotzdem in Anspruch nehmen will. In der Regel jedoch wird er die Rendite, die der Einsatz flüssiger Mittel im Unternehmen selbst — etwa zur Rückzahlung von Verbindlichkeiten — erbringt, mit den (relativ hohen[37]) Kosten vergleichen, die ihm aus der Inanspruchnahme des Lieferantenkredits erwachsen. Für z_i wird er also die Kosten für Inlandskredite, für z_a die Kosten des Lieferantenkredits einsetzen und sich dementsprechend — unter Berücksichtigung des Swapsatzes —

---

[34] Vgl. dazu *Neldner:* Kursbildung, S. 55 f.

[35] Vgl. *Fritz Schmidt:* Internationaler Zahlungsverkehr und Wechselkurse. Leipzig 1919. S. 239 f.

[36] Vgl. *John Spraos:* Speculation, Arbitrage, and Sterling. The Economic Journal, Vol. LXIX (1959), S. 4. — *Ders.:* Theory, S. 92 ff.

[37] Gewährt der ausländische Lieferant beispielsweise einen Preisnachlaß von 3 % bei Zahlung innerhalb von 15 Tagen und wird der volle Kaufpreis innerhalb von drei Monaten fällig, so beträgt der effektive Zinssatz für den Lieferantenkredit 14,4 % p. a.

für sofortige Zahlung mit Hilfe eines Bankkredits oder für den Erwerb von Termindevisen entscheiden. Ein direkter Geldexport kommt für ihn auch wegen der hohen Transaktionskosten praktisch nicht in Frage.

Allerdings kann schon in der vorfristigen Bezahlung von Importrechnungen ein Geldexport bis zum Zeitpunkt der Fälligkeit gesehen werden. Wenn eine Aufwertung der ausländischen Währung erwartet wird und deren Terminkurs den aufgrund der Zinsdifferenz zu erwartenden Betrag erheblich übersteigt, so findet die Kurssicherung der Importeure überwiegend in der Form statt, daß bestehende Importverbindlichkeiten in fremder Währung vorzeitig beglichen werden.

Die „Händlerarbitrage" der Exporteure nähert sich der reinen Zinsarbitrage stärker, da hier die Beziehung zwischen Auslands- und Inlandskredit — in beiden Fällen handelt es sich um Diskontkredite — enger ist als beim Importeur, der im Ausland häufig nur Lieferantenkredite erhalten kann.

Um die „Händlerarbitrage" in die Transaktionskurve der Zinsarbitrageure am Devisenmarkt einbeziehen zu können, sind zusätzliche Annahmen über das Verhältnis der Geldmarktsätze zu den den Dipositionen der Importeure und Exporteure zugrunde liegenden Zinssätzen (Skonti, Diskontsätze, Sätze für Überziehungskredite) erforderlich; denn diese Sätze sind mit den Geldmarktsätzen unterschiedlich stark korreliert. Liegt das Nettozinsniveau im Ausland höher als am Binnengeldmarkt, so werden die Importeure ihre Auslandsverbindlichkeiten verstärkt mit inländischen Krediten tilgen und die Exporteure ihre Wechselforderungen im Inland diskontieren lassen. Liegt das Nettozinsniveau im Ausland hingegen niedriger als im Inland, so ist eine verstärkte Inanspruchnahme ausländischer Lieferantenkredite[38] durch Importeure und ausländischer Diskontkredite durch Exporteure zu erwarten. Tendenziell erhöht sich also durch die indirekte Zinsarbitrage im Bereich der Geldexporte der Banken (Swapsatz $> z_i - z_a$) die Nachfrage der Importeure nach Kassadevisen und das Angebot an Termindevisen, das aus der Kurssicherung für im Inland diskontierte Auslandswechsel der Exporteure herrührt; im Bereich der Geldimporte (Swapsatz $< z_i - z_a$) erhöht sich das Angebot an Kassadevisen von Seiten der Exporteure und die Nachfrage nach Termindevisen zur Sicherung von Importverbindlichkeiten.

Es sei besonders darauf hingewiesen, daß die Kassa- und Termintransaktionen im Zusammenhang mit der indirekten Zinsarbitrage der Importeure und Exporteure wegen der unterschiedlichen Höhe der zu-

---

[38] Die Aufnahme eines Fremdwährungskredits zur sofortigen Bezahlung von Importrechnungen verändert das Kurssicherungsbedürfnis der Importeure nicht, da hierbei lediglich eine Umschuldung im Ausland stattfindet.

grunde liegenden Forderungen und Verbindlichkeiten in einer Währung *nicht* kongruent sind; die Annahme symmetrischer Transaktionskurven der Arbitrageure am Kassa- und Terminmarkt[39] kann also nicht aufrecht erhalten werden. Bei der Zusammenfassung von direkter und indirekter Zinsarbitrage, „Prestige"-Geschäften und Liquiditätsarbitrage erhält man vielmehr die in Abbildung 2 dargestellten, asymmetrischen Transaktionskurven.

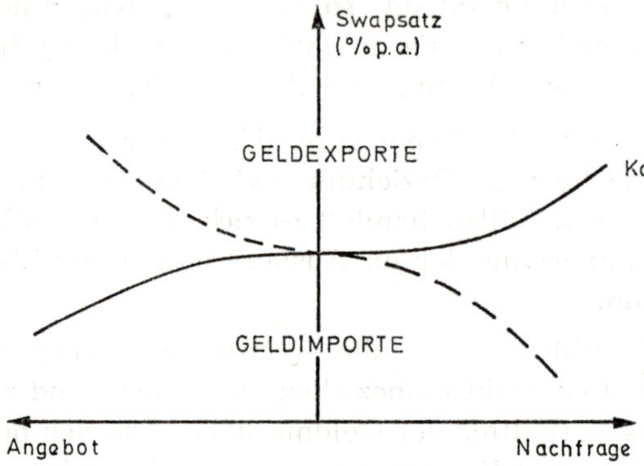

Abb. 2: Angebot und Nachfrage von Zins- und Liquiditätsarbitrageuren am Devisenmarkt

Die in Abb. 2 dargestellten Transaktionskurven gehen aus den Transaktionskurven der Zinsarbitrageure (vgl. Abb. 1, Seite 21) hervor; werden diese aggregiert und werden „Prestige"-Geschäfte und Liquiditätsarbitrage berücksichtigt, so verschwindet der in Abb. 1 angedeutete „Indifferenzsprung", da in dem Indifferenzbereich des einzelnen Zinsarbitrageurs Geldtransfers anderer Banken stattfinden. Dadurch verschieben sich die oberen (unteren) Kurvenäste in Abb. 1 nach unten (oben) zur „Paritätsrate" hin. Durch horizontale Addition der Händlertransaktionen bei alternativen Swapsätzen ergibt sich schließlich der in Abb. 2 gezeigte Kurvenverlauf.

4. Kursdifferenzarbitrage

Unter Kursdifferenzarbitrage versteht man den gleichzeitigen Kauf und Verkauf einer Währung aufgrund ihrer unterschiedlichen Bewertung an verschiedenen Teilmärkten[40]. Sie findet vor allem bei Kassadevisen statt, da sie einen breiten Markt voraussetzt, und ist für die Banken fast ohne Risiko[41].

---

[39] Diese Annahme liegt auch den neueren Arbeiten zugrunde; vgl. *Schröder:* Theorie, S. 41 ff., und *Neldner:* Kursbildung, S. 62.

[40] Zum Begriff der Devisenarbitrage vgl. *Schmidt:* Zahlungsverkehr, S. 238 ff. — *Lipfert:* Internationaler Devisen- und Geldhandel, S. 46 ff., 92 ff.

[41] Da Devisengeschäfte zwischen Banken nur über bestimmte, feste Beträge abgeschlossen werden, fallen bei Arbitragegeschäften in der Regel Restbeträge

Bei der bilateralen Arbitrage werden von jeder Transaktion nur zwei Währungen erfaßt. Sie führt zur weitgehenden Angleichung der Wertrelationen dieser Devisen an den einzelnen lokalen Teilmärkten, ohne daß dabei ein Netto-Angebot von einer der Währungen entsteht, wenn man von den nach Abschluß der Geschäfte verbleibenden Restbeträgen absieht. Beträgt beispielsweise der Frankfurter Dollarkurs 3,20 DM/$, so ist der entsprechende gleichgewichtige D-Mark-Kurs in New York 0,3125 $/DM. Wird die deutsche Währung tatsächlich mit 0,3130 $/DM gehandelt, so werden die Arbitrageure sie in New York anbieten und gleichzeitig in Frankfurt Dollars verkaufen. Verkauft beispielsweise eine Bank in Frankfurt 300 000 Dollar für 960 000 D-Mark und in New York 1 Mio. D-Mark für 313 000 Dollar, so verbleiben ihr per Saldo eine Netto-Verbindlichkeit von 40 000 D-Mark und eine Netto-Forderung von 13 000 Dollar, so daß am Devisenmarkt in diesem Umfang D-Mark nachgefragt bzw. Dollars angeboten werden[42].

Die Dreiecksarbitrage[43] erfolgt unter Zwischenschaltung einer dritten Währung; dadurch entsteht an einem Teilmarkt für zwei bestimmte Währungen ein Netto-Angebot in einer dieser Währungen. Sind beispielsweise die Wertrelationen von D-Mark, Pfund und Dollar nicht im Gleichgewicht, ist also etwa

$$(DM/\$) < (DM/£) \times £/\$),$$

so werden die Dreiecksarbitrageure in Frankfurt Dollars kaufen, um damit Pfunde zu erwerben und diese gegen D-Mark zu verkaufen. Bei einer relativen Unterbewertung des Dollars entsteht am D-Mark-Dollar-Markt also eine Netto-Nachfrage nach amerikanischer Währung.

Sollen Dreiecksarbitragegeschäfte in das Devisenmarktmodell einbezogen werden, so stellt sich die Frage, ob etwa ein Angebot aus diesen Geschäften das Netto-Angebot am Devisenmarkt erhöht oder ob es

---

an, die separat verkauft werden müssen. Diese „offenen Positionen", die bei der Durchführung von Arbitragegeschäften zwangsläufig entstehen, unterliegen dem Kursrisiko.

42 Die vollkommene Angleichung der Kursrelationen zweier Währungen an unterschiedlichen lokalen Märkten kann mit der bilateralen Arbitrage nicht erklärt werden; diese läßt vielmehr eine Kursdifferenz in Höhe der Spanne zwischen Geld- und Brief-Kursen bestehen, da der Arbitrageur ein und dieselbe Währung an einem Markt nachfragt (also den Brief-Kurs bezahlt) und an einem anderen Markt anbietet (also den niedrigeren Geld-Kurs erhält). Kursunterschiede in Höhe der Geld-Brief-Spanne können dadurch ausgeglichen werden, daß sich die Nachfrage der Nichtarbitrageure nach einer Währung auf einen Teilmarkt mit niedrigem Kursniveau, das Angebot der Nichtarbitrageure in dieser Währung auf einen Teilmarkt mit hohem Kursniveau konzentriert (Ausgleichsarbitrage).

43 Vgl. dazu *Herbert G. Grubel:* A Neglected Aspect of Forward Exchange Theory and Policy. Journal of Finance, Vol. XVIII (1963), 537 ff. — *Spraos:* Theory, S. 89 ff. — *Einzig:* Dynamic Theory, S. 259 f.

eine durch die Kursrelationen hervorgerufene zusätzliche Nachfrage der Zinsarbitrageure teilweise ausgleicht.

Eine relative Unterbewertung des *Kassa*-Dollars an einem Teilmarkt, etwa dem D-Mark-Dollar-Markt, hat eine Dollar-Nachfrage von Seiten der Dreiecksarbitrageure zur Folge. Gleichzeitig verstärkt sie tendenziell die deutschen Geldexporte, da sie den Report (Terminaufschlag) der amerikanischen Währung ceteris paribus erhöht bzw. einen bestehenden Deport (Terminabschlag) vermindert; eine relative Unterbewertung des *Termin*-Dollars verstärkt entsprechend die deutschen Geldimporte. Die Unterbewertung einer Währung an Teilmärkten hat also auf das Marktverhalten von Zins- und Dreiecksarbitrageuren die gleiche Wirkung. Im Falle der Dreiecksarbitrage sind Kassa- und Termingeschäfte allerdings unabhängig voneinander. Ihre Einbeziehung in das Devisenmarktmodell bewirkt, daß die in Abbildung 2 (Seite 26) dargestellten Kurven flacher verlaufen. Da Kassa- und Termingeschäfte unabhängig voneinander sind, kann die Asymmetrie der Transaktionskurven verstärkt werden.

Die in Abbildung 2 dargestellten Transaktionskurven veranschaulichen das aus den Dispositionen der Arbitrageure resultierende Nettoangebot von Devisen bzw. inländischer Währung, d. h. die Arbitragewünsche. Sie werden daher in der Literatur gelegentlich als „Arbitragewunschkurven" bezeichnet[44]. Der Umfang effektiver Geldtransfers hängt davon ab, wieviele Kassa- und Termindevisen die „Marktgegenseite" (Importeure, Exporteure und Spekulanten) zu den entsprechenden Kursen abzugeben bzw. anzukaufen bereit sind.

II. Geschäfte der Nichtarbitrageure

1. Außenhandelstransaktionen[45]

Im internationalen Warenverkehr entsteht, wenn die Zahlung in der Währung des Käufers oder in einer dritten Währung vereinbart wird, für den Verkäufer schon bei der Abgabe des Angebots insofern ein Kursrisiko, als sich der Devisenkurs bis zur Annahme des Angebots zu seinen Ungunsten verändern kann; es betrifft nur den Anbieter und kann am Devisenmarkt nicht abgesichert werden.

Nach Abschluß des Vertrags entsteht ein weiteres Risiko aus der Kursentwicklung in der Zeit zwischen Auftragserteilung und Zahlungs-

---

[44] *Braun:* Theorie, S. 38.

[45] Zum Verhalten der Importeure und Exporteure vgl. *William H. White:* Interest Rate Differences, Forward Exchange Mechanism, and Scope for Short-term Capital Movements. Staff Papers, Vol. X (1963), S. 487 ff.

termin; es wird primär von derjenigen Partei getragen, die in fremder Währung abschließt. Daher spielt die Festlegung der Währung, in der die Zahlung zu leisten ist, bei Verhandlungen über langfristige oder umfangreiche Geschäfte eine wichtige Rolle. Gelegentlich wird die Zahlung in einer dritten — stabilen — Währung vereinbart, so daß jede Partei die Risiken zu tragen hat, die sich aus der Kursentwicklung der eigenen Währung ergeben.

Die Sicherung des genannten Risikos ist zunächst in der Weise denkbar, daß die Zahlung des — diskontierten — Kaufpreises sofort bei Vertragsschluß vereinbart wird. Dadurch würde indes das Kursrisiko lediglich in ein Bonitätsrisiko umgewandelt, das der Käufer zu tragen hätte; dieses müßte ebenfalls gesichert werden, etwa in Form einer Bankbürgschaft für den Verkäufer, der den Kaufpreis vor Ablieferung der Ware erhält[46].

Die zweite Sicherungsmöglichkeit liegt in dem internen Risikoausgleich, der sich daraus ergibt, daß die am Außenhandel beteiligten Unternehmen in der Regel sowohl Forderungen als auch Verbindlichkeiten in fremder Währung haben. Ebenso wie die Banken nicht jedes einzelne Termingeschäft durch ein Gegengeschäft ausgleichen, sondern auf einen sich im Rahmen des gesamten Auslandszahlungsverkehrs ergebenden Risikoausgleich hinarbeiten, kann auch das einzelne Unternehmen eine „interne" Kurssicherung durch einen ungefähren Ausgleich seiner Währungsposition anstreben. Die Bankabteilungen größerer Firmen, die einen guten Einblick in das Marktgeschehen haben, stehen zum Teil auch auf dem Standpunkt, daß die Kurssicherungskosten für den Zeitraum zwischen zwei Paritätsänderungen einer Währung im allgemeinen höher seien als der Verlust bei einer schließlich stattfindenden Abwertung einer fremden bzw. Aufwertung der eigenen Währung, so daß die Kurssicherung bei Währungen, in denen laufend Geschäfte abgeschlossen werden, rechnerisch keinen Vorteil bietet. Aus den beiden angedeuteten Verhaltensweisen ergibt sich, daß der Umfang der von Importeuren und Exporteuren abgeschlossenen Devisentermingeschäfte wesentlich geringer ist als das Kreditvolumen im Außenhandel.

Schließlich haben die Außenhändler die Möglichkeit, das ihren Forderungen und Verbindlichkeiten in fremder Währung anhaftende Kurs-

---

[46] Wird eine Änderung der Währungsparitäten erwartet, so sind die Importeure bestrebt, Verbindlichkeiten in einer Währung, deren Aufwertung erwartet wird, vor Fälligkeit zu erfüllen, die Begleichung von Verbindlichkeiten in einer abwertungsbedrohten Währung hingegen hinauszuzögern. Die dadurch hervorgerufene Änderung der Kreditbeziehungen von Importeuren und Exporteuren mit dem Ausland wird in der Zahlungsbilanz als Differenz zwischen dem Saldo der Devisenbilanz und dem Saldo der Leistungs- und Kapitalbilanz sichtbar.

risiko durch ein Termingeschäft mit einer Bank zu sichern. Die Entscheidung darüber, ob ein Devisentermingeschäft abgeschlossen wird oder nicht, hängt in der Regel davon ab, ob der für den Zeitpunkt der Fälligkeit der Forderung bzw. Verbindlichkeit erwartete Kassakurs höher oder niedriger liegt als der Terminkurs, den die Bank ihren Kunden nennt. Insbesondere kann in einem System fester Wechselkurse davon ausgegangen werden, daß ein Importeur, der die von ihm benötigten Termindevisen nur zu einem Kurs in der Nähe des oberen Interventionspunktes der Notenbank erhalten kann, auf die Kurssicherung seiner Verbindlichkeit in der Regel verzichten wird, wenn er damit rechnen kann, daß keine Paritätsänderung stattfindet, d. h. der Kassakurs bei Fälligkeit seiner Verbindlichkeit nicht ungünstiger ist als der gegenwärtige Terminkurs. Ein Exporteur hingegen wird sich umso leichter zur Kurssicherung seiner Forderungen in fremder Währung entschließen, je höher der Terminkurs liegt; er wird normalerweise nicht bereit sein, Termindevisen in der Nähe des unteren Interventionspunktes zu verkaufen, da er davon ausgeht, daß er beim späteren Verkauf per Kasse mindestens den gleichen Gegenwert für seine Forderung erhält.

Bei der Herleitung der Angebots-Nachfrage-Kurve der Importeure und Exporteure am Devisenterminmarkt wird in der Literatur regelmäßig unterstellt, daß das Volumen der mit Kreditbeziehungen verbundenen Außenhandelsgeschäfte durch den jeweiligen Devisenterminkurs determiniert wird[47]. Selbst unter der — in einem System fester Wechselkurse wenig realistischen — Annahme, daß die Schwankungen der Devisenkurse innerhalb der Bandbreiten überhaupt einen wesentlichen Einfluß auf den Umfang von Importen und Exporten haben, würde das voraussetzen, daß der Zahlungszeitpunkt und damit der Devisenterminkurs im Augenblick der Bestellung oder des Angebots bereits feststeht. Tatsächlich wird dies meist nicht der Fall sein, weil sich der Liefertermin und damit der Beginn der Kreditfrist nicht genau festlegen läßt. Normalerweise ist also bei Eintritt des Kurssicherungsbedürfnisses dessen Volumen durch den Devisenkurs zu einem früheren Zeitpunkt, der als Kalkulationsgrundlage diente, bereits bestimmt. Importeure und Exporteure entscheiden aufgrund des Terminkurses lediglich, ob sie ihre „offenen Positionen" sichern oder ungesichert lassen.

Aufgrund der beschriebenen Verhaltensweisen ergibt sich die in Abbildung 3 a dargestellte Angebotskurve der Exporteure und Nachfragekurve der Importeure am Devisenterminmarkt: Befindet sich der Devisenterminkurs in der Nähe des unteren Interventionspunktes I_u, so werden die Exporteure bei stabilen Währungsparitäten in der Regel auf die Kurssicherung ihrer Devi-

---

[47] Vgl. *Braun:* Theorie, S. 27. — *Schröder:* Theorie, S. 37. — *Neldner:* Kursbildung, S. 66.

senforderungen verzichten. Das Termindevisenangebot ist bei Terminkursen in der Nähe des unteren Interventionspunktes also gering. Je mehr sich der Devisenterminkurs dem oberen Interventionspunkt I_o nähert, desto geringer wird — unter der Voraussetzung, daß keine Paritätsänderung stattfindet — die Wahrscheinlichkeit, daß die Exporteure ihre Forderungen bei Fälligkeit

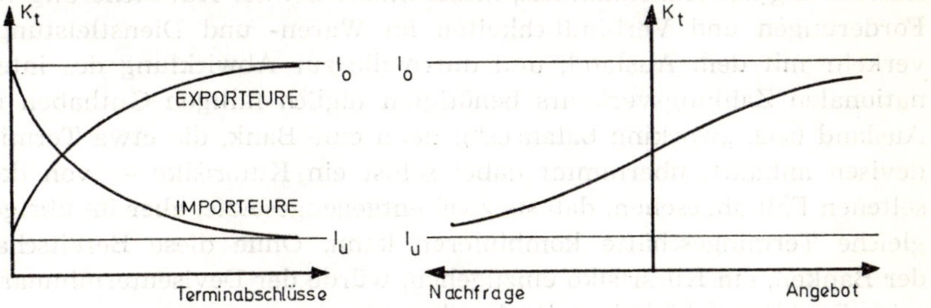

Abb. 3 a Abb. 3 b

Angebot und Nachfrage der Importeure und Exporteure am Devisenterminmarkt

zum gleichen oder zu einem höheren (Kassa-) Kurs verkaufen können. Sie werden also mit steigendem Terminkurs in zunehmendem Umfang Kurssicherungsgeschäfte abschließen, d. h. Termindevisen anbieten. — Die Importeure hingegen werden nur in geringem Umfang Devisentermingeschäfte abschließen, wenn der Terminkurs in der Nähe des oberen Interventionspunkts liegt, da dies der höchste Kurs ist, der ihnen in Rechnung gestellt werden kann, wenn sie die Devisen erst bei Fälligkeit ihrer Verbindlichkeit am Kassamarkt erwerben; ihre Devisennachfrage am Terminmarkt nimmt mit sinkendem Terminkurs zu.

Durch horizontale Addition der Angebotskurve der Exporteure und der Nachfragekurve der Importeure erhält man die Netto-Transaktionskurve der Händler am Devisenterminmarkt (Abbildung 3 b). Diese zeigt, daß das Kurssicherungsverhalten im Außenhandel tendenziell auf die Stabilisierung des Terminkurses in der Nähe eines Indifferenzpunkts hinwirkt, der den Vorstellungen von Importeuren und Exporteuren über die Höhe des zukünftigen Kassakurses entspricht[48].

Bei der Herleitung der entsprechenden Transaktionskurve am Kassamarkt kann in einem System fester Wechselkurse davon ausgegangen werden, daß der Umfang der dabei erfaßten Außenhandelsgeschäfte Einflußgrößen unterworfen ist, die außerhalb des Devisenmarkts liegen. Angebot und Nachfrage der Importeure und Exporteure am Devisenkassamarkt können also als völlig kursunelastisch angesehen und daher in die entsprechende Transaktionskurve der Spekulanten am Kassamarkt einbezogen werden (vgl. Abbildung 4 b, Seite 34)[49].

---

[48] Vgl. *Grubel:* Forward Exchange, S. 31 f.

[49] Eine grundsätzliche Bedeutung für das Kursgleichgewicht am Devisen-

2. Spekulation

Unter Spekulation soll hier der Aufbau „offener“ (nicht kursgesicherter) Positionen am Devisenmarkt verstanden werden[50]. Spekulative Engagements der Banken entstehen zwangsläufig bei der geldmäßigen Abwicklung des Außenhandels, insbesondere bei der Kurssicherung von Forderungen und Verbindlichkeiten im Waren- und Dienstleistungsverkehr mit dem Ausland, und durch die zur Abwicklung des internationalen Zahlungsverkehrs benötigten täglich fälligen Guthaben im Ausland (sog. „working balances“); denn eine Bank, die etwa Termindevisen ankauft, übernimmt dabei selbst ein Kursrisiko — von dem seltenen Fall abgesehen, daß sie zwei entgegengesetzte, aber im übrigen gleiche Termingeschäfte kombinieren kann. Ohne diese Bereitschaft der Banken, ein Kursrisiko einzugehen, würde der Devisenterminmarkt seine Funktionsfähigkeit weitgehend einbüßen.

Für die „working balances“ ist eine Kurssicherung gegen tägliche Kursschwankungen durch Aufnahme jederzeit rückzahlbarer Auslandskredite in entsprechender Höhe denkbar. Soll lediglich das Risiko einer Paritätsänderung ausgeglichen werden, so kann die Bank einen Terminverkauf in Höhe ihrer durchschnittlichen Sichtguthaben im Ausland durchführen.

Wird auf die Kurssicherung der täglich fälligen Auslandsguthaben verzichtet, so entsteht ein spekulatives Engagement in Kassadevisen. Das gleiche gilt für ungesicherte Geldtransfers. Diese „Kassa-Spekulation“ kann der Terminspekulation zugerechnet werden, wenn man die Kassageschäfte als Zinsarbitragegeschäfte ansieht; denn der spekulative Verzicht auf Kurssicherung hat dann gegenüber kursgesicherten Geldtransfers bei Geldimporten eine Verminderung der Nachfrage, bei Geldexporten und Sichtguthaben im Ausland eine Verminderung des Angebots von Termindevisen zur Folge. So gesehen, wirkt der spekulative Kauf von Kassadevisen, durch den eine „offene Position“ gebildet wird, auf die Kursgestaltung am Terminmarkt wie eine spekulative Nachfrage nach Termindevisen, der spekulative Verkauf von Kassadevisen wie ein Angebot an Termindevisen[51].

---

markt oder seine Herleitung hat die Form der Transaktionskurve der Außenhändler am Kassamarkt nicht, wie sich aus der Bestimmung des Kursgleichgewichts auf S. 37 ff. ergibt.

[50] In der Praxis wird die kurzfristige Spekulation in Kassadevisen, bei der zwischen Bildung und „Glattstellung“ einer „offenen Position“ nur wenige Stunden liegen, meist als Arbitrage bezeichnet. — Zum Begriff der Spekulation vgl. insbesondere *Gunter Steinmann:* Theorie der Spekulation, Tübingen 1970, S. 3 f., und die dort angegebene Literatur.

[51] Vgl. dazu *Tsiang:* Theory, S. 92, 94.

Neben dieser im Zusammenhang mit dem Kundengeschäft und internationalen Geldmarktanlagen durchgeführten Spekulation ziehen die Banken aus einer erwarteten Kursentwicklung auch direkt Nutzen: Liegt der erwartete Kassakurs einer Währung niedriger als der gegenwärtige Terminkurs, so verkaufen sie diese Währung per Termin und erwerben bei Fälligkeit des Geschäfts die benötigten Devisen am Kassamarkt. Im umgekehrten Fall — Terminkurs niedriger als erwarteter Kassakurs — erwerben sie Termindevisen und verkaufen diese bei Fälligkeit am Kassamarkt. Solche Termingeschäfte, bei denen (im Gegensatz zu Swapgeschäften) auf den gleichzeitigen Abschluß eines kompensatorischen Gegengeschäfts anderer Fälligkeit verzichtet wird, werden als „Solo“- oder „outright“-Termingeschäfte bezeichnet, die reine Terminspekulation entsprechend als „outright“-Spekulation[52].

In Verbindung mit Auslandsanlagen entstehen spekulative Engagements häufig auch infolge von Marktunvollkommenheiten. Bei Geldexporten, die sich nicht über die am häufigsten gehandelten Termine von 1, 2, 3 oder 6 Monaten erstrecken, ist die Kurssicherung relativ teuer. Eine Bank übernimmt in einem solchen Fall in der Regel das Kursrisiko aus Geldtransfers oder Kurssicherungsabschlüssen im Außenhandel für einen begrenzten Zeitraum selbst und schließt später ein Gegengeschäft mit der nächstkürzeren marktüblichen Laufzeit zu günstigeren Bedingungen ab. Bei Abschlüssen mit den üblichen Fristigkeiten hat der Geldexporteur meist eine bestimmte Vorstellung über die Kursentwicklung in dem unmittelbar auf den Abschluß folgenden Zeitraum; erwartet er einen Anstieg des Devisenterminkurses, so wird er die Kurssicherung erst einige Stunden nach dem Geldtransfer durchführen. Auch in diesem Fall entsteht vorübergehend eine offene Position.

Zwischen den beiden Grundtypen von Spekulanten: Zinsarbitrageuren, die auf die Kurssicherung ihrer Auslandsanlagen verzichten, und „reiner“ Terminspekulation, bestehen gewisse Unterschiede, die sich in der Kurselastizität von Angebot und Nachfrage am Devisenterminmarkt niederschlagen: Der Umfang der Arbitragespekulation wird durch die den Spekulanten zur Verfügung stehenden Fonds, die internationalen Zinsdifferenzen und Zinserwartungen bestimmt, bei der „outright“-Spekulation ist die subjektive Einschätzung des Risikos der entscheidende Faktor. Da jedoch beide Arten von Spekulation von den Kreditinstituten im Rahmen ihrer „Gesamtposition“, d. h. der Summe der in Abwicklung befindlichen Devisengeschäfte, durchgeführt werden, ist eine Zuordnung eines bestimmten Geschäfts zu einer der beiden Gruppen praktisch kaum möglich.

---

52 Vgl. *Lipfert:* Internationaler Devisen- und Geldhandel, S. 57. — *Einzig:* Dynamic Theory, S. 3.

Angebot und Nachfrage der Spekulanten am Devisenterminmarkt (vgl. Abbildung 4 a) gleichen sich aus, wenn der Terminkurs K_t dem für den Zeitpunkt der Fälligkeit erwarteten Kassakurs K_e entspricht[53]. Das Netto-Angebot bei diesem Kurs ist also Null, d. h. die Transaktionskurve der Spekulanten schneidet die Ordinatenachse beim Kurs K_e. Liegt der Devisenterminkurs niedriger, so besteht eine Netto-Nachfrage, liegt er höher, so bieten die Spekulanten per Saldo Termindevisen an. Die Kurselastizität von Angebot und Nachfrage und damit der Verlauf der Netto-Transaktionskurve wird durch die Sicherheit bestimmt, mit der der Spekulant den erwarteten Kassakurs schätzen zu können glaubt; je größer der Unsicherheitsbereich der Schätzung ist, desto geringer wird der Spekulant bei einem bestimmten Ter-

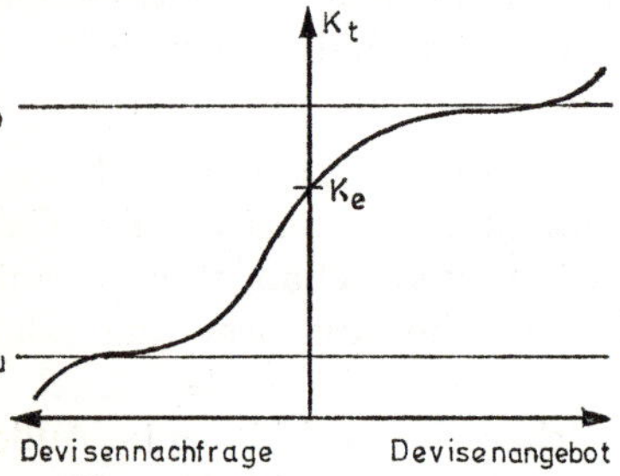

Abb. 4 a: Netto-Transaktionskurve der Spekulanten am Devisenterminmarkt

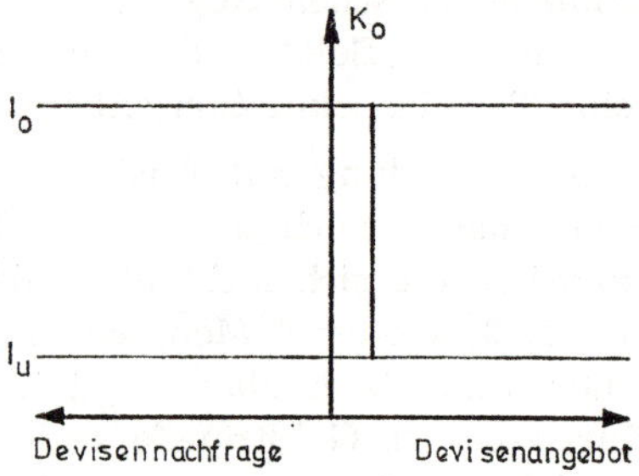

Abb. 4 b: Netto-Transaktionskurve der Spekulanten, Importeure und Exporteure am Kassamarkt

minkurs sein Engagement halten[54]. Da das Risiko der Spekulanten bei festen Wechselkursen abnimmt, wenn sich der Terminkurs dem oberen oder dem unteren Interventionskurs der Notenbank am Devisenkassamarkt nähert, ist ihr Angebot bzw. ihre Nachfrage in diesem Bereich sehr elastisch, wenn eine Paritätsänderung ausgeschlossen wird. Erst bei Erschöpfung der Spekulationsfonds bzw. bei Erreichen der von den Bankleitungen festgesetzten Grenzen, bis zu denen die Devisenhändler „offene Positionen" aufbauen dürfen, nimmt die Elastizität wieder ab[55].

---

[53] Der erwartete Kassakurs ergibt sich rechnerisch aus der Summe der mit den Wahrscheinlichkeiten gewichteten möglichen Kassakurse:

$$K_e = \sum_{i=1}^{n} K_{o,i} \cdot w_i \quad (w = \text{relative Wahrscheinlichkeit}).$$

Ein numerisches Beispiel hierzu findet sich bei *Jörg Jenny:* Termindevisen. Zürich 1968. S. 8. — Vgl. auch *Neldner:* Kursbildung, S. 45. — *Martin S. Feldstein:* Uncertainty and Forward Exchange Speculation. Review of Economics and Statistics, Vol. L (1968), S. 182 ff.

[54] *Grubel:* Forward Exchange, S. 27 und 110 ff.

[55] Für die Devisenterminspekulation sind an und für sich keine Fonds erforderlich, da der Spekulant seine „offenen Positionen" bei Fälligkeit durch ein

Der Umfang der Transaktionen der Spekulanten am Kassamarkt ist durch den Umfang fällig werdender Termingeschäfte festgelegt, also vom Kassakurs unabhängig (vgl. Abbildung 4 b)[56].

3. Geschäfte der Zentralnotenbank

Im Abkommen von Bretton Woods haben die Regierungen der beteiligten Staaten vereinbart, das Wertverhältnis ihrer Währungen zum US-Dollar am Devisen*kassa*markt innerhalb bestimmter „Bandbreiten" zu halten. Dies geschieht durch Käufe oder Verkäufe amerikanischer Währung, die in der Regel von den Zentralbanken durchgeführt werden[57]. Eine Verpflichtung zur Intervention besteht nur, wenn der Kassakurs des Dollars die festgelegten Schwankungsgrenzen erreicht. In der Regel schließen die Notenbanken aber auch zu Kursen, die innerhalb dieser Grenzen liegen, Devisengeschäfte ab, um zufallsbedingte Kursschwankungen zu dämpfen[58].

Die Transaktionskurve der Notenbank am Devisenmarkt hat dann die in Abbildung 5a dargestellte Form: Bei dem Gleichgewichtskurs, den die Notenbank ihren Interventionen zugrunde legt, etwa dem Kassakurs des Vortages, ist das Transaktionsvolumen der Notenbank Null. Die Transaktionskurve schneidet also bei diesem Kurs die Ordinatenachse. Bei höheren Kursen bietet die Notenbank Devisen an, bei niedrigeren Kursen fragt sie Devisen nach. An den Interventionspunkten sind Angebot bzw. Nachfrage der Notenbank vollkommen elastisch, da sie verpflichtet ist, zu diesen Kursen Devisen in unbeschränktem Umfang abzugeben bzw. anzukaufen.

Eine Interventionspflicht an den Devisen*termin*märkten ist im IWF-Abkommen ebenfalls vorgesehen, doch ist die entsprechende Vor-

---

Gegengeschäft am Kassamarkt glattstellt. Die Banken, über die die Geschäfte abgewickelt werden, verlangen jedoch Sicherheiten in Form von Barguthaben, deren Höhe sich nach dem Umfang der Terminabschlüsse richtet.

[56] In dieser Transaktionskurve sei auch der Netto-Betrag der Transferzahlungen und des langfristigen Kapitalverkehrs enthalten.

[57] Hierfür stehen den Interventionsinstanzen außer ihren Devisenreserven eine Reihe von Kredithilfen in Form von Ziehungsrechten aus dem IWF-Abkommen, den Allgemeinen Kreditvereinbarungen (vgl. *Deutsche Bundesbank* [Hrsg.]: Mitteilung Nr. 7002/62 vom 16. Januar 1962), dem Europäischen Währungsabkommen (BGBl. II 1959, S. 293) oder aus ad-hoc-Vereinbarungen der Notenbanken (vgl. *Chancellor of the Exchequer* [Hrsg.]: The Basle Facility and the Sterling Area. London 1968) zur Verfügung.

[58] „Foreign central banks may also operate in the exchange markets between the margins, and many central banks do so to prevent sharp movements in the rates. As the exchange rate moves upward (or downward) a country may buy (or sell) dollars against its currency to slow the rate movement, or even halt it completely at some point within the official margins." (*Charles A. Coombs:* Treasury and Federal Reserve Foreign Exchange Operations. Federal Reserve Bulletin, Vol. 48 (1962), S. 1139. Im Folgenden zitiert als Report.)

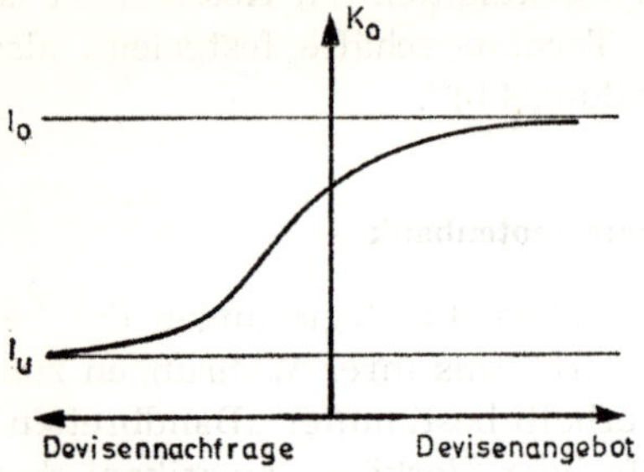

Abb. 5a: Transaktionskurve der Notenbank am Kassamarkt

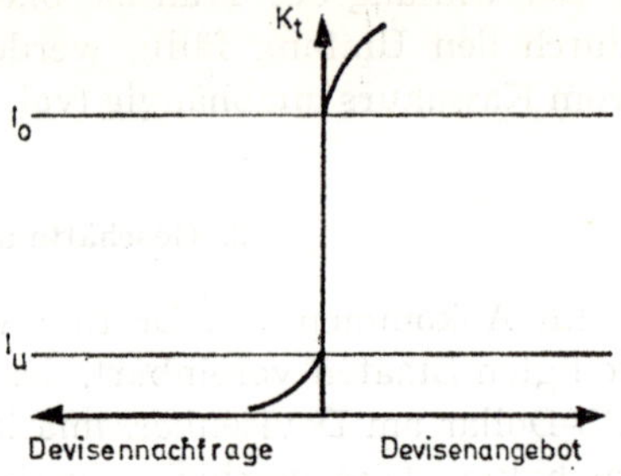

Abb. 5b: Transaktionskurve der Notenbank am Terminmarkt

schrift sehr allgemein gehalten: Artikel IV Abschnitt 4 (b) verpflichtet die Mitglieder lediglich, bei Devisentermingeschäften die Überschreitung einer Marge zu vermeiden, „which exceeds the margin for spot exchange transactions by more than the Fund considers reasonable“[59]. Innerhalb der Schwankungsgrenzen des Kassakurses ist also am Devisenterminmarkt in der Regel kein Anlaß zu Interventionen gegeben. Die Transaktionskurve der Notenbank am Devisenterminmarkt weist daher eine Sprungstelle auf (vgl. Abbildung 5 b). Erst bei Terminkursen weit oberhalb oder unterhalb der Parität wird die Notenbank aufgrund ihrer Interventionspflicht am Markt Termindevisen anbieten (oberer Kurvenast in Abbildung 5 b) oder nachfragen (unterer Kurvenast).

III. Das Kursgleichgewicht

Es soll nun die Frage geklärt werden, welche Bedingungen erfüllt sein müssen, damit die Transaktionswünsche der einzelnen Marktteilnehmer am Devisenkassa- und am Devisenterminmarkt im Gleichgewicht sind. Die Schwierigkeit, diesen Gleichgewichtszustand zu definieren, besteht darin, daß einzelne Transaktionen am Kassa- und am Terminmarkt voneinander unabhängig sind, also allein durch den jeweiligen Kassa- bzw. Terminkurs bestimmt werden, andere Transaktionen hingegen nicht vom absoluten Kassa- oder Terminkurs, sondern von der Differenz beider — dem Swapsatz — abhängen. Der erste Fall liegt vor allem bei den Interventionen der Zentralbanken vor, der zweite etwa bei Zinsarbitragegeschäften der Kreditinstitute.

Der Gleichgewichtszustand am Devisenmarkt wird daher nicht durch einen bestimmten Kassa- oder Terminkurs definiert, sondern — wegen

[59] Art. IV Sect. 3 IWF-Abkommen. Praktische Bedeutung hat diese Vorschrift bisher nicht erlangt. Vgl. dazu *de Vries/Horsefield:* The International Monetary Fund, Vol. II, S. 82 f.

der teilweisen Interdependenz von Kassa- und Termingeschäften — durch den Swapsatz, bei dem die von den Arbitrageuren am Devisenkassa- und Devisenterminmarkt angebotenen (nachgefragten) Devisenmengen von der „Marktgegenseite“, d. h. den Importeuren, Exporteuren, Spekulanten und der Zentralnotenbank nachgefragt (angeboten) werden. Zur modellmäßigen Bestimmung dieses Gleichgewichtsswapsatzes müssen die (zusammengefaßten) Transaktionskurven der Nichtarbitrageure also so transformiert werden, daß — wie bei den Arbitragegeschäften — jedem vorgegebenen Transaktionsvolumen am Kassa- und am Terminmarkt ein bestimmter Swapsatz zugeordnet wird.

Diese Transformation läßt sich aufgrund folgender Überlegung durchführen: Jedem Kassa-Angebot der Nichtarbitrageure ist aufgrund der aggregierten Transaktionskurven ein bestimmter Kassakurs K_o zugeordnet, jeder Termin-Nachfrage der Nichtarbitrageure ein bestimmter Terminkurs K_t. K_o und K_t definieren einen bestimmten Swapsatz $s = [(K_t - K_o) / K_o] \cdot 360/T$. Derjenige Swapsatz, bei dem Angebot und Nachfrage der Arbitrageure am Kassa- und am Terminmarkt ebenso groß sind wie Nachfrage und Angebot der Nichtarbitrageure, ist der Gleichgewichts-Swapsatz. Er läßt sich auf graphischem Wege als Schnittpunkt der Angebots-(Nachfrage-)Kurve der Arbitrageure mit der Nachfrage-(Angebots-)Kurve der Nichtarbitrageure am Kassa- bzw. am Terminmarkt — die sich alle als Funktion des Swapsatzes darstellen lassen — bestimmen.

Die Abbildungen 6 und 7 verdeutlichen die Bestimmung des Gleichgewichts-Swapsatzes auf graphischem Wege. Die durchgezogene Kurve in Abbildung 6 stelle die aggregierte Transaktionskurve der Nichtarbitrageure am Devisenkassamarkt, die unterbrochene Kurve die entsprechende Transaktionskurve am Devisenterminmarkt dar. Man erhält diese Kurven durch horizontale Addition der in den Abbildungen 3 bis 5 dargestellten Transaktionskurven.

In Abbildung 6 erscheinen Angebot und Nachfrage der Nichtarbitrageure am Devisenkassa- und am Devisenterminmarkt als Funktionen des Kassa- bzw. des Terminkurses. Die Kurven lassen sich als Funktion des *Swapsatzes* darstellen, wenn man alternativen Kombinationen von Kassa-Angebot und Termin-Nachfrage (bzw. Kassa-Nachfrage und Termin-Angebot) den entsprechenden Swapsatz zuordnet. Dieser ergibt sich definitionsgemäß aus den entsprechenden Kassa- und Terminkursen[60]. Wird etwa beim Kassakurs K_{o1} die Devisenmenge *OK* angeboten und beim Terminkurs K_{t1} die Devisenmenge *OT* nachgefragt (vgl. Abb. 6), so entsprechen diese Devisenmengen gleichzeitig dem Kassa-Angebot und der Termin-Nachfrage beim Swapsatz

$$s_2 = [(K_{t1} - K_{o1})/K_{o1}] \cdot 360/T.$$

---

60 $$s = \frac{K_t - K_o}{K_o} \cdot \frac{360}{T} \text{ bzw. } s = \frac{K_t - K_o}{K_o} \cdot \frac{360}{T} \cdot 100\,\%$$

Man erkennt leicht, daß diese Transformation nicht eindeutig ist; vielmehr lassen sich für den Swapsatz s_2 beliebig viele Kombinationen von Kassa-Angebot und Termin-Nachfrage der Nichtarbitrageure finden. Es existiert zu jedem Swapsatz s_2 aber nur eine solche Kombination, die einer möglichen Kombination von Kassa-Nachfrage und Termin-Angebot der Arbitrageure entspricht. Durch die Zusatzbedingung, daß das Kassa-Angebot der Nichtarbitrageure jeweils der Kassa-Nachfrage der Arbitrageure und die Termin-Nachfrage der Nichtarbitrageure dem Termin-Angebot der Arbitrageure entsprechen müssen, wird die Transformation der in Abbildung 6 dargestellten Kurven — die Funktionen des Kassa- bzw. Terminkurses darstellen — in Funktionen des Swapsatzes eindeutig.

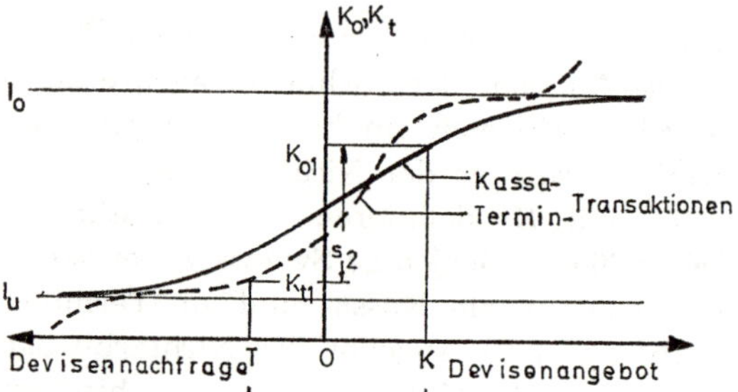

Abb. 6

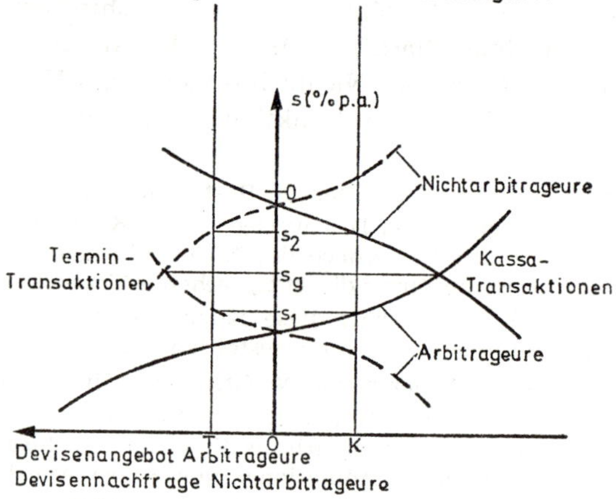

Abb. 7

Diese Transformation läßt sich durchführen, indem zu alternativen Kombinationen von Kassa-Nachfrage und Termin-Angebot der Arbitrageure — die jeweils einem bestimmten Swapsatz zugeordnet sind — die entsprechenden Kombinationen von Kassa-Angebot und Termin-Nachfrage der Nichtarbitrageure sowie die zugehörigen Swapsätze ermittelt werden. Beim Swapsatz s_1 etwa fragen die Arbitrageure, wie Abbildung 7 zeigt, OK Kassadevisen nach und bieten OT Termindevisen an. Die Nichtarbitrageure befriedigen die Kassa-Nachfrage OK zum Kurs K_{o1} und kaufen die angebotene Menge Termindevisen OT zum Kurs K_{t1} an, wie sich aus Abbildung 6 ergibt. Das Kassa-Angebot OK und die Termin-Nachfrage OT der Nichtarbitrageure werden also beim Swapsatz

$$s_2 = [(K_{t1} - K_{o1})/K_{o1}] \cdot 360/T$$

realisiert. In analoger Weise lassen sich durch Variation von s_1 weitere Punkte des oberen Kurvenpaares in Abbildung 7 — Angebot und Nachfrage der Nichtarbitrageure als Funktion des Swapsatzes — bestimmen. Der Schnittpunkt dieses Kurvenpaares mit den Transaktionskurven der Arbitrageure (unteres Kurvenpaar in Abbildung 7) definiert den Gleichgewichts-Swapsatz s_g, bei dem Angebot und Nachfrage der Nichtarbitrageure am Kassa- und Terminmarkt durch den Transaktionsbedarf der Arbitrageure ausgeglichen werden[61].

B. Die Wirkungen von Notenbank-Interventionen

Nachdem im vorangegangenen Abschnitt das Kursgleichgewicht am Devisenmarkt definiert worden ist, stellt sich die Frage, wie dieses Gleichgewicht von der Zentralbank beeinflußt werden kann, oder konkreter: welchen Einfluß die Devisenoperationen der Notenbank auf die Kursbildung am Devisenmarkt haben. Es geht hier also lediglich darum, die Wirkungen bestimmter Maßnahmen aufzuzeigen. Die Formulierung von Zielsetzungen ist dafür nicht erforderlich; sie ist Gegenstand der Währungs*politik* und bildet die Grundlage der empirischen Untersuchung im zweiten Teil dieser Arbeit.

I. Interventionen am freien Markt

Unter einem „freien" Devisenmarkt soll hier ein Markt verstanden werden, zu dem alle Wirtschaftssubjekte ungehinderten Zugang haben. Die Beeinflussung der Kursbildung an diesem Markt durch die Notenbank kann durch Interventionen in einem der beiden Bereiche: Kassa- und Terminmarkt, erfolgen oder durch gleichzeitige Intervention an beiden Teilmärkten. Ein Sonderfall der zuletzt genannten Politik ist der Abschluß von Swapgeschäften, bei denen jeder Kassa-Kauf (-Verkauf) mit einem Termin-Verkauf (-Kauf) gleichen Umfangs gekoppelt ist.

1. Interventionen am Kassamarkt

Beschränkt sich die Notenbank bei ihren Käufen und Verkäufen von Kassadevisen nicht darauf, zufallsbedingte Kursschwankungen zu dämpfen, sondern beeinflußt die Kursbildung aktiv, so verändert sie dadurch cet. par. auch den Swapsatz. Fragt sie Kassadevisen nach, so

---

[61] Vgl. *Braun:* Theorie, S. 37 ff., der allerdings von der Annahme ausgeht, daß die Transaktionskurven der Arbitrageure am Kassa- und Terminmarkt symmetrisch verlaufen, was in der Realität nur ausnahmsweise zutrifft (vgl. S. 25 f., 28). Ähnliche Herleitungen finden sich bei *Schröder* (Theorie, S. 38 ff.), *Klaus Rose* (Theorie der Außenwirtschaft. 3. Aufl. Berlin/Frankfurt a. M. 1970. S. 199 ff.) und *Neldner* (Kursbildung, S. 62 ff.).

steigt der Kurs, bei dem eine bestimmte Kassa-Nachfrage der Arbitrageure befriedigt wird; der Gleichgewichtsswapsatz

$$s_g = [(K_{tg} - K_{og})/K_{og}] \cdot 360/T$$

vermindert sich also (Verringerung eines bestehenden Reports oder Erhöhung eines bestehenden Deports). Entsprechend erhöht sich der Gleichgewichtsswapsatz, wenn die Notenbank Kassadevisen anbietet[1].

Das gilt jedoch nur, wenn die Kursbildung am Devisenterminmarkt unabhängig vom Kassakurs und damit auch unabhängig von Kassa-Interventionen der Notenbank ist. Diese Bedingung ist indes bei festen Wechselkursen mit Bandbreiten nur teilweise erfüllt; denn Angebot und Nachfrage der Nichtarbitrageure am Devisenterminmarkt werden im wesentlichen durch spekulative Überlegungen bestimmt[2]. Importeure, Exporteure und Spekulanten haben jedoch keine bestimmte Vorstellung von dem zukünftigen Wertverhältnis zweier Währungen an sich, sondern lediglich hinsichtlich der Veränderungen, denen dieses Wertverhältnis im Zeitablauf unterliegt[3]. Befinden sich Kassa- und Terminkurs einer Währung in einigem Abstand von den Interventionspunkten, sind sie also in gewissen Grenzen frei beweglich, so kann die durch Interventionen herbeigeführte Änderung des Kassakurses zu einer entsprechenden Verschiebung der Transaktionskurve der Nichtarbitrageure am Devisen*termin*markt führen, so daß sich der Swapsatz per Saldo nur geringfügig ändert. Dies ist insbesondere dann zu er-

---

[1] Die Wirkung der Notenbank-Intervention am Kassamarkt läßt sich auch anhand des Kursbildungsmodells (vgl. Abb. 6 und 7, S. 38) zeigen: Bietet die Notenbank per Saldo Kassadevisen an, so verschiebt sich ihre Transaktionskurve (vgl. Abb. 5a, S. 36) nach rechts, fragt sie Devisen nach, so verschiebt sich die Transaktionskurve nach links; entsprechend verschiebt sich die aggregierte Transaktionskurve der Nichtarbitrageure am Kassamarkt. Der Kurs, bei dem die Devisenmenge *OK* angeboten wird (K_{01} in Abbildung 6), sinkt also, wenn die Notenbank zusätzlich Devisen anbietet, und entsprechend vergrößert sich der Swapsatz s_2 (Verringerung des Deports in Abb. 6). Das obere Kurvenpaar in Abb. 7 verschiebt sich also nach oben, der Gleichgewichtsswapsatz am Markt vergrößert sich. Fragt die Notenbank zusätzlich Kassadevisen nach, so vermindert sich der Gleichgewichtsswapsatz entsprechend.

[2] Vgl. S. 30 ff.

[3] Diese Erwartungsstruktur der Spekulanten kommt in den Swapsätzen am Devisenmarkt, deren Veränderungen durch Änderungen der internatiolen Zinsdifferenzen mitbestimmt werden, nur unvollkommen zum Ausdruck. Deutlich sichtbar ist sie etwa bei der Terminspekulation am Aktienmarkt, wo die Optionspreise auch bei starken Schwankungen der Aktienkurse weitgehend konstant bleiben. Auch die Tatsache, daß im Devisenterminhandel der Banken in der Regel keine „outright"-Terminkurse, sondern Swapsätze genannt werden, deutet darauf hin, daß die Devisenterminkursbildung durch die Kassakurse beeinflußt wird (vgl. *Lipfert:* Internationaler Devisen- und Geldhandel, S. 56).

warten, wenn die Notenbank bei einem Deport der Auslandswährung (Terminkurs zwischen Kassakurs und unterem Interventionspunkt) Devisen ankauft oder bei einem Report der Auslandwährung (Terminkurs zwischen Kassakurs und oberem Interventionspunkt) Devisen abgibt; denn in diesen Fällen kann der Terminkurs den Bewegungen des Kassakurses ungehindert folgen. Eine wesentliche *Ausweitung* bestehender Reports oder Deports durch Interventionen am Kassamarkt ist daher bei unveränderter Erwartungsstruktur der Spekulanten nicht möglich.

Dagegen können bestehende Reports oder Deports durch Interventionen am Kassamarkt *vermindert* werden, insbesondere, wenn der Terminkurs der Auslandswährung bereits in der Nähe eines Interventionspunkts liegt. Je mehr sich nämlich der Devisenterminkurs den Schwankungsgrenzen des Kassakurses nähert, desto elastischer wird das Angebot bzw. die Nachfrage der Spekulanten, wenn diese nicht mit einer Änderung der bestehenden Parität oder einer Bandbreitenerweiterung rechnen. Kauft die Notenbank Kassadevisen an, wenn die Auslandswährung einen Report aufweist, oder gibt sie Kassadevisen ab, wenn die Auslandswährung einen Deport aufweist, so wird der Terminkurs der Bewegung des Kassakurses nur teilweise folgen; der Report bzw. der Deport wird sich also vermindern.

Der Nachteil dieser Interventionspolitik liegt darin, daß die erforderlichen Eingriffe in die Kursbildung am Devisenkassamarkt oft recht schwerwiegend sind. Liegen beispielsweise die Geldmarktsätze im Ausland um 1 % über denen im Inland, so beträgt der absolute Bruttozinsgewinn einer Dreimonatsanlage im Ausland 1/4 %. Ist die Nachfrage der Nichtarbitrageure nach Termindevisen zwischen den Interventionspunkten unelastisch, so muß die Notenbank den Kassakurs dem unteren Interventionspunkt bis auf mindestens 1/4 % annähern, um den Dreimonats-Deport zu vermindern.

Die Einflußnahme auf die Kursbildung am Devisenmarkt braucht nicht immer über die Veränderung der Nachfrage oder des Angebots zu erfolgen; auch die Interventions*technik* kann hierfür herangezogen werden. Wie bereits erwähnt wurde, führt die Notenbank An- und Verkäufe von Devisen zu unterschiedlichen Kursen durch. Erweitert sie die Spanne zwischen ihren „Geld"- und „Brief"-Kursen, so erhöht sie die Unsicherheit der übrigen Marktteilnehmer über die zukünftige Kursgestaltung. Angebot und Nachfrage der Spekulanten am Devisenterminmarkt (vgl. Abbildung 4 a, Seite 34) und damit die aggregierte Transaktionskurve der Nichtarbitrageure am Terminmarkt werden dadurch in dem Bereich zwischen den Interventionspunkten unelastischer, so daß sich im Gleichgewichtsfall ein bestehender Report oder Deport tendenziell erhöht; vermindert die Notenbank ihre Kursspanne, so erleichtert sie den Spekulanten die Beurteilung der zukünftigen Kursentwicklung. Angebot und Nachfrage der Spekulanten am Devisenterminmarkt werden dadurch elastischer, ein bestehender Report oder Deport der Auslandswährung vermindert sich.

2. Interventionen am Terminmarkt

Angebot und Nachfrage der Nichtarbitrageure am Devisenterminmarkt sind wegen des vergleichsweise geringen Volumens der dort getätigten Umsätze wesentlich kursunelastischer als die Transaktionen am Kassamarkt. Die Notenbank kann daher eine vorgegebene Änderung des Swapsatzes durch Käufe oder Verkäufe von Termindevisen mit einem geringeren Interventionsvolumen als am Kassamarkt herbeiführen. Darüber hinaus sind Angebot und Nachfrage der Nichtarbitrageure am Kassamarkt weitgehend unabhängig von der Kursbildung am Terminmarkt, so daß keine Rückwirkungen der Terminmarktinterventionen auf die Kursbildung am Kassamarkt zu erwarten sind und damit die Beschränkungen, denen die Interventionspolitik der Notenbank am Kassamarkt unterliegt, bei Terminmarktinterventionen entfallen. Trotzdem werden „outright“-Termingeschäfte in der Praxis von vielen Zentralbanken nur zögernd eingesetzt, weil sie einen spekulativen Charakter haben und damit im Widerspruch zu den Regeln konservativer Notenbankpolitik stehen.

Steht eine Währung unter spekulativem Druck, wird also eine Änderung ihrer Parität erwartet, so haben Terminmarktinterventionen außerdem eine Signalwirkung. Denn im Gegensatz zu Kassainterventionen sind diese Interventionen den Notenbanken weitgehend freigestellt. Intervenieren sie dennoch, so geben sie zu erkennen, daß sie entschlossen sind, die bestehende Parität ihrer Währung aufrechtzuerhalten. Wird etwa eine Abwertung der Inlandswährung erwartet, so kann sich infolge der Signalwirkung der Interventionen die Bereitschaft zu spekulativen Engagements derart vermindern, daß die Abnahme kursgesicherter Geldexporte aufgrund des verminderten Reports der Auslandswährung und die Abnahme spekulativer Warenimporte und nicht kursgesicherter Geldexporte größer sind als die bei der Intervention aufgewendete Devisenmenge[4]. In diesem Fall ist eine Verbesserung der Nettodevisenposition der Zentralbank auch auf lange Sicht denkbar[5].

---

[4] Vgl. dazu die Diskussion im Westminster Bank Review, die die Interventionen der Bank von England in den Jahren 1964—65 zum Gegenstand hat. (*Peter M. Oppenheimer:* Forward Exchange Intervention: the Official View. Westminster Bank Review, Feb. 1966, S. 2 ff. — *Ders.:* Forward Exchange Intervention: A Further Note. Ebd., Feb. 1967, S. 13 ff. — *Henry H.*

Ein Nachteil der Terminmarktinterventionen am freien Markt ist darin zu sehen, daß die einzelne Notenbank dabei nicht unabhängig ist, sondern ihre Interventionen mit anderen Zentralbanken abstimmen muß. Strebt beispielsweise die Deutsche Bundesbank die Erhöhung der Geldexporte deutscher Geschäftsbanken an, so wird sie Termindollars nachfragen, so daß deren Kurs ansteigt. Hat nun die Schweizerische Nationalbank den Terminkurs des Frankens gegenüber dem Dollar in einer bestimmten Höhe fixiert, so wird cet. par. auch kurzfristiges Kapital von der Bundesrepublik in die Schweiz fließen; denn infolge der Dreiecksarbitrage erhöht sich der Terminkurs des Frankens gegenüber der D-Mark. Soll dies vermieden werden, so muß auch die Nationalbank ihren Interventionskurs ändern.

3. Der Abschluß von Swapgeschäften

Beim Abschluß von Swapgeschäften werden Kassa- und Terminmarktinterventionen nicht unabhängig voneinander durchgeführt, sondern es werden jeweils entgegengesetzte Kassa- und Termingeschäfte gleichen Umfangs und in derselben Währung miteinander kombiniert. Diese Interventionstechnik kommt zwar den Bedürfnissen der Zinsarbitrageure in besonderem Maße entgegen, sie führt aber nicht zwangsläufig zu einer Markttrennung in dem Sinne, daß der gleichzeitige Abschluß eines Kassa- und eines Termingeschäfts zu günstigeren Bedingungen möglich ist als der Abschluß jedes einzelnen dieser Geschäfte ohne das entsprechende Gegengeschäft; denn die Kreditinstitute können einzelne Geschäfte ihrer Kunden — etwa den Kassadevisenverkauf eines Exporteurs und den Termindevisenkauf eines Importeurs — zu einem Swapgeschäft verbinden und ein Gegengeschäft auf dem Teilmarkt mit den günstigeren Bedingungen für Swapgeschäfte abschließen. Im Falle einer Geldexportpolitik der Notenbank wird dadurch das Kassadevisenangebot und die Termindevisennachfrage von dem nicht der Intervention der Notenbank unterliegenden Marktbereich abge-

---

Goldstein: Forward Exchange Intervention. Another View of the Recent British Experiment. Ebd., Aug. 1966, S. 2 ff. — *Paul Einzig:* Forward Exchange Intervention. Ebd., Feb. 1967, S. 2 ff.)

[5] Auf kurze Sicht führt die Abnahme von Geldexporten und Warenimporten zu einer relativen Erhöhung der Netto-Devisenposition der Zentralbank; denn aufgrund der verminderten Nachfrage nach Kassadevisen braucht sie beim Interventionskurs weniger Devisen abzugeben oder kann — wenn der Kassakurs unter den Interventionskurs sinkt — ganz auf Interventionen verzichten. Auf lange Sicht kommt es darauf an, wie stark sich das Importvolumen aufgrund der Devisenterminverkäufe — durch die der Terminkurs gesenkt wird — erhöht und das Exportvolumen sich vermindert. Zur Beurteilung von Terminmarktinterventionen bei hohem Defizit in der Bilanz der laufenden Posten vgl. *Neldner:* Kursbildung, S. 79 ff., und die dort angegebene Literatur.

zogen, wenn dort relativ ungünstige Kurssicherungsbedingungen für Geldexporte (z. B. höherer Deport als bei Notenbank-Abschlüssen) herrschen. Der Kassakurs in diesem Marktbereich wird also steigen, der Terminkurs sinken und die Swapsätze an beiden Teilmärkten werden sich schließlich angleichen.

Da die Transaktionskurve der Nichtarbitrageure am Kassamarkt als wesentlich elastischer angesehen werden muß als die am Terminmarkt und Kassa- und Terminabschlüsse bei Swapgeschäften den gleichen Umfang haben, beeinflussen Swapgeschäfte der Notenbank den Terminkurs am freien Markt stärker als den Kassakurs. Im folgenden wird untersucht, welche Unterschiede sich beim Abschluß von Swapgeschäften im Vergleich zu reinen Terminmarktinterventionen („outright"-Geschäften) durch die Einbeziehung des Kassamarktes ergeben, und zwar hinsichtlich des Interventionsvolumens, der Interventionskosten und der Veränderung der Reserveposition der Notenbank. Dabei wird die Annahme zugrunde gelegt, daß der Umfang der Swapgeschäfte unabhängig von den Interventionen ist, die die Notenbank am Kassamarkt durchführt, um kurzfristige Schwankungen von Angebot und Nachfrage auszugleichen; die aggregierte Transaktionskurve am Kassamarkt hat also unabhängig vom Umfang der abgeschlossenen Swapgeschäfte den in Abbildung 6 (Seite 38) dargestellten elastischen Verlauf.

Um die Wirkungen von Swap- und „outright"-Interventionen auf den *Umfang der Arbitragegeschäfte* vergleichen zu können, muß dieser als Funktion des Terminkurses (statt — wie bisher — des Swapsatzes) dargestellt werden; die bisher verwendete Angebots-Nachfrage-Funktion der Arbitrageure am Devisenterminmarkt (vgl. Abbildung 2, Seite 26) muß also transformiert werden. Dies geschieht aufgrund folgender Überlegung: Die bisher verwendete Angebots-Nachfrage-Funktion der Arbitrageure ordnet jedem Swapsatz s ein bestimmtes Arbitragevolumen und damit (bei Geldexporten) eine bestimmte Kassadevisen-Nachfrage und ein bestimmtes Termindevisen-Angebot zu. Die Nachfrage am Kassamarkt kann zu einem bestimmten Kurs K_o, der sich aus der Angebots-Nachfrage-Funktion der Nichtarbitrageure ergibt, befriedigt werden. Aus K_o und s läßt sich der Terminkurs berechnen, zu dem das Termindevisenangebot der Geldexporteure von den Nichtarbitrageuren aufgenommen werden muß, damit der Geldexport tatsächlich stattfindet.

Abbildung 8 verdeutlicht, wie diese Transformation auf graphischem Wege näherungsweise durchgeführt werden kann. Um die Darstellung zu vereinfachen, wurde die Annahme zugrunde gelegt, daß die Transaktionswünsche der Arbitrageure am Kassa- und Terminmarkt bei alternativen Swapsätzen jeweils gleich groß sind (m. a. W.: daß die Kurvenäste in Abb. 2, Seite 26, symmetrisch zur Ordinatenachse verlaufen) und die Angebots-Nachfrage-Funktion der Nichtarbitrageure am Kassamarkt in dem betrachteten Bereich linear ist, also durch eine Gerade abgebildet wird. Die Kurve $T-T$ bildet die bisher verwendete, vom Swapsatz abhängige Angebots-Nachfrage-Funktion der Arbitrageure am Devisenterminmarkt, die transformiert werden soll, ab; die Kurve $K-K$ stellt die Angebots-Nachfage-Funktion der Nichtarbitrageure am Kassamarkt dar.

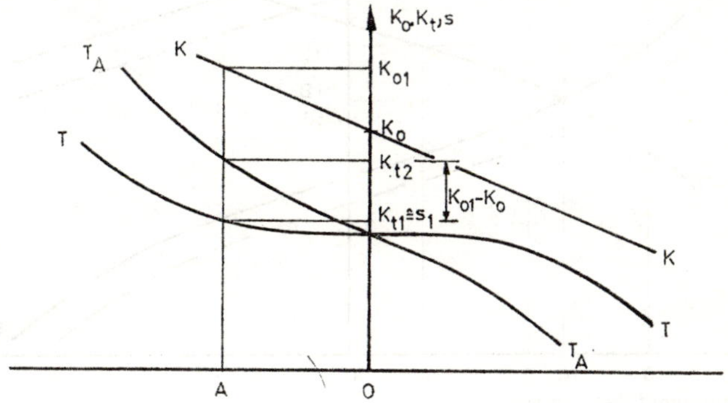

Abb. 8: Transformation der Transaktionskurve der Arbitrageure am Devisenterminmarkt

Um die Kurve $T-T$ zu transformieren, werden zunächst die auf der Ordinatenachse abgetragenen Swapsätze in Terminkurse umgerechnet. Dies geschieht auf der Basis des Kassakurses, bei dem Angebot und Nachfrage der Nichtarbitrageure am Kassamarkt sich ausgleichen, die Netto-Transaktionskurve $K-K$ also die Ordinatenachse schneidet. Beträgt dieser Kassakurs beispielsweise 3,20 DM/$, so entspricht dem Swapsatz −1 % der Terminkurs 3,168 DM/$, dem Swapsatz −0,5 % der Terminkurs 3,184 DM/$ usw.

Jedem Angebot (jeder Nachfrage) der Arbitrageure am Devisenterminmarkt entspricht — gemäß den gemachten Annahmen — eine gleich hohe Nachfrage (ein gleich hohes Angebot) am Kassamarkt, die (das) von den Nichtarbitrageuren zu dem durch die Transaktionskurve $K-K$ definierten Kassakurs ausgeglichen wird. Da dieser Kurs die Bezugsbasis des zugehörigen Swapsatzes bildet, erhält man die transformierte Angebots-Nachfrage-Kurve der Arbitrageure am Devisenterminmarkt (T_A-T_A) durch Addition der Ordinatenzuwächse von $K-K$ zu der ursprünglichen Transaktionskurve $T-T$. Beispielsweise findet ein Geldtransfer OA statt, wenn der Swapsatz s_1 beträgt. Diesem Swapsatz würde der Terminkurs K_{t1} entsprechen, wenn die Arbitrageure die benötigten Kassadevisen zum Kurs K_o erhalten würden. Tatsächlich bieten die Nichtarbitrageure OA Kassadevisen aber zum Kurs K_{o1} an, so daß dem Swapsatz s_1 der Terminkurs $K_{t1} + (K_{o1} - K_o) = K_{t2}$ entspricht (näherungsweise).

Die Wirkung von „outright"- und Swapgeschäften auf die *Kursbildung am Devisenmarkt* und das *Interventionsvolumen* der Notenbank

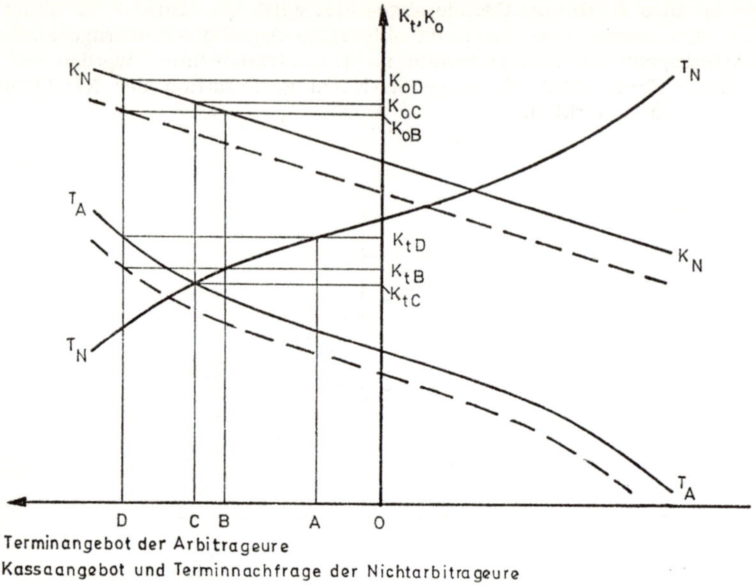

Abb. 9: Der Einfluß von Swap- und „outright"-Interventionen auf Interventionsvolumen und Interventionskurs

sei anhand der Abbildung 9 erläutert. Die Kurve $T_A - T_A$ gibt das Transaktionsvolumen der Arbitrageure am Devisenterminmarkt als Funktion des Devisenterminkurses wieder; im ersten Quadranten ist die Netto-Nachfrage, im zweiten Quadranten das Netto-Angebot abgetragen. $T_N - T_N$ bildet die Angebots-Nachfrage-Funktion der Nichtarbitrageure am Devisenterminmarkt ab. Hier ist im zweiten Quadranten die Netto-Nachfrage, im ersten Quadranten das Netto-Angebot abgetragen. $K_N - K_N$ ist die Transaktionskurve der Nichtarbitrageure am Devisenkassamarkt; das Netto-Angebot ist im zweiten Quadranten abgetragen, die Netto-Nachfrage im ersten.

Mit steigendem Devisenterminkurs vermindert sich die Nachfrage der Nichtarbitrageure nach Termindevisen, das Angebot der Arbitrageure nimmt zu. Beim Arbitragevolumen *OC* befinden sich Kassa- und Termingeschäfte von Arbitrageuren und Nichtarbitrageuren im Gleichgewicht; am Kassamarkt bildet sich der Gleichgewichtskurs K_{oC}, am Terminmarkt der Gleichgewichtskurs K_{tC}. Die Differenz zwischen beiden, $K_{tC} - K_{oC}$, entspricht dem Gleichgewichtsswapsatz, der sich am Markt bildet (s_g in Abbildung 7, Seite 38).

Soll das Arbitragevolumen von *OC* auf *OD*, der Gleichgewichtsswapsatz also von $K_{tC} - K_{oC}$ auf $K_{tD} - K_{oD}$ vergrößert werden, so ist im Falle von „outright"-Interventionen der Ankauf von AD Termindevisen durch die Notenbank erforderlich; denn beim Interventionskurs K_{tD} fragen die Nichtarbitrageure nur OA Termindevisen nach, das Angebot der Arbitrageure beträgt OD.

Schließt die Notenbank Swapgeschäfte ab, fragt also Termindevisen nach und bietet im gleichen Umfang Kassadevisen an, so sinkt der Kassakurs. Dem Gleichgewichtsswapsatz $K_{tD} - K_{oD}$ entspricht also ein niedrigerer Terminkurs als im Falle von „outright"-Interventionen. Da die Nichtarbitrageure bei diesem niedrigerem Terminkurs mehr Termindevisen nachfragen, vermindert sich das Interventionsvolumen, und zwar von AD auf BD[6].

Für den Fall, daß die Notenbank das Arbitragevolumen einschränken will, indem sie den Swapsatz am Markt verringert (Erhöhung eines bestehenden Deports, Verringerung eines Reports)), zeigt sich aufgrund analoger Überlegungen, daß beim Einsatz von Swapgeschäften (Kauf von Kassadevisen, Verkauf von Termindevisen) der Gleichgewichtszustand bei höheren Kassa- und Terminkursen und bei einem geringeren Interventionsvolumen am Devisenterminmarkt erreicht wird als bei „outright"-Interventionen am Devisenterminmarkt.

Sollen die *Kosten* der beiden Interventionsarten verglichen werden, so ist also davon auszugehen, daß die Notenbank, wenn sie den Gleichgewichtsswapsatz am Markt erhöhen will, beim Abschluß von Swapgeschäften eine geringere Menge Termindevisen zu einem niedrigeren Kurs ankaufen muß als im Falle von reinen Terminmarktinterventionen. Liegt der Devisenkassakurs bei Fälligkeit der Geschäfte (K_{oF}) höher als K_{tD} (vgl. Abbildung 9), so lautet die Gleichgewichtsbedingung für die Kosten der beiden Interventionsarten

$$(12) \qquad (K_{oF} - K_{tD}) \times AD = (K_{oF} - K_{tB}) \times BD;$$

liegt er zwischen K_{tD} und K_{tB}, so ergibt sich beim Abschluß von Swapgeschäften ein Gewinn, beim Abschluß reiner Termingeschäfte ein Verlust. Liegt der Devisenkassakurs niedriger als K_{tB}, so ergibt sich in bei-

---

6 Der Swapsatz am Markt beträgt $S = K_{tB} - K_{oB}$ $(= K_{tD} - K_{oD})$, die Interventionsvolumen am Kassa- und am Terminmarkt jeweils BD. Punkt B wird durch S, der als Zielparameter vorgegeben ist, und die Bedingung, daß die Interventionsvolumen am Kassa- und am Terminmarkt gleich groß sind, definiert. — Auf Grund des Angebots BD der Notenbank am Devisenkassamarkt verschiebt sich die Transaktionskurve der Nichtarbitrageure am Kassamarkt um BD nach links, so daß sich die Transaktionskurve der Arbitrageure am Devisenterminmarkt entsprechend nach unten verschiebt. Dies folgt unmittelbar aus der beschriebenen Transformation (vgl. S. 44 f.). Im Falle von Swap-Interventionen haben die Transaktionskurven am Kassa- und am Terminmarkt also den durch die unterbrochenen Linien angegebenen Verlauf.

den Fällen ein Verlust, der bei reinen Terminmarktinterventionen höher ist als beim Abschluß von Swapgeschäften.

Soll der Swapsatz verringert werden (Erhöhung des Deports oder Verringerung des Reports), so muß die Notenbank beim Abschluß reiner Devisentermingeschäfte einen größeren Betrag von Termindevisen zu einem niedrigeren Kurs verkaufen als bei Swap-Interventionen. Als Ergebnis kann also in beiden Fällen festgehalten werden, daß das Risiko der Notenbank, einen Verlust zu erleiden, bei Swapgeschäften geringer ist als bei reinen Termingeschäften.

Bei der Beurteilung der Wirkungen der beiden Interventionsarten auf die *Reserveposition* der Notenbank[7] kann davon ausgegangen werden, daß eine Erhöhung des Swapsatzes, also eine Geldexportpolitik, von Ländern mit „starker" Binnenwährung, deren Grundbilanz einen positiven Saldo aufweist, eine Verminderung des Swapsatzes, die erhöhte Geldimporte zur Folge hat, von Ländern mit „schwacher" Binnenwährung eingesetzt wird. Wird der Gleichgewichtsswapsatz durch Swapoperationen erhöht, so vermindern sich die Devisenreserven der Notenbank um den Interventionsbetrag; gleichzeitig vermindert sich auch das Nettoangebot der Nichtarbitrageure am Kassamarkt um *BC* (vgl. Abbildung 9), da der Kassakurs sinkt. Das Nettoangebot der Nichtarbitrageure setzt sich aus dem Angebot der Notenbank und dem Nettoangebot aus Importen und Exporten zusammen. Inwieweit sich die Devisenreserven der Notenbank tatsächlich verändern, hängt also wesentlich von der Kassakurselastizität ε des Außenhandelssaldos, d. h. der relativen Veränderung des Außenhandelssaldos im Verhältnis zur relativen Veränderung des Kassakurses, ab. Ist $\varepsilon > 0$ („normale" Reaktion der Handelsbilanz), so vermindern sich die offiziellen Währungsreserven aufgrund der Intervention.

Bei Fälligkeit der Swapgeschäfte nehmen die Reserven wieder zu, da der Notenbank in Höhe der abgeschlossenen Terminkontrakte Devisen zufließen. Der Nettozuwachs aufgrund der Intervention hängt von der Terminkurselastizität η des Außenhandelssaldos ab. Ist diese Null, so beträgt er *CD* (vgl. Abbildung 9); denn in diesem Fall wären ohne die Intervention der Zentralbank *CB* Termindevisen von den Spekulanten angekauft worden, und diese hätten sie bei Fälligkeit der Geschäfte am Kassamarkt angeboten. Normalerweise ist aber $\eta > 0$, so daß der Nettodevisenzufluß bei Fälligkeit der Swapgeschäfte größer ist als *CD*. Die langfristige Veränderung der offiziellen Währungsreserven aufgrund der Swapgeschäfte der Notenbank hängt also wesentlich von den Kurs-

[7] Diese weist nur fällige oder leicht mobilisierbare Forderungen in fremder Währung auf; das Terminengagement der Notenbank ist darin nicht enthalten.

elastizitäten der Importe und Exporte ab. Ist $\eta = 0$ und ε hinreichend groß, so verliert die Notenbank im Interventionszeitpunkt *BD* Devisen und kauft bei Fälligkeit der Geschäfte netto *CD* Devisen an, ihr Devisenverlust beträgt also per Saldo *CB*. Im umgekehrten Extremfall — $\varepsilon = 0$, η hinreichend groß, keine Terminspekulation — verliert die Notenbank im Interventionszeitpunkt netto *CD* Devisen und bei Fälligkeit der Geschäfte fließen ihr *DB* Devisen zu; der Nettozufluß beträgt also *CB*.

Wird der Gleichgewichts-Swapsatz durch *„outright"*-Operationen am Terminmarkt erhöht, so verliert die Notenbank im Interventionszeitpunkt höchstens — d. h. wenn $\varepsilon = 0$ — *CD* Devisen. Bei Fälligkeit der Geschäfte muß sie mindestens, nämlich bei $\eta = 0$, *CD* Devisen ankaufen. Sind aber ε und η hinreichend groß und existiert keine Terminspekulation, so verliert sie im Interventionszeitpunkt keine Devisen, muß aber bei Fälligkeit der Geschäfte *AD* Devisen ankaufen. Ihre Reserveposition bleibt also im Falle reiner Terminmarktinterventionen langfristig allenfalls konstant, in der Regel jedoch wird sie zunehmen.

Ein fundiertes Urteil über die Veränderung der Währungsreserven beim Abschluß von Swap- oder Termingeschäften ist also ohne Kenntnis der Kurselastizitäten von Importen und Exporten nicht möglich. In einem System fester Wechselkurse kann jedoch unterstellt werden, daß der Umfang des Außenhandels durch Kursänderungen innerhalb der Bandbreiten kaum beeinflußt wird, daß also ε und η sehr klein sind. Die Notenbank wird also bei beiden Interventionsarten im Interventionszeitpunkt zusätzlich *CD* Devisen abgeben und bei Fälligkeit der Geschäfte netto *CD* Devisen ankaufen. Per Saldo ist also unter den Bedingungen eines Währungssystems mit festen Wechselkursen und relativ engen Bandbreiten aufgrund der Geldexportpolitik längerfristig keine Änderung der Währungsreserven zu erwarten. Allenfalls kann beim Abschluß von „outright"-Termingeschäften mit einer leichten Zunahme der Reserveposition gerechnet werden; denn in diesem Fall erhöhen sich ceteris paribus der Devisenkassa- und der Devisenterminkurs am Markt, so daß sich die Handelsbilanz tendenziell aktiviert. Die im Interventionszeitpunkt erforderlichen Kassadevisen-Abgaben der Notenbank am Markt werden also wegen des zusätzlichen Devisenangebots aus der Zunahme der Exporte etwas geringer sein als *CD* und der Devisenzufluß bei Fälligkeit der Termingeschäfte wird aus dem gleichen Grund etwas höher sein als *CD*. Beim Abschluß von Swapgeschäften hingegen ist der Devisenverlust der Notenbank im Interventionszeitpunkt gleich dem Devisenzufluß bei Fälligkeit der Geschäfte, solange $\varepsilon = \eta$.

Abbildung 10 erläutert die Wirkungen von Notenbank-Interventionen zur *Verminderung* des Geldexports auf die Kursbildung am Devisen-

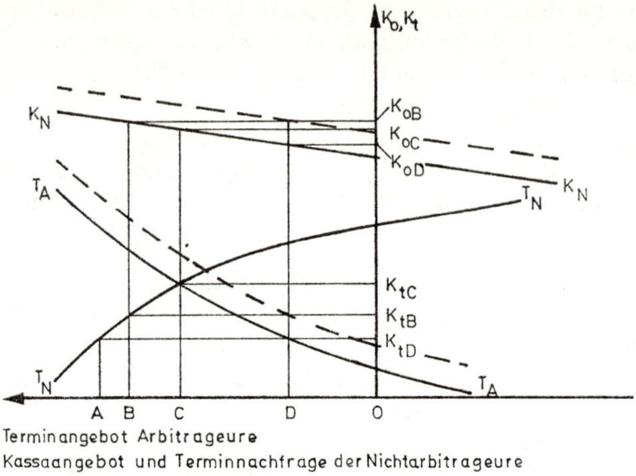

Abb. 10: Einfluß von Swap- und „outright"-Interventionen auf die Kursbildung an den Devisenmärkten

markt. $T_A - T_A$ und $T_N - T_N$ sind wieder die Transaktionskurven der Arbitrageure und Nichtarbtrageure am Devisenterminmarkt, $K_N - K_N$ ist die Transaktionskurve der Nichtarbitrageure am Kassamarkt (vgl. Seite 46). Soll das Arbitragevolumen von *OC* auf *OD*, der Swapsatz also von $S_C = K_{tC} - K_{oC}$ auf $S_D = K_{tD} - K_{oD}$ vermindert werden (in Abbildung 10 Vergrößerung des Deports), und beschränkt sich die Notenbank auf den Verkauf von *AD* Termindevisen, so sinken Kassa- und Terminkurs am Markt (von K_{oC} auf K_{oD} bzw. von K_{tC} auf K_{tD}). Dadurch wird die Handelsbilanz tendenziell passiviert, so daß die Verminderung der Geldexporte mit einem Rückgang der Devisenerlöse aus dem Warenverkehr mit dem Ausland erkauft wird. Bei Fälligkeit der Termingeschäfte wird sich die Reserveposition der Notenbank also tendenziell verschlechtern. Auf längere Sicht sind daher „outright"-Termingeschäfte zur Verringerung des Swapsatzes, durch die in der Regel eine „schwache" Währung gestützt werden soll, weniger geeignet.

Schließt die Notenbank hingegen *BD* Swapgeschäfte ab, kauft sie also Kassadevisen und verkauft Termindevisen, so erhöht sich der Kassakurs am Markt auf K_{oB}; denn die Notenbank gleicht durch ihre Kassakäufe nicht nur den Nachfrage-Ausfall der Arbitrageure aufgrund der verminderten Geldexporte (*CD*) aus, sondern fragt zusätzlich *BC* Kassadevisen nach[8]. Dem Gleichgewichts-Swapsatz S_D entspricht also ein höherer Terminkurs (K_{tB}) als im Falle von „outright"-Interventionen[9].

[8] Dies rührt daher, daß am Devisenterminmarkt eine erhöhte Nachfrage der Nichtarbitrageure befriedigt werden muß.

[9] Aufgrund der Kassa-Nachfrage *BD* der Notenbank verschiebt sich die Netto-Transaktionskurve der Nichtarbitrageure am Devisenkassamarkt nach

Da der Devisenkassakurs infolge der Interventionen per Saldo ansteigt, der Devisenterminkurs hingegen sinkt, bleibt der Außenhandelssaldo etwa konstant, so daß sich auch die Devisenreserven der Notenbank aufgrund der Interventionen langfristig nur wenig ändern werden.

Die vorstehenden Überlegungen haben gezeigt, daß Swapgeschäfte bei der Beeinflussung des Swapsatzes am freien Devisenmarkt, also der Differenz zwischen Termin- und Kassakurs einer ausländischen Währung, gegenüber reinen Terminabschlüssen vorteilhafter sind; dies gilt insbesondere dann, wenn die Transaktionen der Importeure und Exporteure am Devisenkassamarkt kurselastisch sind. Es muß jedoch darauf hingewiesen werden, daß Swapgeschäfte als tendenziell weniger marktkonform anzusehen sind als reine Terminmarktinterventionen; denn die Kombination einzelner Kassa- und Termingeschäfte der Nichtbanken zu Swapgeschäften ist nur Kreditinstituten mit einem entsprechend großen Kundenkreis möglich. Kleinere Institute sind gezwungen, einen Großteil ihrer Kundenaufträge durch Gegengeschäfte mit anderen Banken zu regulieren, die versuchen werden, aus dieser Situation Gewinn zu ziehen, indem sie etwa Kassadevisen zu einem etwas höheren Kurs verkaufen und Termindevisen zu einem etwas niedrigeren Kurs ankaufen als die Notenbank beim Abschluß von Swapgeschäften.

II. Interventionen außerhalb des freien Marktes

In der Regel verfolgt die Notenbank mit der Veränderung des Swapsatzes konkrete zahlungsbilanzpolitische Zielsetzungen. Als solche kommen insbesondere die Beeinflussung des Waren- und des kurzfristigen Kapitalverkehrs mit dem Ausland in Betracht. Es stellt sich daher die Frage, ob die Wirksamkeit devisenpolitischer Maßnahmen der Notenbank zur Verwirklichung konkret vorgegebener Einzelziele erhöht werden kann, wenn die Interventionen auf die entsprechenden Teilbereiche des Devisenmarktes beschränkt werden[10]. Dieser Frage soll im folgen-

rechts; entsprechend verschiebt sich die Transaktionskurve der Arbitrageure am Devisenterminmarkt nach oben. Im Falle von Swap-Interventionen haben die Transaktionskurven also den durch die unterbrochenen Linien in Abbildung 10 angegebenen Verlauf.

[10] Zur Vereinfachung der technischen Durchführung ihrer Interventionen kann sich die Notenbank auf Abschlüsse einer bestimmten Fristigkeit, etwa in Dreimonatsdevisen, beschränken. Die Zinsarbitrageure werden dann verstärkt Geldtransfers dieser Laufzeit durchführen und insbesondere ihre längerfristigen internationalen Geldmarktgeschäfte einschränken, so daß etwa bei Geldexporten das Angebot an Termindevisen dieser Fristigkeiten zurückgeht, der entsprechende Terminkurs also steigt. Für die Spekulanten besteht eine Gewinnchance darin, Dreimonatsdevisen zu dem infolge der Notenbankintervention überhöhten Marktkurs zu verkaufen und sich später zu einem relativ niedrigeren Kurs, etwa mit Zweimonatsdevisen, „einzudecken". Per

den nachgegangen werden. Dabei werden in erster Linie die Vorgänge in denjenigen Marktbereichen („Teilmärkten") zu untersuchen sein, zu denen nur bestimmte Marktteilnehmer Zugang haben und in denen die Kursgestaltung weitgehend durch die Interventionspolitik der Notenbank bestimmt wird; am „freien" Markt interveniert diese dann nur, um vorübergehende Schwankungen des Kassakurses zu dämpfen.

Grundsätzlich können Interventionen der Notenbank an Teilmärkten in der gleichen Form durchgeführt werden wie am freien Markt. Kassa-Interventionen sind jedoch aus den bereits angeführten Gründen[11] von geringer praktischer Bedeutung; sie würden auch strenge Kontrollen erforderlich machen, um die Beschränkung der Devisengeschäfte auf die von der Notenbank begünstigten Transaktionen zu gewährleisten. Hauptansatzpunkt devisenpolitischer Maßnahmen sind daher Teilbereiche des Terminmarktes. Die Interventionen können hier in Form von „outright"-Abschlüssen oder in Form von Swapgeschäften erfolgen.

1. Reine Devisentermingeschäfte

a) Steuerung des Außenhandels

Zur Beeinflussung des Warenverkehrs mit dem Ausland kann die Notenbank mit Importeuren bzw. Exporteuren Devisentermingeschäfte zu Sonderkonditionen abschließen. Die Veränderungen des Außenhandelssaldos, die aufgrund solcher Maßnahmen erwartet werden können, sind allerdings unter den Bedingungen des gegenwärtigen Währungssystems gering; zumindest innerhalb der im IWF-Abkommen ursprünglich festgelegten Bandbreiten müssen Importe und Exporte als weitgehend kursunelastisch angesehen werden. Beim Abschluß von Devisentermingeschäften ist die Notenbank zwar nicht an die Interventionspunkte gebunden, aber ein wesentliches Überschreiten der Bandbreiten zur Förderung von Importen oder Exporten würde dem Abkommen von Bretton Woods widersprechen[12].

Durch den Verkauf von Termindevisen an Importeure zu einem niedrigeren Kurs als dem Gleichgewichtskurs am Markt wird die Handelsbilanz tendenziell passiviert. Abbildung 11 verdeutlicht die Wirkung einer solchen Intervention auf die Kursbildung am „freien" Markt. Um die Übersichtlichkeit zu erhöhen, wurden die Transaktionskurven als

Saldo wird sich also das Angebot an Termindevisen, die von der Notenbank nicht gehandelt werden, vermindern, und die Nachfrage nach diesen Devisen wird zunehmen, so daß unter Berücksichtigung der Fälligkeiten tendenziell eine Anpassung der einzelnen Terminkurse an das Interventionsniveau der Notenbank stattfindet. Vgl. dazu *Neldner:* Kursbildung, S. 118 f.

[11] Vgl. S. 40 f.

[12] Vgl. Art. IV, Abschnitt 4 (a) IWF-Abkommen.

Geraden dargestellt. $T_A - T_A$ ist — in Analogie zu den Abbildungen 9 und 10 (vgl. Seite 46 und 50) — die Transaktionskurve der Arbitrageure am Devisenterminmarkt. Links vom Ursprung ist das Angebot abgetragen. $T_N - T_N$ stellt die aggregierte Transaktionskurve der Nichtarbitrageure am Devisenterminmarkt dar. Hier ist die Netto-Nachfrage links vom Ursprung abgetragen. Man erhält diese Kurve durch horizontale Addition der Transaktionen von Importeuren ($T_I - T_I$) und Exporteuren und Spekulanten ($T_{E,S} - T_{E,S}$). Beim Kurs K_{tC} ist die Netto-

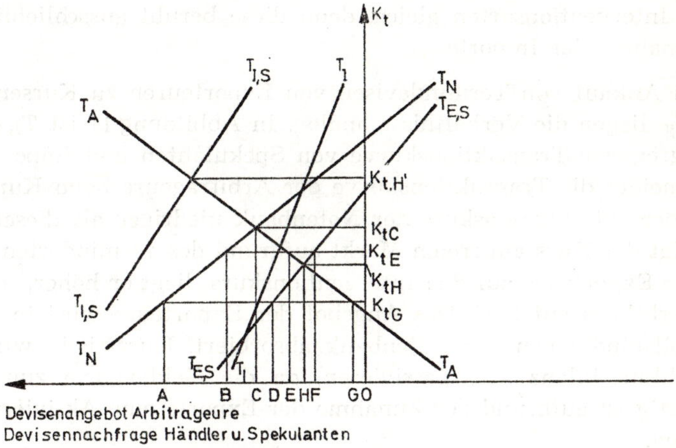

Abb. 11: Der Einfluß von Devisentermingeschäften an Teilmärkten auf die Kursbildung am „freien" Devisenmarkt

Nachfrage der Nichtarbitrageure nach Termindevisen (OC) ebenso hoch wie das Angebot der Arbitrageure. Bietet die Notenbank den Importeuren Termindevisen zu einem niedrigeren Kurs K_{tE} an, so vermindert sich deren Nachfrage am freien Markt, so daß dort der Terminkurs sinkt. Sobald dieser den Interventionskurs K_{tE} erreicht, besteht für die Importeure kein Anreiz mehr, Termindevisen von der Notenbank zu kaufen; sie erwerben von dieser also BE Termindevisen und kaufen EF Termindevisen am freien Markt. Per Saldo gibt die Notenbank also ebensoviele Termindevisen ab und erreicht die gleiche Kursänderung wie bei „outright"-Interventionen am freien Markt.

Die vorstehenden Überlegungen gelten nur, wenn der Verkauf von Termindevisen an Importeure zu Kursen erfolgt, die höher liegen als der Schnittpunkt von Nettonachfrage der Spekulanten und Angebot der Arbitrageure (K_{tH} in Abbildung 11)[13]. Bietet die Notenbank den Impor-

---

[13] Die Netto-Nachfrage der Spekulanten ist gleich der Differenz aus ihrer Brutto-Nachfrage und dem Angebot der Exporteure.

teuren Termindevisen zu niedrigeren Kursen, etwa K_{tG}, an, so verschwinden die Importeure vollständig vom freien Markt; der Terminkurs sinkt hier also unabhängig vom Interventionskurs der Notenbank auf K_{tH}. Die Notenbank kann also aufgrund der Marktspaltung ihr Interventionsvolumen auf *AD* vermindern; bei einer Intervention am freien Markt müßte sie zusätzlich *DG* Termindevisen an Spekulanten verkaufen. Dadurch würde zugleich die Zahlungsbilanz kurzfristig um *HG* aktiviert, da die Geldexporte der Zinsarbitrageure entsprechend abnehmen würden. Die langfristige Passivierung der Zahlungsbilanz ist bei beiden Interventionsarten gleich, denn diese beruht ausschließlich auf der Zunahme der Importe.

Beim Ankauf von Termindevisen von Exporteuren zu Kursen oberhalb K_{tC} liegen die Verhältnisse analog. In Abbildung 11 ist $T_{I,S} - T_{I,S}$ die aggregierte Transaktionskurve von Spekulanten und Importeuren. Sie schneidet die Transaktionskurve der Arbitrageure beim Kurs K_{tH}'. Wenn der Interventionskurs der Notenbank niedriger als dieser Kurs ist, steigt der Kurs am freien Markt aufgrund des verminderten Angebots der Exporteure auf den Interventionskurs; liegt er höher, so steigt der Marktkurs auf K_{tH}'. Das Angebot der Exporteure wird in diesem Fall vollständig von der Notenbank absorbiert. Kurzfristig wird sich die Zahlungsbilanz also passivieren, da die Geldexporte zunehmen; langfristig ist aufgrund der Zunahme der Exporte eine Aktivierung zu erwarten.

b) Steuerung des kurzfristigen Kapitalverkehrs mit dem Ausland

Der Umfang der kurzfristigen Geldmarktanlagen des Geschäftsbanken-Sektors im Ausland wird wesentlich durch die Rentabilität solcher Anlagen beeinflußt[14]. Die Notenbank kann die Rendite und damit das Volumen der Auslandsanlagen erhöhen, indem sie Kurssicherungsgeschäfte für Geldexporte zu günstigeren Bedingungen abschließt, als sie am freien Markt gegeben sind. Ihre Interventionen betreffen in diesem Fall nur den Teilmarkt für die entsprechenden Kurssicherungsabschlüsse der Zinsarbitrageure, und es stellt sich die Frage, welche Veränderungen des Gleichgewichtskurses am *freien* Markt aufgrund dieser Interventionen zu erwarten sind.

Bei der Beantwortung dieser Frage müssen zwei Fälle unterschieden werden (vgl. Abbildung 12):

---

[14] Vgl. S. 15 ff.

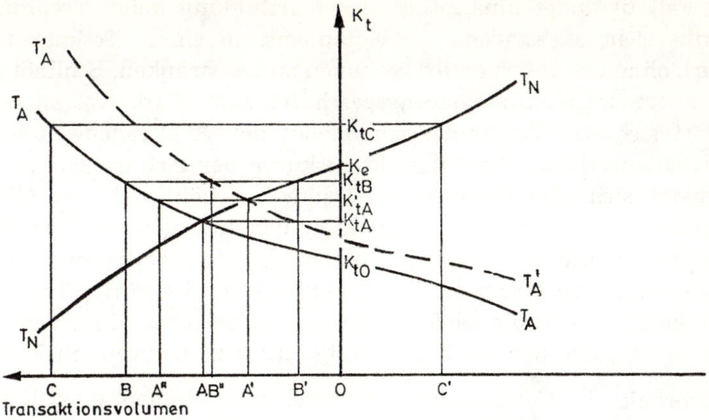

Abb. 12[15]: Der Einfluß von Devisentermingeschäften an Teilmärkten auf die Kursbildung am „freien" Devisenmarkt

a) Der Interventionskurs der Notenbank ist höher als der Kurs K_e, bei dem sich Angebot und Nachfrage der Nichtarbitrageure am Terminmarkt die Waage halten.

b) Der Interventionskurs liegt zwischen K_e und dem Gleichgewichtskurs K_{tA}, bei dem das Angebot der Arbitrageure und die Nachfrage der Nichtarbitrageure am Devisenterminmarkt gleich hoch sind.

Beträgt im Fall a) der Interventionskurs K_{tC}, so erhöht sich der Geldexport der Zinsarbitrageure von *OA* auf *OC*; die Notenbank muß das daraus resultierende Angebot von Termindevisen (*OC*) vollständig ankaufen. Am freien Markt bildet sich der Kurs K_e, bei dem Angebot und Nachfrage von Spekulanten, Importeuren und Exporteuren im Gleichgewicht sind, ihre aggregierte Netto-Transaktionskurve also die Ordinatenachse schneidet. Dieser Kurs ist niedriger als der Interventionskurs der Notenbank. Daher werden die Zinsarbitrageure versuchen, am freien Markt Devisen zu Kursen zwischen K_e und K_{tC} zu erwerben und diese zum Interventionskurs an die Notenbank zu verkaufen. Gelingt es dieser nicht, diese Geschäfte zu unterbinden, also die strenge Trennung der beiden Marktbereiche aufrechtzuerhalten, so muß sie von Exporteuren und Spekulanten zusätzlich *OC'* Termindevisen ankaufen, insgesamt also die gleiche Menge *CC'* wie bei einer Intervention am freien Markt, und der Marktkurs steigt auf den Interventionskurs[16].

---

[15] T_A-T_A = Transaktionskurve der Zinsarbitrageure am Terminmarkt (links vom Ursprung Netto-Angebot), T_N-T_N = Transaktionskurve der Nichtarbitrageure am Terminmarkt (links vom Ursprung Netto-Nachfrage).

[16] Vgl. *Peter Bernholz:* Einige Bemerkungen zur Devisenterminpolitik der Deutschen Bundesbank. JfNuSt, Bd. 182 (1969), S. 480 f.

Im Fall b) findet hinsichtlich der Kursbildung keine Trennung der Marktbereiche statt, wenn die Notenbank an einem Teilmarkt interveniert, ohne das Interventionsvolumen zu beschränken. Schließt sie mit Geldexporteuren Kurssicherungsgeschäfte zum Kurs K_{tB} ab, so vermindert sich das Termindevisenangebot der Arbitrageure am freien Markt entsprechend, die Transaktionskurve der Arbitrageure, $T_A - T_A$, verschiebt sich also nach rechts. Dadurch erhöht sich der Gleichgewichtskurs am freien Markt. Sobald er den Interventionskurs der Notenbank geringfügig übersteigt, bieten die Zinsarbitrageure Termindevisen am freien Markt an. Die Notenbank muß also *BB'* Termindevisen ankaufen, d. h. die gleiche Menge wie bei einer Intervention am freien Markt, und der Marktkurs steigt auf den Interventionskurs[17].

Beschränkt die Notenbank ihr Interventionsvolumen, etwa indem sie die Kurssicherung nur für bestimmte Auslandsanlagen der Kreditinstitute übernimmt, so verschiebt sich die Transaktionskurve der Arbitrageure am freien Devisenterminmarkt nur insoweit nach rechts, als Arbitragefonds für diese Anlageform zur Verfügung stehen, also beispielsweise nach $T_A' - T_A'$ (vgl. Abbildung 12). Am freien Markt bildet sich dann der Terminkurs K'_{tA}, der niedriger ist als der Interventionskurs K_{tB} der Notenbank; Voraussetzung dafür ist, daß die Marktspaltung aufrechterhalten werden kann. Diese Voraussetzung ist um so schwerer zu erfüllen, je leichter die einzelnen Anlageformen der Geschäftsbanken substituierbar sind; denn die Zinsarbitrageure werden sich verstärkt denjenigen Auslandsanlagen zuwenden, für die günstige Kurssicherungsmöglichkeiten bestehen[18].

Bleibt die Marktspaltung erhalten, so ist der Geldexport der Geschäftsbanken beim Interventionskurs K_{tB} geringer, als wenn keine Anlagebeschränkungen für die von der Notenbank kursgesicherten Auslandsanlagen bestehen, nämlich *BB*" + *A'O* statt *BO*. Falls die unterschiedlichen Anlageformen im Ausland den gleichen Zinsertrag aufweisen, wird die Devisenmenge *BB*" (= *A"A'*) + *A'O* auch dann exportiert, wenn die Notenbank den Interventionskurs auf den „marktgerechten" Kurs K'_{tA} senkt.

Im Falle gleich hoher Brutto-Zinserträge alternativer Auslandsanlagen kann also eine Marktspaltung im Falle von Anlagebeschränkungen vermieden werden, wenn die Notenbank den „richtigen" Interventionskurs wählt. In der Praxis allerdings kann die Voraussetzung

---

[17] Vgl. dazu *Grubel:* Forward Exchange, S. 149.

[18] „... diese Kommunikation (war in der Bundesrepublik, Anm. d. Verf.) bisher meistens nicht ausreichend, um eine Angleichung der Sätze des ‚offenen' Marktes für Termindollars an die der Bundesbank herbeizuführen." (*Ekhard Brehmer:* Struktur und Funktionsweise des Geldmarktes in der Bundesrepublik Deutschland seit 1948. 2. Aufl. Tübingen 1964. S. 187.)

gleich hoher Zinserträge für alle Anlageformen im Ausland nicht aufrechterhalten werden; vielmehr muß die Notenbank, um die Geldexporte der Geschäftsbanken in bestimmte, niedrig verzinsliche Anlageformen, etwa amerikanische Schatzwechsel, zu lenken, entsprechend günstige Kurssicherungsbedingungen bieten, so daß im Falle von Anlagebeschränkungen realiter eine Spaltung des Devisenterminmarktes stattfinden wird.

Soll der Umfang ausländischer Geldmarktanlagen der Kreditinstitute *vermindert* werden, so können Interventionen bei Kursen zwischen K_{tA} und K_{tO} (vgl. Abbildung 12) nur am freien Markt durchgeführt werden. Würde die Notenbank nämlich in diesem Kursbereich Termindevisen an einem Teilmarkt nachfragen, so würde sie keine Anbieter finden, da die Kurssicherung am freien Markt zu dem (günstigeren) Kurs K_{tA} möglich ist[19].

Es ist jedoch auch denkbar, daß die Notenbank einen kompensatorischen Geldimport herbeizuführen versucht, um Devisenverluste auszugleichen, die durch — am freien Markt kursgesicherte — Kreditgewährungen an das Ausland entstehen. In Abbildung 13 sind die Angebots-

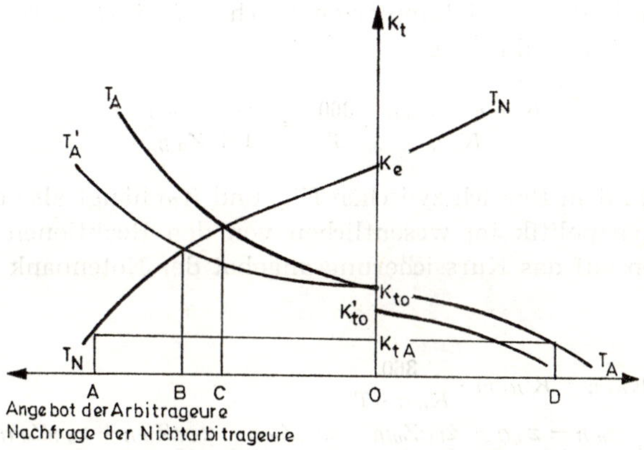

Abb. 13: Wirkungen der Geldimportpolitik bei gespaltenem Devisenmarkt

und Nachfragebedingungen am Devisenterminmarkt für diesen Fall dargestellt[20]. $T_N - T_N$ ist wieder die Nettotransaktionskurve der Nichtarbitrageure am Devisenterminmarkt; bei Kursen unterhalb K_e überwiegt die Nachfrage, bei Kursen oberhalb K_e das Angebot. $T_A - T_A$ ist die Nettotransaktionskurve der Arbitrageure; das Angebot ist links vom Ursprung abgetragen.

[19] Vgl. *Grubel:* Forward Exchange, S. 148.

[20] Vgl. ebenda, S. 149 f.

Um kompensatorische Geldexporte herbeizuführen, setzt die Notenbank ihren Interventionskurs unterhalb des der „Paritätsrate" entsprechenden Terminkurses K_{tO}, etwa bei K_{tA} fest; denn ausländische Besitzer von Arbitragefonds geben Kredite an das Inland, sofern sie — bei gegebener Bruttozinsdifferenz zwischen den Geldmärkten — die heimische Währung per Termin zu einem unterhalb K_{tO} liegenden Kurs zurückerwerben können. K_{tO} ist durch die Bruttozinsdifferenz zwischen In- und Ausland und den Kurs, bei dem sich Angebot und Nachfrage der Nichtarbitrageure am Kassamarkt die Waage halten, definiert[21].

Inländische Kreditinstitute verfügen in der Regel nicht über freie Liquiditätsreserven im Ausland[22]. Sie müssen also die von ihnen benötigten Arbitragefonds im Ausland leihen. Der Zinssatz, der ihnen dabei in Rechnung gestellt wird, ist um die Marge zwischen Geld- und Briefsatz höher als der Zinssatz, den ausländische Banken bei einer Anlage am heimischen Geldmarkt erzielen. Der Gleichgewichtsbedingung für ausländische Geschäftsbanken

$$(13) \qquad \frac{K_{tO/B} - K_{o/G}}{K_{o/G}} \cdot \frac{360}{T} = \frac{z_{i/G} - z_{a/G}}{1 + Z_{a/G}}$$ [23])

steht also im Falle von Geldimporten durch *inländische* Kreditinstitute die Gleichgewichtsbedingung

$$(14) \qquad \frac{K'_{tO/B} - K_{o/G}}{K_{o/G}} \cdot \frac{360}{T} = \frac{z_{i/G} - z_{a/B}}{1 + Z_{a/B}}$$

gegenüber. In dem Bereich zwischen K'_{tO} und K_{tO} hängt also der Erfolg der Geldimportpolitik im wesentlichen von den Reaktionen ausländischer Banken auf das Kurssicherungsangebot der Notenbank ab. Dabei ist

$$(15) \qquad (K_{tO/B} - K'_{tO/B}) \cdot \frac{360}{K_{o/G} \cdot T}$$
$$= \frac{z_{a/B} - z_{/aG} + z_{i/G}Z_{a/B} - z_{i/G}Z_{a/G} - z_{a/G}Z_{a/B} + z_{a/B}Z_{a/G}}{(1 + Z_{a/G})\ (1 + Z_{a/B})}$$

oder näherungsweise

---

[21] Vgl. Gleichung (5), S. 17, und S. 45.

[22] Eine Ausnahme bilden die Niederlassungen ausländischer Banken im Inland, die auf die Liquiditätsreserven ihrer Hauptverwaltungen zurückgreifen können, und inländische Banken, denen Devisen aus fällig werdenden, ungesicherten Auslandsanlagen zur Verfügung stehen.

[23] Vgl. Gleichung (3), S. 17; $z_{a/G}$ ist der Zinssatz, den Ausländer am heimischen Geldmarkt erhalten, $z_{i/G}$ der Zinssatz, den sie am Binnengeldmarkt erhalten. $K_{t/B}$ und $K_{o/G}$ sind der Brief- bzw. der Geldkurs der Auslandswährung für Termin- bzw. Kassadevisen.

$$(16)\qquad K_{tO/B} - K'_{tO/B} = (z_{a/B} - z_{a/G}) \cdot \frac{K_{o/G} \cdot T}{360}.$$

In der Praxis ist diese Spanne gering, weil der Abstand zwischen „Geld“- und „Brief“-Sätzen für Eurodollarkredite infolge der scharfen Konkurrenz sehr klein ist[24].

Interveniert die Notenbank in der beschriebenen Weise, um kompensatorische Geldimporte herbeizuführen, so können die Banken mit Geldexporten, die am freien Markt kursgesichert werden, nach wie vor einen Nettozinsgewinn erzielen. Da den Kreditinstituten durch die Geldimportpolitik der Notenbank zusätzlich Liquidität zufließt, sind sie in der Lage, ihre (am freien Markt kursgesicherten) Geldexporte zu verstärken. Sie werden also bei einem bestimmten Netto-Zinsgewinn einen höheren Betrag ins Ausland transferieren, als dies ohne die Geldimportpolitik der Notenbank möglich wäre[25]. Ihre Transaktionskurve am Devisenterminmarkt verläuft also flacher, und der Gleichgewichts-Terminkurs am freien Markt sinkt. Die effektive Zunahme der Geldexporte (*BC* in Abb. 13) wird durch den Liquiditätszufluß aus dem Ausland, die Anlagegewohnheiten der Banken und ihre Kooperationsbereitschaft mit der Zentralbank bestimmt. Werden beispielsweise 50 % der zugeflossenen Auslandsgelder reexportiert, so verschiebt sich die „Arbitragewunschkurve“ der Zinsarbitrageure in Abbildung 13 von $T_A - T_A$ nach $T'_A - T_A$.

Die Notenbank bewirkt also durch den Verkauf von *OD* Termindevisen an Geldimporteure zum Kurs K_{tA} eine Zunahme ihrer Währungsreserven um $OD - CB$ (vgl. Abbildung 13). Würde sie am freien Markt Termindevisen zum Kurs K_{tA} anbieten, so würden Geldexporte völlig unterbunden; die Notenbank würde also durch den Verkauf von *AD* Termindevisen ihre Reserveposition um *CD* verbessern.

---

[24] Eine Vorstellung von der Größe des hier in Frage stehenden Kursbereichs erhält man etwa aufgrund der Marktdaten vom 27. Oktober 1969, als Dreimonatsdollars zu $z_{a/B} = 8^{15}/_{16}$ % p. a. erhältlich waren und Dollar-Anlagen für den gleichen Zeitraum mit $z_{a/G} = 8^{3}/_{4}$ % p. a., D-Mark-Anlagen mit $z_{i/G} = 7^{13}/_{16}$ % p. a. verzinst wurden. Der Kassakurs des Dolars betrug $K_{o/G} = 3{,}6890$ DM/$. Für ausländische Banken wäre eine Geldanlage an diesem Tage bei einem Terminkurs $K_{tO} = 3{,}6805$ DM/$ rentabel gewesen, während ein Geldimport von seiten deutscher Banken erst bei $K'_{tO} = 3{,}6789$ DM/$ eingesetzt hätte. — Der Unterschied zwischen der exakten und der näherungsweise nach Gleichung (16) berechneten Differenz beträgt bei diesem Beispiel ungefähr 1,6 „Punkte“ (1 „Punkt“ = 1 „Stelle“ = 1/100 Pfennig). (*Quelle der Zinssätze und Devisenkurse:* Dresdner Bank A. G., Frankfurt a. M.)

[25] Die Liquiditätswirkung der Geldimporte ist relativ stark, weil die Auslandsgelder in der Regel in Form von Termineinlagen angelegt werden; denn diese erbringen die höchste Verzinsung, und andere kurzfristige Anlagemöglichkeiten für Ausländer sind in Deutschland und der Schweiz kaum vorhanden.

Zur Beantwortung der Frage, welche der beiden Interventionstechniken wirksamer ist, muß der Netto-Devisenzufluß pro am Terminmarkt verkaufter Deviseneinheit verglichen werden: Ist $(OD - BC) : OD > CD : AD$, so ist die Spaltung des Devisenterminmarkts sinnvoll, im umgekehrten Fall ist die Intervention am freien Markt vorzuziehen. Die Größenbeziehung zwischen $[(OD - BC) : OD]$ und $[CD : AD]$ wird durch die Anlagedispositionen der Geschäftsbanken für die aus dem Ausland zugeflossenen Gelder, d. h. durch die absolute Veränderung der Geldexporte (BC) determiniert; denn wegen $AD = OD + OA$ und $CD = OD + OC$ erhält man aus

$$CD : AD = (OD - CB) : OD$$

$$OD\,(OD + OC) = (OD + OA)\,(OD - CB)$$

oder

$$OD \cdot OC = OD \cdot OA - BC \cdot AD$$

oder wegen $OA = OC + AC$

$$AC \cdot OD - BC \cdot AD = 0$$

bzw.

$$BC = \frac{AC \cdot OD}{AD} .$$

Ist die Zunahme der Geldexporte (BC) größer als der Ausdruck auf der rechten Seite, so ist eine Intervention am freien Markt wirksamer, ist sie kleiner (insbesondere im Fall $BC = 0$), so ist die Spaltung des Terminmarkts vorteilhaft. In der Praxis wird diese Markttrennung allerdings nicht immer aufrechterhalten werden können; denn die Kreditinstitute werden versuchen, im Ausland Geld aufzunehmen, und dieses unter Inanspruchnahme der Kurssicherung der Notenbank in das Inland zu transferieren. Gleichzeitig werden sie von der Notenbank Kassadevisen erwerben und damit ihre Auslandsverbindlichkeit zurückzahlen. Es verbleibt ihnen also eine „offene" (spekulative) Terminposition, die am freien Markt durch ein Gegengeschäft zu einem höheren Kurs, also mit Gewinn, ausgeglichen werden kann. Eine Veränderung der Währungsreserven findet dabei per Saldo nicht statt.

Ist die Interventionspolitik der Notenbank nicht auf die Kompensation von Geldexporten, sondern von Geldimporten gerichtet, so lassen sich hinsichtlich der Vorteilhaftigkeit der beiden Interventionsarten präzisere Aussagen machen; denn in diesem Fall kann — zumindest für die Bundesrepublik und die Schweiz — davon ausgegangen werden, daß die in das Ausland fließende Liquidität wegen ihres relativ geringen Umfangs die Geldimporte aus dem Ausland nicht verändert. Es gilt dann in Analogie zu Abbildung 13 (Seite 57) $BC = 0$. Daraus ergibt sich, daß die devisenbilanzwirksame Änderung der Auslandsanlagen der

Kreditinstitute ebenso groß ist wie die Menge der von der Notenbank angekauften Termindevisen, wenn die Notenbank ihre Kurssicherungsabschlüsse auf Geldexportgeschäfte beschränkt; bei Interventionen am freien Terminmarkt hingegen muß zusätzlich das Angebot der Spekulanten und der Exporteure angekauft werden, so daß die Notenbank mehr Termindevisen erwirbt, als sie Kassadevisen abgibt. Sie kann also ihr Terminengagement niedrig halten, wenn sie sich auf Interventionen an Teilmärkten beschränkt. Die bereits beschriebene Umgehungsmöglichkeit der Verwendungsvorschriften für die zum Zwecke der Kurssicherung angekauften Termindevisen besteht allerdings auch hier.

2. Swapgeschäfte

Im Unterschied zu reinen Termingeschäften können Swap-Interventionen an Teilmärkten nur zur Regulierung des kurzfristigen Kapitalverkehrs mit dem Ausland eingesetzt werden, da der gleichzeitige Abschluß von Kassa- und entgegengesetztem Termingeschäft nur für Zinsarbitrageure sinnvoll ist. Die Notenbank bietet Kassadevisen an und fragt Termindevisen nach, wenn sie den Umfang der Geldexporte erhöhen will; soll der Geldzufluß aus dem Ausland verstärkt werden, so kauft sie Kassadevisen und verkauft Termindevisen. Sie kann dabei entweder Kassa- und Terminkurs autonom festlegen oder ihren Geschäften den Kassakurs des freien Marktes und einen bestimmten Swapsatz zugrunde legen; der Terminkurs ist dann ebenfalls bestimmt.

Die Veränderungen von Interventionsvolumen und Interventionskosten, die sich beim Einsatz von Swapgeschäften anstelle reiner Terminmarktinterventionen ergeben, wurden bereits beschrieben. Durch die Koppelung von Kassa- und Termingeschäften soll in der Regel sichergestellt werden, daß die Kurssicherung auf den Teilmarkt der Zinsarbitrageure beschränkt bleibt. Ähnlich wie im Falle der „outright"-Interventionen bestehen aber auch hier eine Reihe von Möglichkeiten, die Verwendungsvorschriften zu umgehen. Die Kreditinstitute können beispielsweise einzelne Kassa- und Termingeschäfte ihrer Kunden zu Swapgeschäften kombinieren und ein Gegengeschäft mit der Notenbank zum Interventionssatz abschließen. Zum Aufbau eigener spekulativer Positionen werden sie versuchen, Swapgeschäfte abzuschließen und die dabei erworbenen Kassadevisen wieder an die Notenbank zu verkaufen bzw. die an die Notenbank abgegebenen Kassadevisen von dieser zurückzuerwerben; hat der Kassakurs am Markt den unteren bzw. den oberen Interventionspunkt erreicht, so ist die Notenbank dagegen machtlos.

Es ist theoretisch denkbar, die Umgehung der Verwendungsvorschriften für die von der Notenbank abgegebenen oder angekauften kursgesicherten Devisen durch entsprechende Festsetzung des Kassakurses zu unterbinden[26], sofern dadurch nicht die Bandbreiten am Kassamarkt überschritten werden. Liegt etwa im Falle einer Geldexportpolitik der Terminkurs bei dem von der Notenbank festgesetzten Swapsatz oberhalb von K_e[27], wenn die Kassageschäfte zum *Markt*kurs abgerechnet werden, so kann der Terminkurs bei unverändertem Swapsatz auf K_e gesenkt werden, wenn die Notenbank den Kurs, zu dem sie die Kassadevisen an Geldexporteure abgibt, um $(K_{tC} - K_e)$ senkt. Dadurch verschiebt sich die Transaktionskurve der Arbitrageure entsprechend nach unten und die Spaltung des Terminmarktes kann vermieden werden.

Will die Notenbank kompensatorische Geldimporte herbeiführen[28], so kann sie im Rahmen ihrer Interventionen die Kassadevisen zu einem so hohen Kurs ankaufen, daß sich unter Berücksichtigung des Swapsatzes der Terminkurs ergibt, der dem Gleichgewichtskurs am freien Markt entspricht; für die Kreditinstitute besteht dann kein Anreiz, durch Abschluß von Kurssicherungsgeschäften zusätzliche spekulative Positionen aufzubauen. In beiden Fällen muß die Notenbank jedoch die Verwendung der von ihr über dem Marktkurs angekauften bzw. unter dem Marktkurs abgegebenen Kassadevisen überwachen, da diese sonst über den freien Markt zu ihr zurückfließen[29].

Als Fazit kann festgehalten werden, daß es für die Notenbanken nur unter bestimmten Voraussetzungen sinnvoll ist, den Abschluß von Devisentermingeschäften auf Zinsarbitrageure zu beschränken. Die Verminderung des Investitionsvolumens, die dadurch erreicht werden kann, muß in der Regel durch aufwendige Kontrollmaßnahmen erkauft werden, da die Devisenspekulation zu einem großen Teil von den Kreditinstituten getragen wird, die zugleich den Hauptteil der internationalen Geldmarktgeschäfte abwickeln.

Ein weiterer Nachteil der Intervention an Teilmärkten ist, daß diese Politik nur in Form der Preisfixierung möglich ist[30] und daher die Dis-

---

[26] Vgl. *Grubel:* Forward Exchange, S. 149.

[27] Vgl. Abbildung 12 und Fall a), S. 55.

[28] Vgl. S. 58.

[29] Liegt der Terminkurs, der sich aus dem von der Notenbank festgesetzten Swapsatz und dem Kassakurs am Markt ergibt, zwischen K_e und K_{tA} (vgl. Abb. 12), so kann das Interventionsvolumen durch autonome Festsetzung des Kassakurses unterhalb des Marktkurses nicht vermindert werden; denn die Kreditinstitute würden in diesem Fall die Kurssicherung durch die Notenbank verstärkt in Anspruch nehmen, so daß der Swapsatz am Markt schließlich auf den Interventionssatz der Notenbank steigen würde. Zur Verminderung der Geldexporte müßte die Notenbank einen ungünstigeren als den am Markt notierten Swapsatz festlegen; diese Interventionspolitik führt nicht zum Ziel, weil die Zinsarbitragegeschäfte dann ausschließlich am freien Markt kursgesichert werden.

[30] Vgl. *Bernholz:* Bemerkungen, S. 484 ff.

positionsfähigkeit der Kreditinstitute beeinträchtigt; denn sobald die Notenbank feststellt, daß Geldbewegungen in dem gewünschten Umfang stattgefunden haben, wird sie die Kurssicherung einstellen oder ihren Interventionskurs entsprechend ändern. Bei Interventionen am freien Markt hingegen erfolgen die Kursänderungen sehr viel weniger abrupt.

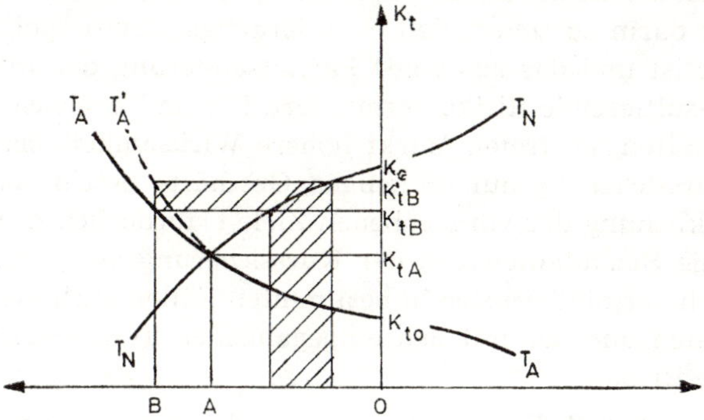

Abb. 14: Zur Interventionspolitik an Teilmärkten

Auch die Interventionskosten können sich tendenziell erhöhen, wenn die Interventionen auf Teilmärkte beschränkt werden. In Abbildung 14 ist noch einmal die Angebots-Nachfrage-Struktur am Devisenterminmarkt dargestellt: Die Kurve $T_A - T_A$ stellt die Angebots-Nachfrage-Funktion der Arbitrageure dar, $T_N - T_N$ ist die Transaktionskurve der Nichtarbitrageure. Bei Kursen oberhalb K_{t0} bieten die Arbitrageure Termindevisen an, bei Kursen unterhalb K_e fragen die Nichtarbitrageure Termindevisen nach. Der Marktkurs bildet sich bei K_{tA}. Will die Notenbank den Umfang der kurzfristigen Kreditgewährung an das Ausland erhöhen, etwa von *OA* auf *OB*, so muß sie sich an den Terminkurs K_{tB}, der dem gewünschten Interventionsvolumen entspricht, herantasten, da sie die Angebotsfunktion der Zinsarbitrageure nicht kennt. Setzt sie ihren Interventionskurs zu hoch fest, bei einer angestrebten Vergrößerung des Geldexports um *AB* also oberhalb von K_{tB}, etwa bei K'_{tB}, so erhöhen sich die Interventionskosten um $K'_{tB} - K_{tB}$ pro angekaufter Deviseneinheit[31]. Derartige Verluste lassen sich nicht ohne weiteres dadurch vermeiden, daß die Notenbank, vom ursprünglichen Gleichgewichtskurs am Devisenterminmarkt ausgehend, ihren Ankaufskurs schrittweise erhöht, bis die vorgesehene Devisenmenge verkauft ist; denn in diesem Fall werden die Geschäftsbanken in Erwartung günstigerer Konditionen ihre Geldexporte bei einem gegebenen Interven-

[31] *Bernholz* (Bemerkungen, S. 486) gibt den entgangenen Gewinn der Deutschen Bundesbank bei ihren Interventionen im Herbst 1967 mit 1/4 bis 3/8 % des Interventionsvolumens an.

tionskurs tendenziell verringern. Damit verschiebt sich ihre Transaktionskurve nach rechts, etwa von $T_A - T_A$ nach $T'_A - T_A$, so daß die Zunahme des Geldexports um AB erst beim Interventionskurs K'_{tB} (statt K_{tB}) erreicht wird. Die Aufwendungen für die Interventionen der Notenbank steigen entsprechend um das schraffierte Flächenstück an.

Der Vorteil der Beschränkung von Interventionen auf einzelne Marktbereiche ist darin zu sehen, daß eine derartige Devisenpolitik oft wirkungsvoller ist und das aus einer Paritätsänderung der Interventionswährung resultierende Risiko vermindert. Die im Vergleich zu Devisentermingeschäften am freien Markt höhere Wirksamkeit beruht darauf, daß die Kurssicherung auf diejenigen Geschäfte beschränkt wird, die zur Verwirklichung der vorgegebenen Ziele erforderlich sind, insbesondere also die Spekulanten von der Kurssicherung ausgeschlossen werden; dadurch vermindern sich in bestimmten Fällen auch die Kosten der Interventionen und das mit den eingegangenen Terminverpflichtungen verbundene Risiko.

Der Einwand, daß die Spekulanten auf den Kassamarkt ausweichen können, indem sie Verbindlichkeiten in einer „schwachen" Währung eingehen und Forderungen in einer stabilen Währung begründen, ist in diesem Zusammenhang nicht stichhaltig; denn in diesem Fall verliert das Land mit der „schwachen" Währung Kassadevisen, während im anderen Fall die Notenbank des Landes mit der „stabilen" Währung sich verpflichtet, die „schwache" Währung per Termin zu einem festen Kurs zu erwerben. Sie erwirbt zwar auch im Fall der Kassa-Spekulation die abwertungsbedrohte Währung, doch hat sie dann die Möglichkeit, sich gegen Kursverluste zu sichern, etwa, indem sie die fremde Währung in Gold eintauscht.

Ein weiteres Argument für die Marktspaltung ist, daß Interventionen am freien Devisenterminmarkt eine enge Zusammenarbeit zwischen den einzelnen Notenbanken voraussetzen, wenn diese Termingeschäfte in verschiedenen Währungen abschließen; denn in diesem Fall müssen die Interventionskurse der einzelnen Notenbanken kompatibel sein, da sonst infolge der Dreiecksarbitrage hohe Verluste entstehen. Bei Interventionen an Teilmärkten hingegen sind die Notenbanken bei ihrer Kursfestsetzung weitgehend unabhängig voneinander.

Zweiter Teil

Die Devisenterminpolitik in der Praxis

Nach der theoretischen Analyse der Wirkungen von Zentralbankinterventionen an den Devisenmärkten ist nun der Einsatz der Devisenpolitik in der Praxis zu untersuchen. Dabei werden zwei Länder in den Vordergrund gestellt, deren Zahlungsbilanzen in den sechziger Jahren durch anhaltende strukturelle Ungleichgewichte gekennzeichnet waren: Deutschland und die Schweiz. Aus der empirischen Untersuchung des Einsatzes von Devisentermingeschäften durch die Deutsche Bundesbank und die Schweizerische Nationalbank, die durch eine Analyse und Interpretation der zugrunde liegenden Zielsetzungen eingeleitet wird, ergibt sich mit einer gewissen Zwangsläufigkeit die Frage nach der Erweiterung des vorgegebenen institutionellen Rahmens der Notenbankpolitik in den beiden untersuchten Ländern durch die Devisenterminpolitik. Dieser Frage wird im letzten Abschnitt nachgegangen.

A. Zielsetzungen

Die Währungspolitik als Teilbereich der Wirtschaftspolitik ist den jeweils vorgegebenen gesellschafts- und wirtschaftspolitischen Grundzielen unterworfen. Als solche kommen für pluralistische Gesellschaftsordnungen Freiheit, soziale Gerechtigkeit, soziale Sicherheit und Wohlstand in Betracht[1], *Giersch, Dahl* und *Lindblom* nennen als weitere Ziele Rationalität, Frieden, Demokratie und soziale Integration[2].

Die Ziele Sicherheit und Wohlstand im Sinne wirtschaftlicher Stabilität und wirtschaftlichen Fortschritts[3] können als die „endogenen" Grundziele der Wirtschaftspolitik angesehen werden; sie definieren das wirtschaftspolitische Optimum und sind daher auch die Grundziele der Währungspolitik. Ihnen nachgeordnet sind eine Reihe wirtschaftspolitischer Ziele instrumentalen Charakters, die als Bedingungskonstellation

[1] Vgl. *Kenneth E. Boulding:* Principles of Economic Policy. Englewood Cliffs 1958. S. 19.

[2] *Giersch:* Wirtschaftspolitik, S. 68. — *Robert A. Dahl / Charles E. Lindblom:* Sieben Grundziele der Gesellschaftsgestaltung. In: *Gérard Gäfgen* (Hrsg.): Grundlagen der Wirtschaftspolitik. Köln/Berlin 1966. S. 211.

[3] *Boulding:* Principles, S. 19.

für die Verwirklichung der wirtschaftspolitischen Grundziele angesehen werden. Als derartige „Vorziele“ der Wirtschaftspolitik nennt *Besters* in seiner empirischen Untersuchung über die Bundesrepublik Vollbeschäftigung, Kaufkraftstabilität, Ausgleich der Zahlungsrohbilanz[4], Wirtschaftswachstum, Verbesserung der Allokation der Produktionsfaktoren, Arbeitszeitverkürzung, Verbesserung der Einkommensverteilung und Befriedigung von Kollektivbedürfnissen[5]. Damit sind die Aufgaben der Wirtschaftspolitik im wesentlichen umrissen[6]. Als spezifisch *währungs*politische Ziele können die Stabilerhaltung des Preisniveaus und der Ausgleich der Zahlungsrohbilanz angesehen werden; „exogene“ Bedingungen des währungspolitischen Optimums sind Wirtschaftswachstum und Vollbeschäftigung[7].

Diese Zielsetzungen bilden insbesondere auch die Grundlage der Währungspolitik der Deutschen Bundesbank und der Schweizerischen Nationalbank[8]. Jene „regelt den Geldumlauf und die Kreditversorgung der

---

[4] Die Zahlungsrohbilanz ist „die (unausgeglichene) Zahlungsbilanz *vor* Berücksichtigung der Währungsreserven-Veränderungen“ (*Lipfert:* Währungspolitik, S. 52, Fußnote 11).

[5] *H. Besters:* Economic Policy in Western Germany. In: *E. S. Kirschen* (Hrsg.): Economic Policy in our Time. Vol. III. Amsterdam 1964. S. 393 ff. — Ein ähnlicher Zielkatalog findet sich bei *Gerhard Zeitel* (Zur Währungspolitk der Deutschen Bundesbank. JfNuSt., Bd. 173 (1961), S. 169 f.).

[6] Für eine Reihe anderer europäischer Länder und die Vereinigten Staaten werden in der von *Kirschen* herausgegebenen Untersuchung (Economic Policy, S. 4 ff.) als weitere Ziele genannt: Schutz bestimmter Wirtschaftszweige, Veränderung der privaten Konsumstruktur, der Bevölkerungsgröße und -struktur und Sicherung der Versorgung.

[7] *Lipfert:* Währungspolitik a.a.O., S. 50 — Vgl. auch *Committee on the Working of the Monetary System* (Hrsg.): Report. London 1959. S. 17—23 (Ziff. 52—72).

[8] Vgl. hierzu: Gesetz über die Deutsche Bundesbank vom 26. Juli 1957 (BGBl. I, S. 745 ff.). — Entwurf eines Gesetzes über die Deutsche Bundesbank nebst Begründung. Bundestagsdrucksache 2781 vom 18. 10. 1956. Veröffentlicht in: Verhandlungen des deutschen Bundestages. 2. Wahlperiode 1953. Anlagen zu den stenographischen Berichten. Band 45. Bonn 1956. — Entwurf eines Gesetzes über die Deutsche Bundesbank nebst Begründung. Bundestagsdrucksache 2832. Veröffentlicht in: Verhandlungen des Deutschen Bundestages. 2. Wahlperiode 1953. Anlagen zu den stenographischen Berichten. Band 45. Bonn 1956. — Schriftlicher Bericht des Ausschusses für Geld und Kredit (22. Ausschuß) über den Entwurf eines Gesetzes über die Deutsche Bundesbank. Bundestagsdrucksache 3603. Veröffentlicht in: Verhandlungen des Deutschen Bundestages. 2. Wahlperiode 1953. Anlagen zu den stenographischen Berichten. Band 53. Bonn 1957. — *Heinz Beck:* Gesetz über die Deutsche Bundesbank vom 20. Juli 1957. Mainz-Gonsenheim/Düsseldorf 1959. S. 147 ff. — *Joachim v. Spindler / Willy Becker / O.-Ernst Starke:* Die Deutsche Bundesbank. 3. Aufl. Stuttgart 1969. S. 172. — *Willi Schmidt:* Deutsche Bundesbank. In: *Bank für Internationalen Zahlungsausgleich* (Hrsg.): Acht europäische Zentralbanken. Frankfurt a. M. 1963. S. 71 ff. — Bundesgesetz über die Schweizerische Nationalbank vom 23. Dezember 1953. Amtliche Sammlung der Bundesgesetze und Verordnungen der Schweizerischen Eidgenossenschaft, Jg. 1954, S. 599 ff. — *Ernst Ackermann:* Artikel „Schweiz“. In: Enzyklopädi-

Wirtschaft mit dem Ziel, die Währung zu sichern, und sorgt für die bankmäßige Abwicklung des Zahlungsverkehrs im Inland und mit dem Ausland"[9], dieser wurde die Aufgabe zugewiesen, „im Rahmen der Bundesgesetzgebung eine dem Gesamtinteresse des Landes dienende Kredit- und Währungspolitik zu führen"[10]. Der Begriff Währungssicherung steht dabei, wie die Begründung zum Entwurf des BBG zeigt, für eine Reihe von „Vorzielen" wie stetiges Wachstum der Volkswirtschaft, Stabilerhaltung der Kaufkraft und des Wechselkurses der Deutschen Mark, Vollbeschäftigung und Konvertibilität[11]. Der Stabilerhaltung der Binnenkaufkraft wurde der höchste Rang unter den genannten Zielen beigelegt[12]; man verzichtete jedoch darauf, diese Priorität im BBG selbst zu verankern, „weil eine solche Verpflichtung zu einer zweigleisigen Wirtschaftspolitik führen könnte und auch die Währungsbank überfordert"[13]. Die Bundesbank selbst sieht die Stabilerhaltung der Kaufkraft im Inland als ihr vorrangiges Ziel an[14]. Auch die Schweizerische Nationalbank hat in erster Linie für die Stabilerhaltung der Binnenkaufkraft und der Goldparität des Schweizer Frankens Sorge zu tragen[15].

Ein anderes binnenwirtschaftliches Ziel, das vor allem die Nationalbank mit ihren Devisenoperationen anstrebte, war die Pflege des nationalen Geldmarktes. Daneben versuchten die beiden hier ins Auge gefaßten Notenbanken, mit Hilfe ihrer Terminmarktpolitik auf einen kurzfristigen Ausgleich ihrer Zahlungsbilanzen hinzuarbeiten und damit einen Beitrag zur Stabilisierung des bestehenden Weltwährungssystems zu leisten. Schließlich hatten zeitweise auch Zielsetzungen, die nicht in unmittelbarem Zusammenhang mit den Aufgaben der beiden Notenbanken standen, einige Bedeutung.

---

sches Lexikon für das Bank-, Geld- und Börsenwesen. Band 2. Frankfurt a. M. 1957. S. 1403. — *Walter Kull:* Schweizerische Nationalbank. In: *Bank für Internationalen Zahlungsausgleich* (Hrsg.): Acht europäische Zentralbanken, S. 370. — *Schweizerische Nationalbank* (Hrsg.): Schweizerische Nationalbank 1907—1957. Zürich 1957. S. 96 ff.

[9] § 3 BBG.

[10] Art. 2 Abs. 1 NBG. — Vgl. auch Art. 39 Abs. 3 der Schweizerischen Bundesverfassung.

[11] Bundestagsdrucksache 2781, S. 22 f.

[12] Ebenda, S. 23 — Vgl. dazu auch *Wilhelm Hankel:* Zur Frage der Priorität der geldwertpolitischen Ziele. Konjunkturpolitik, 6. Jg. (1960), S. 253 ff.

[13] Bundestagsdrucksache 3603, S. 2.

[14] Vgl. z. B. Gb-Bbk 1963, S. 18.

[15] *Kull:* Schweizerische Nationalbank, S. 397. — Vgl. auch *W. Schwegler:* Die Regelung des schweizerischen Geldumlaufes durch die Schweizerische Nationalbank. Außenwirtschaft, 23. Jg. (1968), S. 56 ff.

I. Stabilerhaltung der Binnenkaufkraft

Die Entwicklung des binnenwirtschaftlichen Preisniveaus wird maßgeblich durch die Geldversorgung des Nichtbankensektors mitbestimmt[16]. Diese bildet den Hauptansatzpunkt für notenbankpolitische Maßnahmen, die auf die Stabilerhaltung der Kaufkraft im Inland gerichtet sind; sie setzt sich aus dem Bargeldumlauf und den Sichtguthaben der Nichtbanken bei der Zentralbank und den Geschäftsbanken zusammen[17]. Die beiden zuerst genannten Größen — Bargeldumlauf und Zentralbank-Guthaben der Nichtbanken — sind der Einflußnahme der Notenbank weitgehend entzogen: Der Bargeldumlauf wird durch den binnenwirtschaftlichen Güterverteilungsprozeß bestimmt, und die Bildung von Einlagen auf den Zentralbankkonten der Nichtbanken läßt sich aufgrund des vorgegebenen institutionellen Rahmens von seiten der Zentralbank kaum verändern[18].

Die wichtigste Zielvariable der Notenbankpolitik sind also die Sichtguthaben der Nichtbanken bei den Geschäftsbanken. Diese Größe läßt sich von zwei Seiten beeinflussen: Durch Veränderung der Bankenliquidität kann das Angebot an kurzfristigen Krediten gesteuert werden, durch zinspolitische Maßnahmen die Nachfrage der Nichtbanken nach Krediten. Zur Beantwortung der Frage nach der Zielkonformität von Devisentermingeschäften müssen also Zins- und Liquiditätswirkungen dieser Operationen untersucht werden.

1. Liquiditätswirkungen von Devisentermingeschäften

a) Der Liquiditätseffekt von Geldexporten

Die Bildung von Guthaben der Nichtbanken bei Geschäftsbanken, d. h. die Schaffung von Giralgeld durch die privaten Kreditinstitute, kann auf zwei Wegen erfolgen: durch die Umwandlung von Zentral-

---

[16] Vgl. dazu *Milton Friedman:* Die optimale Geldmenge und andere Essays. München 1970. — *Claus Köhler:* Thesen und Gegenthesen. Bemerkungen zu Milton Friedmans monetärem Konzept des „New Liberalism". Weltwirtschaftliches Archiv, Bd. 105 (1970), S. 31 ff. — *Danièle Blondel / Jean-Pierre Daloz / Claude Jessua:* Essais sur la nouvelle théorie quantitative de la monnaie. Paris 1970. — *Ulrich Teichmann:* Möglichkeiten und Grenzen einer antizyklischen Geldpolitik. Kredit und Kapital, 5. Jg. (1972), S. 72 ff.

[17] Vgl. Mb-Bbk, Juli 1971, S. 11 ff. — What is Money? Business Conditions (Federal Reserve Bank of Chikago), June 1971, S. 9. — In der Regel werden Termindepositen mit Laufzeiten bis zu drei Monaten hinzugerechnet.

[18] Nach § 17 BBG sind Bund, Länder, der Ausgleichsfonds und das ERP-Sondervermögen verpflichtet, ihre flüssigen Mittel auf Girokonten bei der Bundesbank zu halten. Die Notenbank kann jedoch Ausnahmen zulassen. Auch auf die Gelddispositionen von Bahn und Post übt sie praktisch einen starken Einfluß aus. Vgl. dazu *Schmidt:* Deutsche Bundesbank, S. 103.

bankgeld oder durch die Monetisierung anderer Aktiva[19]. Im ersten Fall, der als „passive" Giralgeldschöpfung bezeichnet wird[20], ändert sich die Geldversorgung des Nichtbankensektors nicht; er kann hier also beiseite gelassen werden.

Bei der Monetisierung anderer Aktiva wie Forderungen der Nichtbanken untereinander oder gegen das Ausland hingegen vergrößert sich die Zahlungsmittelmenge der Nichtbanken. Diese „aktive" Geldschöpfung[21] wird durch die Barreserve bzw. den Bestand an zentralbankfähigen Aktiva (Sekundärreserve) der Geschäftsbanken begrenzt; denn die Kreditinstitute müssen jederzeit in der Lage sein, ihre Zahlungsverpflichtungen durch Übertragung von Zentralbankgeld zu erfüllen. Die aktive Giralgeldschöpfung kann also mit Hilfe der Devisenpolitik beeinflußt werden, wenn es der Notenbank gelingt, durch diese Operationen die Barreserven oder die Verwertbarkeit der Sekundärreserven der Geschäftsbanken zu verändern.

Eine Verminderung der Barreserven des Geschäftsbankensektors durch Maßnahmen der Notenbank zur Vergrößerung der Geldexporte ist nur dann zu erwarten, wenn die Kreditinstitute in entsprechendem Umfang über „freie" Liquiditätsreserven verfügen, also Zentralbankgeld, welches nicht für die Abwicklung des Zahlungsverkehrs benötigt wird und auch nicht durch Mindestreserveverpflichtungen gebunden ist. Dies ist aber in der Praxis nur selten der Fall[22]; in der Regel beschaffen sich die Kreditinstitute das Zentralbankgeld, das sie benötigen, um Devisen für Geldexportgeschäfte von der Notenbank erwerben zu können, indem sie einen Teil ihrer Sekundärreserve auflösen. Da die erworbenen Devisen im bestehenden Währungssystem jederzeit wieder in Zentralbankgeld umgewandelt werden können, gehören sie ebenfalls zur Sekundärreserve der Kreditinstitute. Per Saldo findet also bei der Übertragung von Devisenreserven der Notenbank auf die privaten Kreditinstitute eine Umstrukturierung der Sekundärliquidität der Geschäftsbanken statt, wobei etwa Anlagen in inländischen Offenmarktpapieren durch Anlagen in amerikanischen Schatzwechseln ersetzt werden.

---

[19] Bei Überweisungen innerhalb des Geschäftsbankensektors ändert sich die Geldmenge nicht.

[20] *Schneider:* Einführung, S. 29.

[21] *Schneider:* Einführung, S. 31 f.

[22] Die freiwillige „Überschußreserve" deutscher Geschäftsbanken, die sich aufgrund unvermeidlicher Ungenauigkeiten bei den Gelddispositionen ergibt, schwankt normalerweise zwischen 0,5 und 2 % der Mindestreserveverbindlichkeiten; vgl. etwa Mb-Bbk, Dezember 1970, S. 42*, Tabelle IV. 3. a. — Die Giroguthaben Schweizer Geschäftsbanken bei der Nationalbank werden in deren Veröffentlichungen nicht gesondert ausgewiesen, scheinen aber relativ hoch zu sein; vgl. z. B. Gb-Nbk 1969, S. 69.

Nun umfaßt der Begriff Sekundärliquidität ein ganzes Spektrum von Anlagen, deren tatsächliche Monetisierbarkeit sehr unterschiedlich ist. Die Liquidität — genauer: die Mobilisierbarkeit — von Auslandsanlagen ist auch bei Wahl der gleichen Anlageform wie im Inland aufgrund der erforderlichen Kurssicherungsabschlüsse tendenziell geringer als die von Inlandsanlagen. Löst ein Kreditinstitut etwa eine kursgesicherte Anlage in amerikanischen Schatzwechseln, die ursprünglich für zwei Monate geplant war, bereits nach einem Monat auf, so bleibt seine Verpflichtung, einen Monat später den entsprechenden Devisenbetrag zu einem festen Kurs zur Verfügung zu stellen, bestehen. Um sich gegen das damit verbundene Risiko zu sichern, muß die Bank am Terminmarkt Einmonatsdevisen erwerben; die Devisen, die sie aus dem Verkauf der Schatzwechsel erhalten hat, müssen zum geltenden Kassakurs verkauft werden. Bleibt der Jahresswapsatz gegenüber dem Anlagezeitpunkt unverändert, so realisiert der Zinsarbitrageur bei der vorfristigen Auflösung seiner Auslandsanlage weder einen Verlust noch einen Gewinn: Hat sich das Kursniveau erhöht, so gewinnt er beim Verkauf der Kassadevisen, verliert aber beim Ausgleich der entstehenden offenen Terminposition, da er für Einmonatsdevisen mehr bezahlen muß, als er bei Fälligkeit erhält. Sinkt das Kursniveau, so verliert er beim Verkauf der Kassadevisen, gewinnt aber am Kurssicherungsgeschäft für die Restlaufzeit. In der Regel liegen die Jahresswapsätze für Einmonatsdevisen jedoch höher als die für Dreimonatsdevisen. Handelt es sich dabei um Deports, so ist die vorfristige Auflösung von Auslandsanlagen also selbst unter Berücksichtigung der Transaktionskosten für die zusätzlichen Kassa- und Termingeschäfte häufig mit Gewinn möglich; liegt der Terminkurs der Auslandswährung höher als der Kassakurs, so ist bei vorfristiger Auflösung der Auslandsanlagen per Saldo mit einem Verlust zu rechnen. — Aus der Kurssteigerung der Schatzwechsel aufgrund sinkender Geldmarktsätze im Ausland kann sich für die Bank ebenfalls ein Anreiz zur vorfristigen Auflösung der Anlagen ergeben.

Durch Geldmarktanlagen im Ausland wird die Liquidität der Sekundärreserven der Banken auch dadurch tendenziell verringert, daß mit dem Geldexport häufig ein Wechsel der Anlage*form* verbunden ist. Während der sechziger Jahre verdrängten Festgeldausleihungen am Euro-Geldmarkt wegen ihrer relativ hohen Rendite mehr und mehr die anderen Formen kurzfristiger Fremdwährungsanlagen, vor allem auch die Anlagen in amerikanischen Schatzwechseln. Bilden aber ausländische Festgeld-Anlagen die Alternative zu inländischen Offenmarktpapieren, so wird sich die Bankenliquidität im Falle von Geldexportgeschäften tendenziell vermindern; denn die vorfristige Auflösung von Termingeldern ist praktisch nicht möglich[23].

---

[23] In der Literatur besteht keine einhellige Meinung über die Liquiditäts-

Die Beeinflussung der Geldversorgung der Nichtbanken durch Geldexportgeschäfte der Notenbank ist also denkbar, wenn durch die Umstrukturierung der Sekundärreserve der Geschäftsbanken deren Fähigkeit, Nichtbanken Kredite zu gewähren, eingeschränkt wird. Es muß allerdings bezweifelt werden, daß die Kreditinstitute bereit sind, liquide Sekundärreserven in weniger liquide zu überführen, wenn die Nichtbanken Kredite nachfragen; denn der Zinsertrag von Kundenkrediten ist in der Regel wesentlich höher als der Zinsertrag, den die dafür erforderliche Barreserve der Bank bei einer Anlage am Geldmarkt erbringen würde.

Der restriktive Effekt von Devisentermingeschäften kann allerdings schon aufgrund der „Signalwirkung" dieser Operationen wirksam werden. Allein der Umstand, daß die Notenbank eine Kurssicherung für Geldexporte anbietet, wird die Geschäftsbanken zur Zurückhaltung bei der Gewährung neuer Kredite veranlassen, wenn sie aufgrund der konjunkturellen Situation damit rechnen müssen, daß die Notenbank zu stärker wirkenden Mitteln — etwa einer Erhöhung der Mindestreservesätze — greift, wenn die Geldexportpolitik nicht die gewünschte Wirkung hat.

b) Der Liquiditätseffekt von Geldimporten

Fließt dem Geschäftsbankensektor Auslandsgeld zu, so erhöht sich seine Sekundärreserve bzw. — bei Weitergabe der Devisen an die Notenbank — sein Bestand an Zentralbankgeld. Gleichzeitig erhalten ausländische Wirtschaftssubjekte Inlandsguthaben. Eine „automatische" Erhöhung der Geldversorgung der inländischen Nichtbanken findet also nicht statt. In welchem Umfang die Geschäftsbanken ihre Kreditsumme aufgrund der Geldimporte erhöhen, hängt von der Art der aus dem Ausland zugeflossenen Gelder ab.

Sind die Geldimporte *spekulativer* Art, so halten die ausländischen Wirtschaftssubjekte den Gegenwert in Form von Sicht- oder kurzfristigen Termineinlagen, die sie auflösen, sobald das spekulativ erwartete Ereignis entweder eingetreten ist oder mit seinem Eintritt nicht mehr gerechnet wird. Da die Geschäftsbanken beim Rückfluß der spekulativen Gelder ins Ausland in entsprechendem Umfang Zentralbankgeld bzw. Sekundärreserven einbüßen, müssen sie, um gegen einen plötzlichen

wirkungen von Geldexporten der Geschäftsbanken. Einige Autoren billigen der Geldexportpolitik gewisse kontraktive Wirkungen zu (vgl. *Lipfert:* Swapsätze und Währungspolitik, S. 328. — Braucht der Geldexport noch eine Starthilfe? Der Volkswirt, 13. Jg. [1959], S. 1804 f.), andere bestreiten diese Ansicht (*L. Albert Hahn:* Geld und Kredit. Frankfurt a. M. 1960. S. 272. — *Kurt Richebächer:* Die Optik des „Geldexports". ZfgK, 12. Jg. [1959], S. 466. — *Schwilling:* Die kursbildenden Faktoren, S. 127 ff.).

Rückzug der spekulativen Auslandsgelder gewappnet zu sein, deren Gegenwert in mehr oder weniger liquider Form halten. Eine Erhöhung der Kreditgewährung an inländische Nichtbanken aufgrund spekulativer Geldimporte ist also kaum möglich; denn dabei würde der Gegenwert der Geldimporte als Mindestreserve für Einlagen aus den zusätzlich gewährten Krediten gebunden. In spekulativen Perioden werden Ausländer-Guthaben darüber hinaus von der Notenbank in der Regel mit hohen Mindestreservesätzen belegt. Dadurch vermindert sich die expansive Wirkung der Geldzuflüsse zusätzlich[24].

Bei *renditebedingten* Geldzuflüssen, auf die die Notenbank mit ihrer Terminmarktpolitik Einfluß nehmen kann, hat es die Geschäftsbank in der Hand, die Fristigkeit aufgenommener Gelder entsprechend ihren Bedürfnissen festzulegen. Der Zeitpunkt, zu dem eine Auslandsverbindlichkeit zurückgezahlt werden muß, ist also von vornherein bekannt; er kann beinahe beliebig gewählt werden. Eine Weitergabe derartiger Kredite an inländische Nichtbanken ist ohne weiteres möglich, in der Regel ist nicht einmal eine Fristentransformation erforderlich. Entscheidend für die tatsächliche Ausweitung des Kreditvolumens durch eine Geldimportpolitik der Notenbank ist allerdings die Kreditnachfrage des Nichtbankensektors.

c) *Die Liquiditätspolitik in der Praxis*

Bei den Devisentermingeschäften der beiden hier näher untersuchten Zentralbanken handelte es sich fast ausschließlich um Maßnahmen zur Förderung des Geldexports. Als die *Deutsche Bundesbank* im Herbst 1958 ihre Swapoperationen aufnahm, war sie der Ansicht, daß dadurch die Liquidität der Kreditinstitute und damit die Ausweitung des Aktivgeschäfts verringert werden könne[25]. Dieser Beurteilung lag vermutlich die Annahme zugrunde, daß bei den Geldexporten eine Umwandlung von Zentralbankgeld in Sekundärliquidität (Auslandsanlagen) stattfinde, was tatsächlich nicht der Fall war[26]. Als sich jedoch der Umfang der Auslandsanlagen der Kreditinstitute und damit das Volumen möglicher und tatsächlicher „Repatriierungen" vergrößerte, wurde auch in den Berichten der deutschen Notenbank deutlich, „daß die kurzfristigen

---

[24] Zögert die Regierung eine Aufwertung, die aufgrund eines fundamentalen Zahlungsbilanzungleichgewichts angezeigt erscheint, längere Zeit hinaus, so werden ausländische Wirtschaftssubjekte in zunehmendem Maße inländische Wertpapiere erwerben, und inländische Geschäftsbanken werden einen Teil der ihnen zugeflossenen Auslandskredite zur Verstärkung ihrer Kreditgewährung an inländische Nichtbanken verwenden. Spekulative Geldzuflüsse haben dann eine ähnliche Wirkung wie zinsinduzierte Geldimporte.

[25] Vgl. Gb-Bbk 1958, S. 31, 33. — Mb-Bbk, Januar 1959, S. 4 ff.

[26] Vgl. Fußnote 22.

Auslandsanlagen der Geschäftsbanken zu ihren liquiden Reserven gehören und durch ihre Erhöhung ihnen infolgedessen ebensowenig Liquidität entzogen wird wie ihre ‚Repatriierung' einen Liquiditätszufluß bedeutet"[27].

Die Verminderung der Geldversorgung der Nichtbanken mit Hilfe der Geldexportpolitik der Notenbank stieß in der Bundesrepublik auch deshalb auf Schwierigkeiten, weil ein großer Teil der deutschen Zahlungsbilanzüberschüsse im Waren- und Dienstleistungsverkehr der Nichtbanken mit dem Ausland entstand. Bei der Übertragung der Devisenforderungen auf den Bankensektor erhöhte sich die Geldversorgung der Nichtbanken automatisch. Die Notenbank konnte mit ihrer Devisenterminpolitik also allenfalls verhindern, daß die Banken die ihnen zugeflossenen Devisen in Zentralbankgeld umwandelten und ihr Kreditvolumen entsprechend ihren gestiegenen Barreserven ausdehnten.

In der *Schweiz* lagen die Voraussetzungen für eine wirksame Regulierung der Geldmenge durch Devisentermingeschäfte wesentlich günstiger. Die Schweizer „Ertragsbilanz"[28] wies zwischen 1960 und 1965 zeitweise beachtliche Defizite auf, so daß die Geldversorgung der Nichtbanken sich entsprechend verminderte. Die Geschäftsbanken glichen diesen Verlust durch zusätzliche Kreditgewährung aus. Sie waren dazu in der Lage, weil die Defizite in der Ertragsbilanz durch anhaltende Zuflüsse von Auslandsgeld überdeckt wurden. Diese erfolgten nur zu einem geringen Teil aufgrund spekulativer Erwartungen, d. h. im Hinblick auf eine erwartete Aufwertung des Schweizer Frankens oder Abwertung der Währung des Ursprungslandes. Bei dem weitaus größten Teil handelte es sich um Fluchtgelder, die wegen der politischen und wirtschaftlichen Stabilität der Schweiz, der sehr weitgehenden Verschwiegenheitspflicht der Schweizer Banken und der Stabilität und vollkommenen Konvertierbarkeit des Schweizer Frankens, der neben dem US-Dollar als einzige Währung an das Gold gebunden ist[29], in der

---

[27] Mb-Bbk, Januar 1960, S. 8. — Vgl. auch Gb-Bbk 1959, S. 39. — Gb-Bbk 1960, S. 41. — Mb-Bbk, April 1962, S. 4. — Gb-Bbk 1968, S. 23. — Methodische Erläuterungen zur Analyse der Bankenliquidität. Mb-Bbk, April 1965, S. 29 ff.

[28] Diese weist den Handels- und Dienstleistungsverkehr der Schweiz mit dem Ausland aus; sie ist untergliedert in die statistischen Positionen Außenhandel, Elektrische Energie, Fremdenverkehr, Kapitalerträge, Versicherungen, Transithandelsgeschäfte, Gütertransport, Post- und Fernmeldewesen, sonstige Dienstleistungen. Vgl. Mb-Nbk, August 1969, S. 74 (Tabelle 72).

[29] Die Goldparität des Frankens wurde im Bundesgesetz über das Münzwesen vom 17. 12. 1952 (Amtliche Sammlung der Bundesgesetze und Verordnungen der schweizerischen Eidgenossenschaft, Jg. 1952, S. 209) auf $^{63}/_{310}$ g Feingold festgesetzt. Die Golddeckung der im Umlauf befindlichen Noten muß mindestens 40 % betragen (Art. 19, Abs. 2 NBG; vgl. auch Art. 39 der Schweizerischen Bundesverfassung). Die Einlösungspflicht für Banknoten (Art. 21 NBG) wurde durch den Bundesratsbeschluß vom 29. 6. 1954 aufgehoben.

Schweiz Anlage suchten und den Kreditinstituten längerfristig zur Verfügung standen[30]. Daraus erklärt sich der per Saldo stark expansive Effekt solcher Geldbewegungen auf die Liquidität der Schweizer Banken und als Folge davon die Gefahr einer allzu starken Zunahme der Geldversorgung der Nichtbanken[31].

Vor dem Hintergrund dieser Zusammenhänge muß der Versuch der Schweizerischen Nationalbank gesehen werden, mit Hilfe von Geldexportgeschäften — in Verbindung mit anderen Maßnahmen — die Geldversorgung im Inland zu regulieren. Bei diesen Geldexporten fand zum Teil eine Umwandlung von Zentralbankgeld in Sekundärreserven — die Auslandsanlagen — statt, die Bankenliquidität verminderte sich also stärker, als dies bei den Geldexportgeschäften der Bundesbank der Fall war; denn die Anlagemöglichkeiten der Schweizer Kreditinstitute am heimischen Geldmarkt sind außerordentlich begrenzt, und aufgrund der hohen Kurssicherungskosten zogen es die Banken zeitweise vor, freie Liquidität statt im Ausland als zinsloses Guthaben bei der Notenbank zu halten.

Allerdings war auch die Nationalbank auf die Unterstützung ihrer restriktiven Politik durch die Geschäftsbanken angewiesen; denn deren Kreditspielraum war durch ihre gesamten Liquiditätsreserven und nicht allein durch ihren Bestand an Zentralbankgeld bestimmt. Es ist daher fraglich, ob die auch in den Berichten der Nationalbank verschiedentlich anklingende Auffassung, daß mit Geldexporten ein echter Liquiditätsentzug bei den Geschäftsbanken und damit eine Dämpfung der Auftriebskräfte im Nichtbankensektor verbunden sei[32], voll zugestimmt werden kann. Ein fundiertes Urteil darüber läßt sich nur aufgrund der genauen Kenntnis der Bedingungen, zu denen diese Geschäfte abgeschlossen wurden, abgeben; leider sind aber gerade in diesem Punkt offizielle Angaben spärlich und Auskünfte kaum zu erhalten[33].

---

[30] Vgl. *Richard Fry:* Guardians of the World's Fortunes. The Banker, Vol. CXX (1970), S. 45. — *Max Iklé:* Switzerland's invisible Earnings: A Comparison with Britain. The Banker, Vol. CXX (1970), S. 59. — *Fritz Leutwiler:* Geldpolitik in einer offenen Volkswirtschaft. Österreichisches Bankarchiv, 17. Jg. (1969), S. 2 f.

[31] „Swiss bank liabilities to foreigners have more than doubled in the past three years; by the end of 1969 they may have approached $ 10 billions, virtually all of it re-lent or invested abroad. Of course, if ever a substantial part of this money were allowed to enter the Swiss economic bloodstream it would produce explosive inflationary effects; but the authorities have seen to it that this does not happen." (*Fry:* Guardians, S. 44.)

[32] Vgl. *Max Iklé:* Währungspolitik in der Konvertibilität. Außenwirtschaft, 17. Jg. (1962), S. 386, 401. — *John Lademann:* Währungspolitische Chronik. Außenwirtschaft, 19. Jg. (1964), S. 126, 128, 130. — *Ders.:* Chronik, a.a.O., 20. Jg. (1965), S. 97 — *Ders.:* Chronik, a.a.O., 23. Jg. (1968), S. 337.

[33] Die Auslandsanlagen, für die die Nationalbank die Kurssicherung übernahm, scheinen relativ illiquide gewesen zu sein. Beispielsweise mußten im

Eine aktive Devisenpolitik zur Erleichterung von Geldimporten wurde nur von der Schweizerischen Nationalbank vorübergehend durchgeführt. Diese Termingeschäfte dienten aber nicht der längerfristigen Erhöhung der Bankenliquidität, sondern sollten lediglich den Rückfluß von Auslandsanlagen erleichtern, um kurzfristige Spannungen am nationalen Geldmarkt zu mildern[34]. Bei grundlegenden Verschlechterungen der Bankenliquidität beschränkten sich beide Notenbanken darauf, bestehende Terminengagements abzubauen und dadurch zur Auflösung von Auslandsanlagen der Kreditinstitute beizutragen.

2. Zinswirkungen von Devisentermingeschäften

a) Der Zinseffekt internationaler Geldbewegungen

Die Nachfrage der Bankkunden nach Krediten wird durch den Preis für diese Kredite, den Zins, mitbestimmt. Die Regulierung der Geldmenge durch Devisentermingeschäfte der Notenbank kann also auch von der Nachfrageseite her erfolgen, wenn dadurch das Binnenzinsniveau verändert wird.

Wie bereits gezeigt wurde, wird der den ausländischen Geldmarktsätzen äquivalente Binnenzinssatz durch die Kurssicherungskosten für internationale Geldmarktgeschäfte bestimmt; diese entsprechen ungefähr der Differenz zwischen in- und ausländischen Geldmarktsätzen. Werden sie durch die Interventionen der Notenbank am Devisenterminmarkt verändert, so verändert sich das Zinsniveau am Binnengeldmarkt entsprechend. Die Notenbank hat es also in der Hand, über die von ihr genannten Terminkurse die Refinanzierungskosten der einzelnen Geschäftsbank zu beeinflussen. Übernimmt sie etwa die Kurssicherung für Geldexporte zu besonders günstigen Bedingungen, so werden die Banken freie Liquidität im Ausland anlegen und ihr Angebot am Binnengeldmarkt entsprechend vermindern; das Zinsniveau wird hier also ceteris paribus ansteigen.

Dieser Zinseffekt wird vor allem bei Geldmarktkrediten desjenigen Fristigkeitsbereichs sichtbar, in dem die Notenbank am Terminmarkt interveniert, also mit Laufzeiten bis zu etwa drei Monaten. Sind die Zinssätze für kurzfristige Kundenkredite, etwa Kontokorrentkredite,

---

Jahre 1963 Termingeschäfte aufgelöst werden, weil die Federal Reserve Bank of New York einen Franken-Swapkredit der Nationalbank zurückzahlte (vgl. dazu S. 98 ff.); die frei werdenden Franken-Guthaben der Banken flossen jedoch nicht an den Schweizer Geldmarkt, sondern wurden aufgrund einer Vereinbarung zwischen der Nationalbank und den Geschäftsbanken der BIZ zur Verfügung gestellt. Vgl. dazu *Lademann:* Chronik, a.a.O., 18. Jg. (1963), S. 337 f.

[34] Vgl. dazu S. 77 f.

an den Diskontsatz gebunden, wie dies in der Bundesrepublik in der Regel der Fall ist[35], so werden sie durch die Erhöhung der Geldmarktsätze nicht unmittelbar berührt; allenfalls werden die Banken zur Zurückhaltung bei der Vergabe neuer Kredite veranlaßt. Im längerfristigen Bereich werden die Zinssätze aufgrund der Interdependenz der Kreditmärkte tendenziell ansteigen.

b) *Die Zinspolitik in der Praxis*

Die Beeinflussung des binnenwirtschaftlichen Zinsniveaus als Ziel terminmarktpolitischer Maßnahmen wird in den Veröffentlichungen der beiden hier untersuchten Notenbanken nur am Rande erwähnt[36]. Es hat den Anschein, daß die Geldexportpolitik in erster Linie als Instrument zur Verminderung der Bankenliquidität (und damit des Kreditangebots) gesehen wurde. Die Deutsche Bundesbank und die Schweizerische Nationalbank unterstützen diese Liquiditätspolitik gelegentlich sogar durch autonome Zinssenkungen, statt die durch die Geldexportpolitik bewirkte Zinssteigerung am Binnengeldmarkt sich voll auswirken zu lassen[37]. Dies mag einmal damit zusammenhängen, daß die Durchschlagskraft rein zinspolitischer Maßnahmen heute in weiten Bereichen der Wirtschaft als gering angesehen werden muß[38]. Im Falle der Deutschen Bundesbank spielten vermutlich auch Kostengesichtspunkte eine Rolle; denn bei niedrigem Auslandszinsniveau kann die Erhöhung der Binnengeldmarktsätze durch Geldexporte nur erreicht werden, wenn die Notenbank Termindevisen mit einem Report ankauft. Die Schweizerische Nationalbank verzichtet ganz allgemein auf den restriktiven Einsatz zinspolitischer Instrumente; zum Schutz der Landwirtschaft und um einen Anstieg der Mieten zu verhindern, hält sie das Binnenzinsniveau auf niedrigem Stand und bedient sich in der Kreditpolitik quantitativ wirkender Instrumente[39].

---

[35] Bevor die Zinsverordnung mit Wirkung vom 1. 4. 1967 aufgehoben wurde, war die Bindung der Höchstsätze für Soll- und Habenzinsen deutscher Geschäftsbanken im Verkehr mit Nichtbanken gesetzlich festgelegt, und zwar in Relation zum Diskontsatz. In der Praxis werden auch seit der Freigabe der Zinssätze die meisten kurzfristigen Kreditsätze in Anlehnung an den Diskontsatz vereinbart. — In der Schweiz sind die Sollzinssätze nicht an den Diskontsatz gebunden; vgl. *Kurt Klein;* Die Kreditplafondierung, eine geld- und kreditpolitische Notwendigkeit. Berlin 1967. S. 172.

[36] Vgl. Gb-Bbk 1959, S. 33. — Gb-Bbk 1968, S. 23.

[37] *Iklé:* Währungspolitik, S. 386.

[38] *Rittershausen* führt die verminderte Wirksamkeit zinspolitischer Maßnahmen auf die hohe steuerliche Belastung der Unternehmen in Verbindung mit der Abzugsfähigkeit der Zinsaufwendungen vom steuerpflichtigen Gewinn zurück; vgl. *Heinrich Rittershausen:* Die Zentralnotenbank. Frankfurt a. M. 1962. S. 88 f. — *Ders.:* 7½ % Diskont zu hoch? ZfgK, 23. Jg (1970), S. 477. — Ebenso *Otto Veit:* Wirkungsfelder des Zinses. Zeitschrift für die gesamte Staatswissenschaft, 115. Bd. (1959), S. 498 ff.

II. Pflege des Binnengeldmarktes

Direkter und stärker als auf die Geldversorgung der Nichtbanken wirken internationale Geldmarktgeschäfte auf die kurzfristige Liquiditätssituation der Kreditinstitute; dies insbesondere dann, wenn ein leistungsfähiger Geld- und Devisenmarkt fehlt, der bei plötzlichen Zu- oder Abflüssen von Auslandsgeld als Puffer wirkt.

Am Schweizer Geldmarkt sind die kurzfristigen Anlagemöglichkeiten der Geschäftsbanken, etwa in Offenmarktpapieren, sehr beschränkt. Sollen die Geldmarktsätze stabil gehalten werden, so müssen Devisenzuflüsse wieder ins Ausland zurückgeleitet werden. Andererseits sind die Banken gezwungen, bei plötzlichen Liquiditätsanspannungen auf ihre Auslandsanlagen zurückzugreifen. Dies ist insbesondere zu den „Ultimo"-Terminen am Quartals- und vor allem am Jahresende der Fall; denn diese Termine sind Bilanzstichtage, zu denen die Banken gern hohe Barreserven ausweisen[40]. Solche „window-dressing"-Geschäfte sind auch in anderen Ländern üblich. Da jedoch in der Schweiz der Umfang der Transaktionen in laufender Rechnung im Vergleich zum Umfang der internationalen Geldmarktgeschäfte der Banken relativ gering ist, beeinträchtigen diese Operationen die Funktionsfähigkeit des Devisenmarktes wesentlich stärker als in anderen Ländern. Die Kassakurse der Anlagewährungen sinken im Zusammenhang mit der „Repatriierung" von Auslandsanlagen; gleichzeitig steigen die Terminkurse dieser Währungen für Fälligkeiten nach den „Ultimo"-Terminen stark an, weil die Banken die flüssigen Mittel unmittelbar nach den Bilanzstichtagen wieder ins Ausland transferieren und daher die am Kassamarkt angebotenen Devisen per Termin nachfragen. Die Kurssicherungskosten für die „Ultimo"-Geschäfte sind also sehr hoch; dementsprechend steigen auch die Schweizer Geldmarktsätze vorübergehend stark an.

---

[39] „Ganz allgemein gilt für Zeiten lang anhaltender Hochkonjunktur, daß mit der bloßen Verteuerung der Zinssätze ... eine restriktive ... Wirkung nicht herbeigeführt werden kann ... Aus diesem Grunde war die Marktpolitik der Nationalbank in den letzten Jahren in erster Linie darauf ausgerichtet, mit Hilfe einer konsequenten Stillegung von Rechnungsüberschüssen des Bundes und mit Hilfe der freiwilligen Haltung von Mindestguthaben der Banken ... zu einer Beschränkung der im Markte verfügbaren Mittel zu gelangen und es im übrigen solange wie möglich dem Markte zu überlassen, zu einer ... Zinsverteuerung zu schreiten ... Die Nationalbank versuchte ... dahin zu wirken, daß der Zinsfuß von $3^1/_2$ % für Hypothekdarlehen ... solange als möglich aufrechterhalten blieb, um Miet- und Agrarpreise ... abzuschirmen." (*Schweizerische Nationalbank* [Hrsg.]: Schweizerische Nationalbank 1907 bis 1957, S. 209 f.) — Vgl. auch *Peter Baur:* Wandlungen in der äußeren Währungspolitik der Schweiz seit dem Übergang zur Konvertibilität in Europa, Berner Diss., Zürich 1967, S. 95 f. (Fußnote 18), und die dort angegebene Literatur, sowie *Klein:* Die Kreditplafondierung, S. 170 ff.

[40] Auch der Geldbedarf der Nichtbanken steigt zum Jahresende stark an.

Solche kurzfristigen, rein „technisch“ bedingten Spannungen am Geld- und Devisenmarkt können vermieden werden, wenn die Notenbank die zu den Anspannungsterminen zurückgerufenen Auslandsguthaben der Geschäftsbanken vorübergehend „in Pension“ nimmt, d. h. mit den Kreditinstituten Swapgeschäfte mit Laufzeiten von wenigen Tagen oder Wochen abschließt. Dadurch wird lediglich die vorübergehende Umwandlung von Sekundärreserven in Zentralbankgeld erleichtert; eine Erhöhung der Bankenliquidität — die sich aus Bar- und Sekundärreserven zusammensetzt — findet nicht statt.

Die Schweizerische Nationalbank setzte ihre Devisenterminpolitik dementsprechend zu den Anspannungsterminen insbesondere am Jahresende wiederholt mit dem Ziel ein, abrupte Zins- und Kursschwankungen am heimischen Geld- und Devisenmarkt zu vermeiden[41]. Auch die Liquiditätsverknappungen am *deutschen* Geldmarkt, die regelmäßig zu den Steuerterminen und am Monatsende auftreten, könnten durch kurzfristige Swapgeschäfte der Bundesbank gemildert werden; diese verzichtete allerdings bisher auf solche Operationen, teilweise erschwerte sie sogar die „Repatriierungen“ zum Jahresende[42].

III. Stützung der internationalen Währungsordnung

Internationale Geldbewegungen, die sich der Kontrolle der Zentralbanken entziehen, erschweren die Kreditpolitik in den betroffenen Ländern und führen im Ursprungsland der Geldbewegung zu einem Verlust an internationaler Liquidität. Darüber hinaus untergraben sie, wenn sie einen gewissen Umfang erreichen, das Vertrauen in bestimmte, als „abwertungsverdächtig“ geltende Währungen oder in den Bestand der internationalen Währungsordnung überhaupt. Im Vordergrund devisenpolitischer Zielsetzungen der Zentralbanken stand daher neben kreditpolitischen Gesichtspunkten der Wunsch, zur Stabilisierung der bestehenden Weltwährungsordnung beizutragen und einen Liquiditätsausgleich auf internationaler Ebene herbeizuführen. Dieses Ziel sollte durch Schonung der amerikanischen Goldreserven, die Stützung schwacher Währungen und die Übertragung eines Teils der offiziellen Währungsreserven auf den Geschäftsbankensektor erreicht werden.

---

[41] Vgl. dazu S. 108 f.

[42] Vgl. Gb-Bbk 1962, S. 17. — Die periodischen Liquiditätsanspannungen am deutschen Geldmarkt entstehen dadurch, daß dem Geschäftsbankensektor zu den Steuerterminen in Höhe der jeweils fälligen Steuerbeträge Zentralbankgeld entzogen wird; denn die öffentlichen Stellen sind nach § 17 BBG verpflichtet, ihre Guthaben im wesentlichen bei der Notenbank zu unterhalten, während die Steuerschuldner ihre Konten in der Regel bei Geschäftsbanken führen lassen.

1. Rahmenbedingungen

Das System von Bretton Woods, das die monetären Voraussetzungen für die Ausweitung und das ausgeglichene Wachstum des Welthandels nach dem Zweiten Weltkrieg schaffen sollte[43], beruht im wesentlichen auf der mehr oder weniger weitgehenden Austauschbarkeit der Währungen der Mitgliedsländer in einem festen Verhältnis und auf den Kreditfazilitäten des IWF, die die Mitglieder unter bestimmten Voraussetzungen in Anspruch nehmen können. Die Aufrechterhaltung der Währungsparitäten an den Devisenmärkten wird dadurch gewährleistet, daß die Zentralbanken oder andere Interventionsinstanzen die eigene Währung je nach Marktlage gegen Devisen abgeben oder ankaufen, sobald ihr Kurs bestimmte Grenzen über- oder unterschreitet. Als Interventionswährung dient dabei der US-Dollar; denn dieser ist aufgrund der Bereitschaft des amerikanischen Schatzamts, Dollars jederzeit in einem bestimmten Verhältnis in Gold einzulösen oder gegen Gold abzugeben, internationales Reservemittel und zugleich wichtigste Welthandelswährung[44].

Die zunehmende Instabilität des Weltwährungssystems rührt daher, daß nach der Dollar-Knappheit der ersten Nachkriegsjahre das anhaltende Defizit der amerikanischen Zahlungsbilanz seit Ende der fünfziger Jahre zu einer Akkumulation von Dollarguthaben im Ausland führte. Gleichzeitig verminderte die Einlösung von Teilbeträgen dieser Forderungen den Goldvorrat des amerikanischen Schatzamts zusehends. Da Ende 1958 die Konvertibilitätsbeschränkungen der wichtigsten Währungen weitgehend aufgehoben wurden, schlug sich der Vertrauensschwund gegenüber dem Dollar und in noch stärkerem Maße gegenüber dem Pfund Sterling — das in den Ländern des sog. Sterling-Blocks das wichtigste Reservemittel bildete — in immer umfangreicheren kurzfristigen Kapitalbewegungen nieder.

Hinzu kam, daß mit der Ausweitung des Welthandelsvolumens Überschüsse und Defizite in den Handelsbilanzen und damit tendenziell auch in den Zahlungsbilanzen der einzelnen Länder zunahmen. Die internationalen Zahlungsmittel — Dollars und Gold — sammelten sich bei einzelnen Zentralbanken, insbesondere der Deutschen Bundesbank, der

---

[43] Art. I IWF-Abkommen.

[44] Die Goldkonvertibilität des US-Dollars, die auf das sog. Dreimächteabkommen zwischen den Vereinigten Staaten, Frankreich und Großbritannien vom 25. 9. 1936 zurückgeht, wurde am 15. 8. 1971 aufgehoben, nachdem viele Notenbanken schon seit Beginn der sechziger Jahre stillschweigend auf die Konversion ihrer Dollar-Forderungen verzichtet hatten. Seither kann die Reservefunktion der amerikanischen Währung nur noch mit Traditionsgründen und ihrer Verwendbarkeit als internationales Zahlungsmittel erklärt werden.

Nederlandschen Bank und der Schweizerischen Nationalbank, an, während die übrigen Länder in entsprechendem Umfang internationale Liquidität verloren.

Aufgrund der Ungleichgewichte in den Devisenbilanzen der wichtigsten Welthandelsländer entstanden umfangreiche Außenmärkte für verschiedene Währungen, die unter dem Begriff „Euro-Geldmarkt“ zusammengefaßt werden[45].

Der größte Teilmarkt davon ist der „Eurodollarmarkt“. Er wurde Ende der fünfziger Jahre von den Londoner Merchant Banks ins Leben gerufen[46] und entwickelte sich innerhalb weniger Jahre zum wichtigsten Markt für kurzfristigen Kredit in Europa. Der Grund für diesen raschen Aufschwung ist in der Entwicklung der amerikanischen Zahlungsbilanz, dem wachsenden Mißtrauen gegenüber dem Pfund Sterling, der Beschränkung der Vergabe von Pfund-Krediten an Ausländer im Jahre 1957 und vor allem in den institutionellen Gegebenheiten des amerikanischen Geldmarkts zu sehen. Aufgrund einer Anweisung des Board of Governors des Federal Reserve Systems („Regulation Q“) dürfen Einlagen mit einer Laufzeit bis zu dreißig Tagen bei amerikanischen Banken überhaupt nicht, längerfristige Einlagen nur zu bestimmten Höchstsätzen verzinst werden. Hochverzinsliche Geldmarktpapiere, wie z. B. Bankakzepte, sind in der Regel für Ausländer nicht greifbar, weil sie von den amerikanischen Banken im Portefeuille gehalten werden. Daher beschränken sich die Anlagemöglichkeiten ausländischer Inhaber von Dollar-Forderungen im wesentlichen auf den Sektor der — relativ niedrig verzinslichen — Staatspapiere.

Andererseits sind amerikanische Geldmarktkredite für Ausländer relativ teuer; denn der amerikanische Geldmarkt ist weitgehend „binnenorientiert“. Der Kreditgeber kann daher die Bonität des ausländischen Kreditnehmers oft nicht sicher beurteilen und verlangt deswegen bei der Verzinsung einen Risikozuschlag. Außerdem müssen Kreditneh-

---

[45] Parallel dazu entwickelte sich im „Euro-Kapitalmarkt“ ein Außenmarkt für langfristigen Kredit.

[46] *Gordon Tether:* Dollars — Hard, Soft and Euro. The Banker, Vol. CXI (1961), S. 400. — Zum Eurodollarmarkt vgl. insbesondere *Henning Brandes:* Der Euro-Dollarmarkt. Wiesbaden 1968. — *Paul Einzig:* The Euro-Dollar-System. 4th ed. London 1970. — *H. W. Mayer:* Some Theoretical Problems relating to the Euro-Dollar-Market. Princeton 1970. — *Danièle Blondel:* Eurodollars et liquidité internationale. Economie Appliquée, Tome XXIII (1970), S. 59 ff. — *Jean-Pierre Daloz:* Euro-dollars et deficits. Economie Appliquée, Tome XXIII (1970), S. 91 ff. — *Fred H. Klopstock:* The Euro-Dollar-Market. Some unresolved Problems. Princeton 1968. — *A. K. Swoboda:* The Euro-Dollar-Market. An Interpretation. Princeton 1968. — *Robert Widmer:* Der Euromarkt. Frankfurt a. M. 1969. — Über die laufende Entwicklung informieren die Jahresberichte der Bank für Internationalen Zahlungsausgleich (34. Jahresbericht [1963/64] uff.) und die Berichte von *Coombs* (Report, a.a.O., Vol. 53 [1967] uff.).

mer in den Vereinigten Staaten ein zinsloses Guthaben (sog. „compensating balance") von etwa 20 bis 30 % der Kreditsumme als „working balance" unterhalten, wodurch sich der Kredit zusätzlich verteuert.

Aus dem Mißverhältnis zwischen den am amerikanischen Geldmarkt zu zahlenden Kreditzinsen und der bei der Anlage flüssiger Mittel erzielbaren Rendite ziehen europäische Banken und die europäischen Niederlassungen amerikanischer Institute — auf die die amerikanischen Bestimmungen keine Anwendung finden — Nutzen, indem sie Dollar-Guthaben untereinander zu Konditionen handeln, die sowohl für den Kreditnehmer als auch für den Kreditgeber günstiger sind als die des amerikanischen Geldmarkts[47]. Auch Industrieunternehmen, Zentralbanken und die Bank für Internationalen Zahlungsausgleich beteiligen sich an den Transaktionen.

Wegen der relativ geringen Zahl der Marktteilnehmer, der hohen Umsätze und der festen Handelsgepflogenheiten, die sich im Laufe der Zeit herausgebildet haben, besitzt der Euro-Geldmarkt eine hohe Transparenz, so daß sich Zins- und Swapsätze für die einzelnen Währungen im Gleichgewicht befinden. Zinsunterschiede zwischen den einzelnen Währungen werden also in erster Linie durch die entsprechenden Kurssicherungskosten bestimmt; unterschiedliche Zinssätze für Kredite in einer bestimmten Währung und mit fester Laufzeit sind in der Regel auf Unterschiede in der Bonität der Kreditnehmer zurückzuführen. Die Veränderung der Terminkurse einer Währung schlägt sich also in entsprechenden Zinsänderungen dieser Währung nieder. Umgekehrt können autonome Zinsänderungen in einem Land die Kurssicherungskosten für die entsprechende Währung beeinflussen.

2. Einsatzmöglichkeiten der Devisenterminpolitik

Das anhaltende amerikanische Zahlungsbilanzdefizit der sechziger Jahre führte zu einem steten Schwund des Vertrauens in den Dollar und das bestehende Weltwährungssystem. Gleichzeitig trug es zur Ausweitung des Eurodollarmarkts bei und lieferte damit die Voraussetzungen für umfangreiche kurzfristige Kapitalbewegungen. Der Deutschen Bundesbank und der Schweizerischen Nationalbank war jedoch wegen der starken wirtschaftlichen Verflechtung ihrer Länder mit dem Ausland daran gelegen, vorübergehende Belastungen der internationalen Währungsordnung so weit wie möglich zu mildern. Denn diese können zur Beschränkung des freien Devisenverkehrs und zu handelspolitischen Restriktionen einzelner Länder führen, die in größerem Umfang Devisen

---

[47] Die Spanne zwischen „Geld-" und „Brief"-Sätzen für Eurodollarkredite beträgt 3/16 bis 1/2 % p. a.; bei Euro-D-Mark- und Euro-Franken-Krediten sind sie etwas höher.

verlieren. Die beiden Zentralbanken versuchten deshalb, „einerseits durch Stützungsmaßnahmen zugunsten anderer Währungen und enge Zusammenarbeit mit anderen Notenbanken zur Erhaltung und Stärkung der internationalen Währungsordnung beizutragen und andererseits von außen kommende Störungen aufzufangen oder abzuschwächen, wobei je nach den Verhältnissen bald die eine, bald die andere dieser beiden Zielsetzungen im Vordergrund" stand[48].

Eine direkte Währungshilfe durch Terminabschlüsse der Notenbanken mit Kreditinstituten ist nur möglich, wenn die Kurssicherung auf bestimmte Anlageobjekte beschränkt wird, etwa kurzfristige Staatspapiere des Landes, dem die Währungshilfe gewährt werden soll. Da die Rendite dieser Titel meist relativ niedrig ist, muß die Notenbank entsprechend günstige Kurssicherungsbedingungen bieten, um einen Geldexport in Gang zu bringen; die Kosten der Intervention erhöhen sich dadurch tendenziell. Darüber hinaus übernimmt die Notenbank die Verpflichtung, die „schwache" Interventionswährung per Termin zu erwerben; dies ist insbesondere dann bedenklich, wenn es sich dabei nicht um eine Reservewährung handelt.

Kursrisiko und Interventionskosten entfallen, wenn die Notenbank mit der in Schwierigkeiten geratenen Zentralbank ein Swapgeschäft abschließt, indem sie die eigene Währung gegen die des Schuldnerlandes verkauft und gleichzeitig vereinbart, daß nach Ablauf einer bestimmten Frist ein Gegengeschäft zum gleichen Kurs abgeschlossen wird.

Interveniert eine Notenbank mit hohen Währungsreserven am freien Terminmarkt, so erfolgt die Währungshilfe indirekt und weniger gezielt; denn die Deutsche Bundesbank etwa hält ihre Devisenguthaben in amerikanischen Geldmarktanlagen, die Geldexporte der Geschäftsbanken hingegen fließen in der Regel an den Eurodollarmarkt und stehen hier den in Zahlungsbilanzschwierigkeiten geratenen Ländern als Kredite zur Verfügung. Durch den Gläubigerwechsel — die „Privatisierung" der Devisenreserven[49] — erhöht sich also die internationale Mobilität der Dollar-Reserven und damit die internationale Liquidität[50].

---

[48] *Lademann:* Chronik, a.a.O., 18. Jg. (1963), S. 329 f. — Vgl. auch Mb-Bbk, April 1962, S. 6, und Gb-Bbk 1968, S. 23.

[49] Devisenreserven — „national" und privat. ZfgK, 11. Jg. (1958), S. 1022.

[50] Strenggenommen findet eine Verminderung der internationalen Liquidität nur statt, wenn sich der Gesamtbestand an internationalen Zahlungsmitteln vermindert. Dies ist etwa bei einer Einlösung von Dollar-Guthaben in Gold der Fall; denn dabei bleibt der internationale Goldvorrat konstant, und die Summe der Devisenreserven der Zentralbanken nimmt ab. Faktisch verringert sich die internationale Liquidität aber schon dann, wenn sich Ungleichgewichte im internationalen Zahlungsverkehr außerhalb der Vereinigten Staaten verstärken, wenn also Länder mit an sich schon geringen Reserven Devisen verlieren, die zu Zentralbanken mit hohen Reserven fließen.

Da der Schweizer Franken gesetzlich an das Gold gebunden ist[51], war die Nationalbank seit jeher bestrebt, ihre Währungsreserven in Gold zu halten. Ihren Bestand an kurzfristigen Auslandsforderungen versuchte sie auf den Betrag zu beschränken, der zur Abwicklung des internationalen Zahlungsverkehrs der Schweiz erforderlich war[52]. Geldzuflüsse aus dem Ausland mußten also dazu führen, daß sie die Dollar-Forderungen, die sie gegen eigene Währung angekauft hatte, dem amerikanischen Schatzamt zur Goldeinlösung präsentierte. Dadurch wäre jedoch in Zeiten währungspolitischer Unsicherheit — die ja in den internationalen Geldbewegungen gerade zum Ausdruck kommt — das Vertrauen in die Stabilität des Dollars weiter untergraben worden.

Die Einlösung von Dollar-Guthaben in Gold kann vermieden werden, wenn die Geschäftsbanken diese Forderungen erwerben. Das kann dadurch geschehen, daß die Nationalbank die Kurssicherungsbedingungen durch Interventionen am Devisenterminmarkt soweit verbessert, daß ein Geldexport zustande kommt. Mit dem Ankauf von Termindevisen würde die Notenbank jedoch ein Kursrisiko eingehen, das durch die Haltung der Währungsreserven in Gold gerade vermieden werden soll; Devisentermingeschäfte auf eigene Rechnung waren ihr daher bis Mitte 1971 nicht gestattet. Das Kursrisiko kann jedoch vermieden werden, wenn sie mit den amerikanischen Währungsbehörden (Schatzamt bzw. Federal Reserve Bank of New York) ein Zentralbanken-Swapgeschäft in der oben beschriebenen Form abschließt. Sie leiht dann ihre eigene Währung gegen Dollars aus, und das amerikanische Schatzamt kann mit den erhaltenen Franken-Guthaben Dollar-Reserven der Nationalbank zurückkaufen. Da diese durch den Abschluß des Swapgeschäfts ein zusätzliches, aber kursgesichertes Dollar-Guthaben erhält, läuft die Transaktion per Saldo auf die Kurssicherung der Devisenreserven der Nationalbank hinaus. Diese kursgesicherten Devisen können an die Geschäftsbanken weitergegeben werden, so daß das Bedürfnis nach einer Goldkonversion vollends entfällt. Allerdings eignen sich derartige Transaktionen nur zur Überbrückung kurzfristiger Vertrauenskrisen. Fließen die Auslandsgelder nicht wieder ab, so läßt sich die Goldeinlösung auf die Dauer nicht vermeiden.

In der Bundesrepublik steht die Einlösung von Devisenreserven in Gold im freien Ermessen der Notenbank, da die D-Mark nicht an das Gold gebunden ist und auch traditionelle Bindungen hinsichtlich der Reservehaltung weniger stark sind als in anderen Ländern. Dem Argument, daß die Übertragung von Dollar-Guthaben von der Notenbank

---

[51] Vgl. Fußnote 29.

[52] Dieser Plafond betrug in den sechziger Jahren 600 bis 800 Mio. sFr.; vgl. *Peter Janocha:* Intervention und Kooperation der Zentralbanken auf den Devisenmärkten nach dem Zweiten Weltkrieg. Tübingen 1966. S. 42, 89.

auf Geschäftsbanken, die durch Kurssicherungsgeschäfte der Notenbank erleichtert wird, die Gefahr eines Rückgangs der amerikanischen Goldbestände vermindert[53], kann also im Falle der Deutschen Bundesbank nicht zugestimmt werden. Es wäre nur dann berechtigt, wenn die Bundesbank grundsätzlich einen bestimmten Teil ihrer unbeschränkt verwendbaren Währungsreserven in Gold halten würde, was tatsächlich nicht der Fall ist. Vielmehr war bei Geldexporten die Möglichkeit nicht auszuschließen, daß die Dollarguthaben über den Euro-Geldmarkt zu den Notenbanken anderer Länder flossen, die „seit jeher den größten Teil ihrer Währungsreserven in Gold und nur die für die Devisenoperationen unmittelbar benötigten Betriebsguthaben in Dollar ... (halten, Anm. d. Verf.), so vor allem die Schweiz, Holland, Belgien und Großbritannien“[54]. In diesem Fall würde aufgrund der Geldexportpolitik der Bundesbank tendenziell eine Verminderung der amerikanischen Goldreserven eintreten.

Auch der Wunsch der beiden Notenbanken, durch Devisentermingeschäfte die offiziellen Währungsreserven zu verringern, zielte zum Teil auf die Stabilisierung der internationalen Währungsordnung. Denn der Anstieg der Reserveposition einer Notenbank führt häufig zu spekulativen Aufwertungserwartungen. Als Folge davon fließen der Notenbank weitere Devisen zu, während andere Zentralbanken in entsprechendem Umfang Währungsreserven verlieren. Dadurch werden bestehende Zahlungsbilanzungleichgewichte akzentuiert, und Länder mit schwachen Währungen können gezwungen werden, ihren Zahlungsverkehr mit dem Ausland zu beschränken.

IV. Sonstige Zielsetzungen

Die starke Zunahme der deutschen Gold- und Devisenreserven in den fünfziger Jahren weckte in anderen Ländern teilweise falsche Vorstellungen über den Umfang möglicher Kapitalleistungen der Bundesrepublik an das Ausland, etwa im Rahmen von Entwicklungshilfeabkommen, und ließ die Forderung nach einer Aufwertung der D-Mark laut werden[55]. Mit der Aufnahme ihrer Swapoperationen im Oktober 1958 versuchte die Bundesbank daher, die Geschäftsbanken zu veranlassen, ihre ausländischen Geldmarktanlagen zu Lasten der offiziellen Währungsreserven zu verstärken; die Kurssicherungsabschlüsse in den ersten Monaten sollten dabei als „Starthilfe“ dienen[56]. Auch später

---

[53] *Hein:* Geldmarktgeschäfte, S. 144.

[54] Gb-Bbk 1964, S. 35.

[55] Vgl. Gb-Bbk 1957, S. 31 ff., 54.

[56] Vgl. Mb-Bbk, Januar 1959, S. 12. — Mb-Bbk, Juli 1959, S. 6.

spielte der Gesichtspunkt der Verminderung der Währungsreserven eine Rolle; die Überschüsse, die sich im Warenverkehr der Bundesrepublik mit dem Ausland nach Abzug der Netto-Aufwendungen für Dienstleistungen, Übertragungen und langfristigen Kapitalexport ergaben, sollten also durch den Saldo des kurzfristigen Kapitalverkehrs und nicht durch die Zunahme der offiziellen Währungsreserven ausgeglichen werden. Damit sollte die Position der Bundesregierung bei internationalen Verhandlungen gestärkt werden.

Diese Zielsetzung läßt sich nicht unmittelbar aus der Aufgabenstellung der deutschen Notenbank herleiten[57]; die „Privatisierung" der Devisenreserven unter diesem Gesichtspunkt ist also nur vertretbar, wenn sich daraus keine Beeinträchtigung der eigentlichen währungspolitischen Aufgabe der Bundesbank ergibt. Die Erfolgsaussichten einer solchen Politik sind ohnehin begrenzt: Die Auslandsanlagen der Geschäftsbanken werden beim „window-dressing" zum Jahresende zum Teil in Zentralbankgeld umgewandelt, so daß die Devisenreserven der Bundesbank zum Bilanztermin entsprechend zunehmen[58].

In der Schweiz spielte der Gesichtspunkt der „Privatisierung" der offiziellen Währungsreserven keine Rolle. Die Nationalbank erleichterte den Geschäftsbanken im Gegenteil den Rückzug von Auslandsguthaben zum Jahresende, indem sie entsprechende Swapgeschäfte abschloß. Dabei erhöhte sich sowohl ihre eigene Liquidität, d. h. ihr Bestand an internationalen Zahlungsmitteln, als auch die der Geschäftsbanken. Dies lag durchaus im Interesse der Schweiz, der als Verwalterin internationaler Fluchtgelder daran gelegen sein muß, die hohe Zahlungsbereitschaft ihres Bankensystems sichtbar werden zu lassen.

B. Die Devisentermingeschäfte der Deutschen Bundesbank

Die Deutsche Bundesbank intervenierte erstmals am 6. Oktober 1958 am Devisenterminmarkt. Bis 1969 führte sie die Intervention fast ausschließlich in Form von Swapabschlüssen mit deutschen Geschäftsbanken durch. Reine („outright"-)Termingeschäfte schloß sie während dieser Zeit nur in geringem Umfang ab, zum Teil in Zusammenarbeit mit der Federal Reserve Bank of New York und dem amerikanischen Schatzamt. In den Jahren 1970 und 1971 führte sie hauptsächlich reine Terminabschlüsse und nur ausnahmsweise Swapgeschäfte durch. Daneben

---

[57] § 12 BBG verpflichtet die Bundesbank lediglich, „unter Wahrung ihrer Aufgabe die allgemeine Wirtschaftspolitik der Bundesregierung zu unterstützen".

[58] Vgl. *Hein:* Geldmarktgeschäfte, S. 148.

räumte sie der Federal Reserve Bank of New York seit 1962 im Rahmen eines Swapabkommens wiederholt kurzfristige D-Mark-Kredite ein.

I. Termingeschäfte mit Geschäftsbanken

1. Swapgeschäfte

Im Rahmen ihrer „Swapsatzpolitik“[1] veränderte die Deutsche Bundesbank, um ihre Interventionen den jeweiligen Gegebenheiten an den Geld- und Devisenmärkten des In- und Auslandes anzupassen, drei Parameter: den Swapsatz, die Laufzeit der Geschäfte und die Anlageobjekte, für die sie die Kurssicherung übernahm. Unverändert ließ sie die Interventionswährung (US-Dollar) und die Beschränkung ihrer Kurssicherungsabschlüsse auf den Geschäftsbankensektor.

a) Swapsatz[2]

Bis zum Sommer 1970 war die wichtigste Variable der Geldexportpolitik der Bundesbank der Swapsatz, d. h. der Report oder Deport, zu dem sie die zum amtlichen Kassa-Mittelkurs oder Marktkurs abgegebenen Devisen zurückkaufte. Er wurde unter Berücksichtigung des internationalen Zinsgefälles und der Liquiditätssituation der Kreditinstitute so festgesetzt, daß die Geldexporte in dem von der Bundesbank angestrebten Umfang stattfinden konnten; sobald dieser erreicht war, erhöhte die Notenbank die Kurssicherungskosten oder zog sich aus dem Markt zurück, schloß also zu den von ihr genannten Swapsätzen keine Geschäfte ab. Daraus folgt, daß sie tatsächlich nicht als Preisfixierer auftrat, wie dies aus der Wahl ihrer Aktionsparameter und der angewandten Interventionstechnik geschlossen werden könnte[3], sondern als Mengenfixierer; denn das Gesamtvolumen ihrer Abschlüsse wurde in der Praxis nicht durch ihre Kurssicherungskonditionen bestimmt, sondern die Notenbank tastete sich umgekehrt mit ihren Swapsätzen an das von ihr angestrebte Volumen heran[4]. Auf die Nachteile dieser

---

[1] *Lipfert:* Währungspolitik, S. 184. — Die Deutsche Bundesbank spricht meist von einer „Politik zur Förderung des Geldexports“.

[2] Vgl. dazu Tabelle 1 im Anhang.

[3] Vgl. *Ekhard Brehmer:* Official Forward Exchange Operations. The German Experience. Staff Papers, Vol. XI (1964), S. 395. — *Bernholz:* Bemerkungen, S. 485.

[4] Am 28. Dezember 1967 beispielsweise stieg das Swap-Engagement der Bundesbank so rasch an, daß die Notenbank den Deport für Termindollars zunächst auf 2,5 % p. a. und die Mindestlaufzeit auf 30 Tage erhöhte. Wenige Stunden später hob sie den Deport auf 3 % p. a. und am Nachmittag des gleichen Tages nochmals auf 3,5 % p. a. an. Insgesamt wurden an diesem Tage

Interventionstechnik wurde bereits eingegangen: Sie vergrößert gerade bei unübersichtlichen Marktsituationen die Nervosität, da die Kreditinstitute nicht wissen, wie lange die gerade gültigen Kurssicherungsbedingungen von der Notenbank aufrechterhalten werden, und erhöht tendenziell die Interventionskosten.

Als Entscheidungsgröße bei der Festlegung des Swapsatzes dienten der Bundesbank die am freien Markt bestehenden Kurssicherungsbedingungen und eine Reihe ausländischer Geldmarktsätze, die als repräsentativ für die Brutto-Rendite der Auslandsanlagen deutscher Geschäftsbanken angesehen werden. Um die Fristigkeit der Auslandsanlagen zu steuern, bot die Notenbank zeitweise von der Laufzeit der Geschäfte abhängige Kurssicherungsbedingungen an: Vom 29. Oktober bis zum 30. November 1959 waren die Deports für Kurssicherungsabschlüsse mit Laufzeiten von mehr als zwei Monaten 1/2 bis 1/4 % p. a., vom 30. März 1961 bis zum 9. März 1964 regelmäßig 1/4 % p. a. niedriger als die Deports für Swapgeschäfte kürzerer Laufzeit. Nach der Wiederaufnahme der Kurssicherungspolitik im Herbst 1967 setzte die Bundesbank am 29. November den Deport für Fälligkeiten zwischen dem 2. und dem 31. Januar 1968 auf 2,25 % p. a., für spätere Fälligkeiten bis zu einer Laufzeit von drei Monaten auf 2 % p. a. fest, am 1. Dezember wurden beide Deporte um 1/4 % p. a. vergrößert. Seit Oktober 1968 wurden Vorzugskonditionen in der Regel nur noch für Fälligkeiten innerhalb der letzten Dekade der Höchstlaufzeit gewährt, wobei sich für die Banken Kursvorteile von 1/8 bis 3/4 % p. a. ergaben. Nur ein einziges Mal, am 30. Dezember 1968, bevorzugte die Bundesbank Geldexporte kürzerer Laufzeit, indem sie für Fälligkeiten von 30 bis 60 Tagen 3 % p. a., für Fälligkeiten von 61 bis 90 Tagen 3 1/4 % p. a. als Kurssicherungskosten in Rechnung stellte.

Die Differenzierung der Swapsätze wurde insbesondere auch eingesetzt, um den Rückfluß von Auslandsanlagen kurz vor dem Jahresende zu bremsen, d. h. die „window-dressing"-Geschäfte einzuschränken. Bereits im Herbst 1959 lagen die Kurssicherungskosten für vor dem Jahresultimo fällige Geschäfte 1/4 bis 1/2 % p. a. höher als für spätere Fälligkeiten. Im Dezember 1961 versuchte die Bundesbank, durch Übernahme der Kurssicherung zu pari den Reexport des Geldzuflusses zum Jahresende in die Wege zu leiten. Auch im Oktober 1968 bot sie für Laufzeiten über den Jahresultimo hinaus günstige Kurssicherungsbedingungen; diese wurden seit dem 2. Oktober auf Geschäfte über 90 Tage, seit dem 10. Oktober auf Geschäfte über 81 bis 90 Tage und seit dem 7. November auf Geschäfte über 61 bis 90 Tage angewandt.

Kurssicherungsgeschäfte über 224 Mio. $ (entsprechend 900 Mio. DM) abgeschlossen. (Die Abwicklung der Geschäfte erfolgte erst zu Beginn des Jahres 1968, so daß sie erst im Januar 1968 statistisch ausgewiesen wurden.)

Gelegentlich lehnte die Bundesbank die Übernahme der Kurssicherung zum Jahresende fälliger Geschäfte überhaupt ab. So tätigte sie im Herbst 1962 keine Swapgeschäfte per Dezember, weil sie beim Rückfluß der im Ausland angelegten Mittel nervöse Reaktionen an den Devisenmärkten befürchtete[5]. Auch bei der Wiederaufnahme ihrer Kurssicherungspolitik nach der Abwertung des englischen Pfundes im November 1967 schloß sie nur Swapgeschäfte mit Fälligkeiten ab 2. Januar 1968 ab, und im November 1968 verlängerte sie die Mindestfristen für Terminabschlüsse auf zwei Monate, um sie am 2. Dezember wieder auf 30 Tage zu senken.

b) *Laufzeit*[6]

Für die Laufzeit ihrer Swapgeschäfte setzte die Deutsche Bundesbank regelmäßig Höchst- und Mindestfristen fest. Die Mindestfristen schwankten zwischen fünf Tagen[7] und drei Monaten, die maximale Laufzeit der Geschäfte betrug drei bis sechs Monate. Ursprünglich übernahm die Notenbank die Kurssicherung nur für volle Monate. Diese Einschränkung wurde bei der Wiederaufnahme der Geldexportpolitik am 24. August 1960 aufgehoben; seitdem konnten die Kreditinstitute innerhalb der festgelegten zeitlichen Grenzen Geschäfte jeder beliebigen Laufzeit abschließen[8]. Um die technische Abwicklung zu vereinfachen, ging die Bundesbank am 2. Oktober 1968 dazu über, Höchst- und Mindestfristen in Tagen statt in Monaten festzulegen.

Vom 10. März 1964 bis Ende 1965 wurden nur Termingeschäfte mit einer Mindestlaufzeit von drei Monaten abgeschlossen. Die Kreditinstitute konnten ihre Auslandsanlagen trotzdem vorzeitig auflösen, weil die Bundesbank bei der Berechnung der Kurssicherungskosten nur angefangene Monate — diese allerdings voll — berücksichtigte[9].

Durch die Festsetzung von Höchst- und Mindestfristen sollten die Geldexportpolitik flexibel gehalten und übermäßige Schwankungen in der Auslandsposition der Kreditinstitute aufgrund allzu kurzfristiger Geldexporte vermieden werden. Nun ist aber bei festen Wechselkursen

---

[5] Vgl. Gb-Bbk 1962, S. 17.

[6] Vgl. dazu Tabelle 1 im Anhang.

[7] Bis zum 28. Dezember 1967 schloß die Bundesbank Swapgeschäfte mit Fälligkeiten ab 2. Januar 1968 ab.

[8] Gb-Bbk 1961, S. 145 (Tabelle V/2, Fußnote 2).

[9] Vgl. *Hein:* Geldmarktgeschäfte, S. 172. — Die Auflösung der Geschäfte am Ende eines der ersten beiden Monate war also ohne Nachteil möglich. Bei Beendigung des Engagements zu einem anderen Zeitpunkt bestand auch die Möglichkeit, die anfallenden Devisen am Kassamarkt zu verkaufen und die Terminverpflichtung gegenüber der Notenbank durch ein Gegengeschäft am freien Terminmarkt auszugleichen.

das relative Kursrisiko umso höher, je kürzer die Laufzeit der Auslandsanlage ist, wenn man von dem Risiko einer Paritätsänderung einmal absieht[10]. Dadurch, daß die Notenbank Termingeschäfte in der Regel nur über wenigstens einen Monat abschloß, wurde die Swapsatzpolitik zur Regulierung kurzfristiger Verflüssigungen des Binnengeldmarkts, die aufgrund institutioneller Gegebenheiten in der Bundesrepublik mit einer gewissen Zwangsläufigkeit auftreten[11], unbrauchbar. Die Forderung nach einer gewissen Konstanz der Auslandsanlagen ist auch mit dem Wunsch der Bundesbank, einen möglichst großen Teil ihrer Devisenreserven auf die Kreditinstitute zu übertragen, schwer vereinbar; denn je höher die Auslandsanlagen der Banken sind, desto höher ist normalerweise der Anteil nur relativ kurzfristig verfügbarer Mittel, die bei vorübergehenden Liquiditätsanspannungen „repatriiert" werden müssen.

c) *Anlageobjekte*

Die Deutsche Bundesbank schloß Swapgeschäfte von Anfang an nur in einer Währung ab, dem US-Dollar. Dadurch wurde die Abwicklung wie auch die Festsetzung „marktgerechter" Konditionen erheblich vereinfacht. *Brehmer*[12] nennt als Gründe für die Beschränkung der Kurssicherungsgeschäfte auf die amerikanische Währung die Hoffnung der deutschen Notenbank, auf diese Weise das Vertrauen in den Dollar zu stärken und die internationale Zusammenarbeit auf währungspolitischem Gebiet zu verbessern, die Bevorzugung des Dollars als Anlagewährung durch die deutschen Geschäftsbanken, die sich in entsprechend hohen Länder- und Währungslimits[13] niederschlägt, und schließlich in der Leistungsfähigkeit des amerikanischen Geldmarkts, dessen Zinssätze selbst durch für deutsche Verhältnisse umfangreiche Kapitalbewegungen kaum beeinflußt werden[14]. Da aber sowohl am New Yorker Markt für Termin-D-Mark als auch am deutschen Markt für Termin-Dollars

---

[10] Das absolute Kursrisiko für eine Deviseneinheit ist gleich der Differenz zwischen Kassakurs und unterem Interventionspunkt; je länger der Anlagezeitraum ist, desto geringer ist die relative Belastung der Anlage pro Zeiteinheit mit diesem Risiko.

[11] Aufgrund des § 17 BBG sind Bund und Länder verpflichtet, ihre Guthaben im wesentlichen auf einem Girokonto bei der Bundesbank zu unterhalten, also in Form von Zentralbankgeld. Deshalb fließt dem Geschäftsbankensektor etwa bei den monatlichen Gehaltsüberweisungen der öffentlichen Stellen in großem Umfang Primärliquidität zu.

[12] *Brehmer:* Official Forward Exchange Operations, S. 395, 397, 399.

[13] Vgl. S. 19.

[14] Darüber hinaus würde die Bundesbank, wenn sie gleichzeitig eine zweite Währung — etwa das Pfund Sterling — in die Kurssicherung einbeziehen würde, auch die Kursrelation dieser Währung zum US-Dollar festlegen. Die Geschäftsbanken könnten also aus dem Unterschied zwischen $/£-Relation der

wegen der anhaltenden Exportüberschüsse der Bundesrepublik und den damit in Zusammenhang stehenden Kreditgeschäften ein Überangebot an amerikanischer Währung bestand, wurde der Zugang deutscher Kreditinstitute zu Dollaranlagen und — wegen der Leitwährungsfunktion des Dollars — auch zu anderen Fremdwährungsanlagen erschwert; denn eine Bank, die etwa holländische Schatzwechsel erwerben will, wird das entsprechende Swapgeschäft am Devisenmarkt häufig nicht direkt, sondern auf dem Umweg über den US-Dollar abschließen, weil sich dabei in der Regel günstigere Kurssicherungsbedingungen bieten.

Auch der Kreis der Anlageobjekte, für die die Bundesbank eine Kurssicherung gewährte, war von Anfang an festgelegt. Bis auf wenige Ausnahmen[15] waren Swapgeschäfte nur in Verbindung mit Geldanlagen im Ausland möglich. Aus der Beschränkung der Kurssicherung auf Dollars ergaben sich dabei für die Banken keine Nachteile, da die Gelder ohnehin zum größten Teil in New York oder am Eurodollarmarkt angelegt wurden und der Verkauf der kursgesicherten Dollars gegen andere Währungen in der Regel gestattet war. Von März 1964 bis November 1967 und vom 15. bis zum 22. November 1968 allerdings wurden Kurssicherungsgeschäfte nur für Anlagen in amerikanischen Schatzwechseln abgeschlossen.

Mit der kurzfristigen Ausdehnung der Swapgeschäfte auf die Finanzierung von Einfuhr- und Transithandelsgeschäften durch deutsche Banken in der Zeit zwischen dem 24. August und dem 11. November 1960 verfolgte die Bundesbank das Ziel, Geldimporte des Nichtbanken-Sektors in Form von Kreditaufnahmen im Ausland einzuschränken[16].

2. Reine Termingeschäfte

Die Deutsche Bundesbank führte „outright"-Termingeschäfte in größerem Umfang erst seit Mitte 1970 durch. Vorher wurden diese Operationen nur sporadisch zur Ergänzung der Swapsatzpolitik eingesetzt. Auch die amerikanischen Währungsbehörden intervenierten zeit-

---

Bundesbank und dem entsprechenden Wertverhältnis am freien Markt — das sich kurzfristig ändern kann — Gewinn ziehen. Vgl. dazu *Schwilling:* Die kursbildenden Faktoren, S. 118.

[15] Vom 24. August bis zum 11. November 1960 übernahm die Bundesbank auch die Kurssicherung für Import- und Transithandelsfinanzierungen, vom 27. November 1967 bis zum 14. November 1968 bestanden keine Verwendungsvorschriften für die von der Bundesbank abgegebenen kursgesicherten Dollars. Vgl. Gb-Bbk 1961, S. 145 (Tab. V/2, Fußnote 1). — Mb-Bbk, Oktober 1968, S. 94 (Tab. IV/2b, Fußn. 4). — Mb-Bbk, Juni 1970, S. 43* (Tab. V/3, Fußnote 3).

[16] Vgl. dazu S. 152.

weise am D-Mark-Dollar-Terminmarkt. Diese Interventionen werden im folgenden ebenfalls behandelt, da sie nach Absprache und in Zusammenarbeit mit der Bundesbank erfolgten und das Kursgleichgewicht am D-Mark-Dollar-Markt unmittelbar beeinflußten.

a) Die Interventionen der amerikanischen Währungsbehörden am D-Mark-Dollar-Terminmarkt

Nach Ende des Zweiten Weltkriegs beschränkten sich die Devisengeschäfte des amerikanischen Schatzamts zunächst auf den An- und Verkauf von Gold gegen eigene Währung, soweit Ungleichgewichte im Zahlungsverkehr der Vereinigten Staaten mit dem Ausland dies erforderlich machten. Das zunehmende amerikanische Zahlungsbilanzdefizit und die seit der Einführung der Ausländerkonvertibilität der wichtigsten europäischen Währungen bestehende Gefahr umfangreicher spekulativer Geldbewegungen jedoch veranlaßten das Schatzamt im Frühjahr 1961, die Interventionen am Devisenkassa- und am Devisenterminmarkt wieder aufzunehmen[17]. Es besaß in dem von ihm verwalteten „Exchange Stabilization Fund" geringe Fremdwährungsguthaben als Interventionsreserve, die in der Folgezeit durch die vorzeitige Rückzahlung der deutschen Nachkriegsschuld — die teilweise in D-Mark erfolgte[18] — und durch Devisenkäufe am Markt aufgestockt wurden. Die Interventionen wurden von der Federal Reserve Bank of New York abgewickelt.

Die Wiederaufnahme der Devisentermingeschäfte erfolgte am 13. März 1961. Auf der Grundlage einer kurz zuvor getroffenen Vereinbarung mit der Deutschen Bundesbank verkaufte das Schatzamt am New Yorker Markt zu den jeweils herrschenden Sätzen D-Mark gegen Dollars[19]. Die Laufzeit der Geschäfte betrug drei Monate. Ziel der Interventionen war, durch Senkung des Reports der D-Mark gegenüber der amerikanischen Währung die Abwicklung der Kurssicherung im Warenhandel über den Terminmarkt zu leiten und dadurch den Devisenzufluß bei der Bundesbank, der aus „hedging"-Operationen am Kassamarkt stammte, einzudämmen[20]. Gleichzeitig sollte der durch den hohen Re-

---

[17] Vgl. dazu *Coombs:* Report, a.a.O., Vol. 48 (1962), S. 1138—1143. — Gb-Bbk 1961, S. 76 f.

[18] Im März 1961 wurden 587 Mio $ zurückgezahlt, davon 100 Mio. $ in deutscher Währung. Dieser Betrag wurde dem amerikanischen Währungsausgleichsfonds zugeführt. Vgl. *Coombs:* Report, a.a.O., Vol. 48 (1962), S. 1141 ff. — Gb-Bbk 1961, S. 69.

[19] Im Verlauf der Interventionen verkaufte auch die Deutsche Bundesbank für Rechnung des amerikanischen Schatzamtes per Termin D-Mark gegen Dollars. Vgl. Gb-Bbk 1961, S. 77.

[20] Hedging ist die Übernahme eines kompensatorischen Risikos zur Abdeckung eines bestehenden Währungsrisikos. Besitzt beispielsweise ein Un-

port der D-Mark verursachte, zinsinduzierte Geldimport in die Bundesrepublik verringert werden.

Die Deutsche Bundesbank hatte sich bereit erklärt, dem amerikanischen Schatzamt die zur Erfüllung der Termingeschäfte benötigten D-Mark-Guthaben zu dem Kurs zu überlassen, zu dem das Schatzamt sie verkauft hatte. Dadurch entfiel für die amerikanische Währungsbehörde das Kursrisiko. Sie brauchte indes die deutsche Notenbank nicht in Anspruch zu nehmen, da sie die D-Mark am Devisenkassamarkt oberhalb des Interventionskurses der Bundesbank erwerben konnte.

Die Terminverpflichtungen des Schatzamts stiegen zunächst steil an und erreichten Mitte Juni 1961 ihren Höhepunkt bei 340 Mio. $. Da jedoch in den folgenden Monaten das Volumen der Neuabschlüsse niedriger war als das der fällig werdenden Geschäfte, konnte das Engagement bis Mitte Dezember vollständig abgebaut werden (vgl. Tabelle 2 im Anhang).

Nachdem die Interventionen des Schatzamts die Wirksamkeit von Devisentermingeschäften zum Schutz des Dollars erwiesen hatten, gab der amerikanische Offenmarktausschuß („Federal Open Market Committee") im Frühjahr 1962 seine Zustimmung zur Aufnahme von Devisenkassa- und Devisentermingeschäften durch das Federal Reserve System[21]. Zur Vorbereitung dieser Interventionen erwarb der „Special Manager" des Open Market Account vom Schatzamt Fremdwährungsguthaben aus dem Währungsausgleichsfonds und schloß ab März 1962 mit einzelnen Zentralbanken bilaterale Swapabkommen ab[22]. Seit 1962 intervenieren also auf amerikanischer Seite zwei Instanzen am Devisenmarkt: das Schatzamt und das Federal Reserve System. Beide wickeln ihre Geschäfte über die Federal Reserve Bank of New York ab, Devi-

---

ternehmen Exportforderungen in einer abwertungsbedrohten Währung, für die eine reguläre Kurssicherung am Devisenterminmarkt nicht möglich oder zu kostspielig ist, so wird es in dieser Währung einen Kredit in Höhe der Forderung aufnehmen und den Devisenbetrag gegen Inlandswährung verkaufen. Wird die fremde Währung gegenüber der eigenen abgewertet, so büßt das Unternehmen zwar einen Teil seiner Exportforderung (in Inlandswährung gerechnet) ein, gleichzeitig vermindert sich aber seine Verbindlichkeit gegenüber dem Ausland, da es die zur Rückzahlung benötigten Devisen nach der Abwertung billiger zurückerwerben kann. — Obwohl nach der Aufwertung der D-Mark im Frühjahr 1961 der Report der deutschen Währung gegenüber dem Dollar auf 4 % p. a. stieg, reichte das Angebot an Termin-D-Mark nicht aus, um die Kurssicherungsbedürfnisse im Außenhandel zu befriedigen. Daher erwarben ausländische Importeure D-Mark-Guthaben, und inländische Exporteure nahmen Fremdwährungskredite auf, um sich gegen Kursrisiken zu sichern. Der Deutschen Bundesbank flossen in entsprechendem Umfang Devisen zu.

[21] Vgl. Authorization Regarding Open Market Transactions in Foreign Currencies. Federal Reserve Bulletin, Vol. 48 (1962), S. 1150—1153.

[22] Vgl. dazu S. 98 ff., 115 f.

sentermingeschäfte zum Teil auch über die entsprechenden ausländischen Notenbanken. Sie stehen in engem Kontakt miteinander, so daß die Koordination der Transaktionen gesichert ist. Das Schatzamt beschränkt seine Interventionen in der Regel auf den Terminmarkt, das Federal Reserve System schließt in erster Linie Kassageschäfte ab. Die dafür benötigten Devisen erwirbt es entweder vom Schatzamt oder als Swap-Kredite von den betreffenden Zentralbanken.

Ende Januar 1964 setzte wegen der hohen Überschüsse, die die Bundesrepublik im zweiten Halbjahr 1963 im Warenverkehr mit dem Ausland erzielt hatte, ein starker Zustrom spekulativer Auslandsgelder nach Deutschland ein. Die Bundesbank und die amerikanischen Währungsbehörden mußten zur Stützung des Dollars umfangreiche Interventionskäufe am Kassamarkt vornehmen. Ende Februar verkaufte das Schatzamt neuerlich Termin-D-Mark, um Gerüchte über eine weitere Aufwertung der deutschen Währung zu zerstreuen und spekulative Geldbewegungen einzudämmen[23]. Bis Ende März wurden etwa 84 Mio. DM per drei Monate zu den jeweiligen Marktkursen, d. h. mit Deports zwischen 0,96 und 0,75 % p. a. verkauft, ein Teil davon über die Deutsche Bundesbank[24].

Die dritte „outright"-Intervention[25] der amerikanischen Währungsbehörden am D-Mark-Dollar-Markt erfolgte Ende August 1968, nachdem der Kassakurs der D-Mark aufgrund spekulativer Nachfrage innerhalb weniger Tage bis zum oberen Interventionspunkt gestiegen war. Federal Reserve System und Schatzamt verkauften bis Anfang September am New Yorker Markt Termin-D-Mark im Gegenwert von 33,8 Mio. $. Sie unterstützten damit die Deutsche Bundesbank, die die ihr zugeflossenen Dollars[26] durch die Verbesserung ihrer Kurssicherungsbedingungen ins Ausland zurückzuleiten versuchte, und stabilisierten das Zinsniveau am Eurodollarmarkt[27]. Die Laufzeit der Geschäfte schwankte zwischen einem und drei Monaten; die ersten Abschlüsse konnten daher bereits im Oktober, als der spekulative Druck nachließ, abgewickelt werden. Da der Dollar sich erholt hatte, konnte die New Yorker Reservebank die erforderlichen D-Mark-Guthaben am Kassamarkt erwerben.

---

[23] *Coombs:* Report, a.a.O., Vol. 50 (1964), S. 298, 1120 f., 1123 f.

[24] Bei ihren *Swap*geschäften stellte die Bundesbank ab 10. März 1964 nur einen Deport von 0,5 % p. a. in Rechnung.

[25] Ende Dezember 1966 schloß das Federal Reserve System Swapgeschäfte über 17,5 Mio. $ mit einer Laufzeit von einem Monat ab. Vgl. *Coombs:* Report, a.a.O., Vol. 53 (1967). S. 360.

[26] Zwischen dem 27. August und dem 6. September 1968 kaufte die Deutsche Bundesbank 1,7 Mrd. $ (entsprechend 6,8 Mrd. DM) am Devisenmarkt.

[27] *Coombs:* Report, a.a.O., Vol. 55 (1969), S. 211 ff., 214.

Anfang November 1968 setzte eine neue Spekulationswelle ein, in deren Verlauf die Bundesbank Dollars im Gegenwert von fast 10 Mrd. D-Mark ankaufen mußte[28]; sie schloß daher nach der Bonner Konferenz der Finanzminister und Notenbankgouverneure des Zehnerklubs in größerem Umfang „outright"-Termingeschäfte ab, um den Rückfluß der angekauften Devisen ins Ausland zu erleichtern. Diese Operationen wurden durch Terminmarktinterventionen des Federal Reserve Systems unterstützt, die zu den gleichen Bedingungen wie die Interventionen der Bundesbank erfolgten (Laufzeit drei Monate, Deport 3 % p. a.) und schließlich einen Umfang von 72,5 Mio. $ erreichten[29]. Die zur Abwicklung der Geschäfte benötigten D-Mark-Guthaben erwarb das Federal Reserve System am Devisenkassamarkt.

Der vorstehende Überblick zeigt, daß „outright"-Interventionen auf dem D-Mark-Dollar-Terminmarkt von den amerikanischen Währungsbehörden nur ausnahmsweise durchgeführt wurden; sie dienten dazu, in die Bundesrepublik geflossene Spekulationsgelder in das Ausland zurückzuleiten und Kurssicherungsgeschäfte im Außenhandel zu erleichtern, so daß der Umfang von Hedging-Operationen am Kassamarkt eingeschränkt werden konnte. Gleichzeitig wurde der Dollar-Kurs gestützt und die Einlösung von Dollar-Guthaben in Gold durch die Bundesbank vermieden.

b) Die Interventionen der Deutschen Bundesbank

Bis zum Herbst 1968 hatte die Deutsche Bundesbank den Kreditinstituten lediglich Kurssicherungsabschlüsse in Form von Swapgeschäften angeboten; diese zielten in erster Linie auf die Regulierung der ausländischen Geldmarktanlagen ab. Dem Kurssicherungsbedürfnis der Importeure und Exporteure, das gerade bei unübersichtlichen Devisenmärkten hervortritt, konnte damit grundsätzlich nicht entsprochen werden, da hierfür „outright"-Abschlüsse notwendig sind. Dies führte insbesondere seit Herbst 1968 immer wieder zum Abschluß sogenannter „Karussell-Geschäfte" durch die Kreditinstitute: Die Banken verkauften die Kassadevisen, die sie im Rahmen eines Swapgeschäfts erworben hatten, wieder an die Bundesbank, so daß per Saldo ein reiner Terminabschluß — Verkauf von Dollars gegen D-Mark — zustande kam. Dadurch waren sie in der Lage, zu einem späteren Zeitpunkt fällig werdende Exportforderungen anzukaufen bzw. Kurssicherungsgeschäfte zu günstigen Bedingungen abzuschließen. Darüber hinaus wurden die aus

---

[28] Vgl. die Wochenausweise der Deutschen Bundesbank vom 31. 10. 1968 und vom 23. 11. 1968 (Gb-Bbk 1968, S. 156).

[29] Vgl. *Coombs:* Report, a.a.O., Vol. 55 (1969), S. 216. — Die Deutsche Bundesbank kaufte am Devisenterminmarkt 246 Mio. $ (entsprechend etwa 1 Mrd. DM) an.

„Karussell-Geschäften" anfallenden Dollar-Terminverbindlichkeiten gegenüber der Bundesbank zum Aufbau spekulativer Positionen in Termindevisen verwendet. Schließlich konnte mit Hilfe von „Karussell-Geschäften" aus dem Unterschied zwischen den Terminsätzen des freien Markts und denen der Bundesbank Gewinn gezogen werden. Die Banken nahmen zu diesem Zweck Dollar-Kredite auf und wandelten sie durch Kurssicherung am freien Markt in zinsgünstige D-Mark-Kredite um. Durch Reexport dieser Gelder ließ sich bei Abschluß eines Kurssicherungsgeschäfts mit der Bundesbank ein Nettozinsgewinn in Höhe der Differenz zwischen den Kurssicherungskosten des freien Markts und denen der Bundesbank abzüglich der — geringen — Spanne zwischen Geld- und Briefsätzen am Eurodollarmarkt erzielen[30].

Da sich die Nachfrage nach Termindollars am freien Markt infolge der „Karussell-Geschäfte" vergrößerte, stabilisierten die Swap-Abschlüsse der Bundesbank auch den freien Terminkurs der amerikanischen Währung. Dabei ging allerdings ein wesentlicher Vorteil der Swapsatzpolitik verloren, nämlich ihre im Vergleich zu „outright"-Geschäften größere Wirksamkeit, die auf der Beschränkung der Kurssicherung auf Geldexporte beruht. Um die Verwendung der von ihr abgegebenen kursgesicherten Devisen zum Aufbau spekulativer Positionen zu verhindern und „Karussell-Geschäfte" einzuschränken, schloß die Bundesbank zeitweise nur Kurssicherungsgeschäfte für Anlagen in amerikanischen Schatzwechseln ab und erhöhte die Mindestreservepflicht auf den Zuwachs der Verbindlichkeiten gegenüber dem Ausland auf 100 %. Wegen der vergleichsweise niedrigen Rendite der Schatzwechsel pflegen die Banken jedoch nur einen geringen Teil ihrer Arbitragefonds in diesen Titeln anzulegen; um hohe Geldexporte herbeizuführen, muß die Notenbank entsprechend günstigere Kurssicherungsbedingungen bieten[31].

Die praktischen Erfahrungen, die die Bundesbank mit ihren Swapgeschäften gesammelt hatte, führten offenbar zu einer kritischen Überprüfung der Kurssicherungspolitik; denn als die Notenbank ihre Interventionen im Juni 1970 wieder aufnahm, beschränkte sie sich auf den Abschluß reiner Termingeschäfte[32].

---

[30] Vgl. dazu Mb-Bbk, Juni 1969, S. 42. — Wurde beispielsweise im September 1969 am Eurodollarmarkt ein Dreimonatskredit zu 11 % p. a. aufgenommen, so konnte dieser durch Kurssicherung am freien Terminmarkt, wo der Dreimonats-Deport des Dollars 6 % p. a. betrug, in einen D-Mark-Kredit zu 5 % p. a. umgewandelt werden. Nach Abschluß eines Swapgeschäftes mit der Bundesbank zu 4 % p. a. standen dem Kreditinstitut für 9 % p. a. kursgesicherte Dollars zur Verfügung, die zu 11 % p. a. ausgeliehen werden konnten.

[31] Vgl. *Coombs:* Report, a.a.O., Vol. 55 (1969), S. 215.

[32] Die ersten selbständigen „outright"-Interventionen der Bundesbank erfolgten im November 1968 im Anschluß an die Bonner Konferenz der

Der erneute Einsatz der Devisenterminmarktpolitik stand im Zusammenhang mit der Freigabe des Wechselkurses des kanadischen Dollars am 1. Juni 1970. Nachdem die Bank of Canada bekanntgegeben hatte, daß sie bis auf weiteres keine Stützungskäufe am Devisenmarkt vornehmen werde, rechnete der Devisenhandel damit, daß auch andere Länder ihre Interventionspolitik ändern würden, und fragte verstärkt Währungen nach, bei denen er per Saldo eine Aufwertung erwartete, vor allem auch D-Mark. Darüber hinaus scheinen deutsche Banken und Nichtbanken in erheblichem Umfang ungesicherte Auslandsforderungen gehalten zu haben; denn der Dollar-Kurs hatte sich im Mai auf dem unteren Interventionspunkt eingependelt, ohne daß mit einer Paritätsänderung gerechnet wurde. Die Kurssicherungsabschlüsse wurden nun in Form von Devisentermingeschäften und Hedging-Operationen am Kassamarkt nachgeholt, so daß hier das Angebot weiter zunahm und die Kurssicherung für Geldexportgeschäfte sich verteuerte[33].

Am 15. Juni 1970 erklärte sich die Deutsche Bundesbank bereit, von den Geschäftsbanken Dreimonatsdollars[34] zu einem festen Kurs anzukaufen. Dieser betrug zunächst 3,6310 DM/$, wurde vorübergehend auf 3,6330 DM/$ angehoben, aber schon am 16. Juni wieder auf den alten Satz gesenkt[35]. Die Interventionstechnik hat sich also mit dem Einsatz des neuen terminmarktpolitischen Instruments stark gewandelt. Durch den Abschluß von Swapgeschäften war die Kursbildung am freien Devisenterminmarkt nur indirekt beeinflußt worden und die Swapsätze mußten dem wechselnden internationalen Zinsgefälle und den spekulativen Erwartungen regelmäßig — oft mehrmals an einem Tage — angepaßt werden. Nun fixierte die Bundesbank den Terminkurs und überließ die Kursbildung am Kassamarkt dem freien Spiel von Angebot und

---

Finanzminister und Notenbankgouverneure des Zehnerklubs. Die Deutsche Bundesbank kaufte zwischen dem 25. November und dem 2. Dezember 1968 246 Mio. $ am Devisenterminmarkt. Die Laufzeit der Geschäfte betrug drei Monate, der Deport 3 % p. a. Vgl. dazu *Coombs:* Report, a.a.O., Vol. 55 (1969), S. 216.

[33] Vgl. Mb-Bbk, Juni 1970, S. 9. — Mb-Bbk, Juli 1970, S. 13. — *Coombs:* Report, a.a.O., Vol. 56 (1970), S. 696 f.

[34] Die Termingeschäfte wurden normalerweise drei Monate und zwei Tage nach Abschluß fällig. Fiel dieser Termin auf einen Freitag, so wurde die Laufzeit um drei Tage, also bis zum darauffolgenden Montag, verlängert. Der Grund dafür ist die technische Abwicklung von Geldmarktgeschäften in New York. Vgl. dazu *Lipfert:* Internationaler Devisen- und Geldhandel, S. 59 f. — *Ders.:* Um eine bessere Devisenmarkt-Struktur. ZfgK, 20. Jg. (1967), S. 706 ff. — *H.-J. Scheiber:* Der begehrte Donnerstag-Dollar. ZfgK, 20. Jg (1967), S. 606 f.

[35] Vgl. Bundesbank interveniert erstmals am Devisenterminmarkt. Handelsblatt vom 16. 6. 1970, S. 1. — Bundesbank senkt den Ankaufskurs für Termindollar. Handelsblatt vom 18. 6. 1970, S. 33. — Mb-Bbk, September 1970, S. 43 f. — Die „outright"-Terminsätze werden im Gegensatz zu den Swapsätzen nicht veröffentlicht, sondern den Kreditinstituten auf Anfrage mitgeteilt.

Nachfrage, indem sie die Marge zwischen ihren „Geld"- und „Brief"-Sätzen, die vorher 10 bis 50 „Punkte" (0,1 bis 0,5 Pfg.) betragen hatte, auf 3,63 DM/$ (Geld) / 3,66 DM/$ (Brief) erhöhte. Der Kassakurs des Dollars wurde daher vom Terminkurs am freien Markt und dem internationalen Zinsgefälle bestimmt, wenn nicht spekulative Faktoren die Kursbildung beeinflußten. Daraus ergibt sich, daß die Festsetzung des Interventionskurses am Devisenterminmarkt knapp über dem im IWF-Abkommen vereinbarten Mindestkurs für Kassageschäfte nur so lange sinnvoll ist, wie die Zinssätze des Auslands über dem deutschen Binnenzinsniveau liegen. Ist diese Bedingung erfüllt, so ist die beschriebene Interventionstechnik geeignet, das Vertrauen in die Stabilität der internationalen Währungsordnung zu festigen; denn der Abschluß von Termingeschäften zu einem festen, innerhalb der Bandbreiten liegenden Kurs beeinflußt — insbesondere, wenn die Interventionen über einen längeren Zeitraum hinweg durchgeführt werden — die Kurserwartungen der Spekulanten. Auch der Kassakurs der amerikanischen Währung wird entsprechend den internationalen Zinsdifferenzen tendenziell angehoben.

Der Nachteil der von der Bundesbank durchgeführten starren Interventionspolitik besteht darin, daß sie eine aktive Geldexportpolitik erschwert und die Abhängigkeit der Zinspolitik vom Ausland erhöht. Ist das Binnenzinsniveau niedriger als das Zinsniveau im Ausland, so wird der Devisenkassakurs infolge der Nachfrage der Geldexporteure zwar ansteigen, bis der Swapsatz der Zinsniveaudifferenz entspricht; unter der — realistisch erscheinenden — Annahme, daß die Kurselastizität des Devisenangebots am Kassamarkt größer ist als die der Nachfrage am Terminmarkt, ist jedoch der Liquiditätsentzug bei einer aktiven Terminmarktpolitik größer als bei einer Fixierung des Terminkurses. Will die Notenbank ein gegenüber dem Ausland *höheres* Binnenzinsniveau bei beschränkter Liquidität aufrechterhalten, so können Geldzuflüsse aus dem Ausland — insbesondere im Bereich des Nichtbankensektors — nur durch die Verteuerung der Kurssicherungskosten für Geldimporte, also die Erhöhung des Terminkurses durch zusätzliche Nachfrage am Markt bei gleichzeitiger Senkung des Kassakurses, unterbunden werden. Da im Herbst 1970 das Binnenzinsniveau in Deutschland relativ hoch und Liquidität knapp war, während die Zinssätze am Eurodollarmarkt infolge der Erhöhung der zulässigen Habenzinsen auf Termineinlagen in den Vereinigten Staaten[36] und der expansiven amerikanischen Geldpolitik sanken, kamen Geldexporte für deutsche Kreditinstitute kaum

---

[36] Dadurch konnten die amerikanischen Banken Termineinlagen an sich ziehen, so daß sich ihre Kreditnachfrage am Euro-Geldmarkt verminderte. Vgl. *Coombs:* Report, a.a.O., Vol. 57 (1971), S. 192 f.

in Frage; vielmehr mußte die Bundesbank am Kassamarkt in erheblichem Umfang Devisen ankaufen, die aus Geldimporten stammten.

Bei der Wiederaufnahme ihrer Devisentermingeschäfte im Februar 1971 änderte die Bundesbank daher ihre Interventionspolitik: Sie kaufte über die Federal Reserve Bank of New York Termindollars am freien Devisenmarkt, so daß der Report der amerikanischen Währung gegenüber der D-Mark von 1¼ auf 2 % p. a. stieg und die kursgesicherten Geldimporte nach Deutschland nachließen. Da sich jedoch die Bruttozinsdifferenz zum Eurodollarmarkt vergrößerte und umfangreiche Interventionen erforderlich gemacht hätte, stellte die Bundesbank die Termindollar-Käufe Mitte März zunächst ein[37]. Mit Wirkung vom 1. April 1971 ermäßigte sie Diskont- und Lombardsatz um je 1 %, um das Binnenzinsniveau den Eurodollarsätzen anzugleichen[38], und kaufte vom 2. bis zum 28. April Termindollars am unteren Interventionspunkt an, um Geldexporte zu erleichtern und Aufwertungsgerüchte zu zerstreuen[39]. Der Umfang dieser Geschäfte betrug 1,5 Mrd. $[40].

II. Termingeschäfte mit anderen Zentralbanken

Die Devisentermingeschäfte, die die Deutsche Bundesbank mit anderen Zentralbanken abschloß, wurden außerhalb des freien Devisenmarkts abgewickelt. Da sie die Grundlage für eine Reihe von Interventionen bildeten, soll hier kurz darauf eingegangen werden. Wir beschränken uns dabei auf die Devisentermingeschäfte zwischen der Deutschen Bundesbank und der Federal Reserve Bank of New York, die aufgrund ihres Umfangs und ihrer Dauer eine Sonderstellung einnehmen.

1. Swapgeschäfte mit der Federal Reserve Bank of New York[41]

Nach den erfolgreichen Stützungsaktionen des amerikanischen Schatzamts am Terminmarkt für D-Mark und Schweizer Franken im Frühjahr

[37] Vgl. ebd., S. 791. — Das Interventionsvolumen betrug 537 Mio. $, entsprechend 1,95 Mrd. DM.

[38] Die deutschen Zinssätze für Dreimonatsgeld lagen im März durchschnittlich 2,4 % über den entsprechenden Eurodollarsätzen, im April betrug die Differenz nur noch 0,4 % p. a.

[39] Die Federal Reserve Bank of New York unterstützte diese Operationen, indem sie für Rechnung des Federal Reserve Systems 285 Mio. DM per Termin verkaufte. Vgl. *Coombs:* Report, a.a.O., Vol. 57 (1971), S. 788.

[40] Am 1. April schloß die Bundesbank Swapgeschäfte im Umfang von 600 Mio. $ ab. Vgl. *Coombs:* Report, a.a.O., Vol. 57 (1971), S. 792.

[41] Vgl. dazu *Janocha:* Intervention, insbes. S. 50 ff., 58 ff. — Gb-Bbk 1962, S. 28. — Gb-Bbk 1963, S. 32. — *Coombs:* Report, a.a.O., Vol. 48 (1962), uff., passim. — Tabelle 3 im Anhang.

1961 beschlossen die amerikanischen Währungsbehörden, durch Aufbau eines umfassenden Netzes von Swapabkommen mit anderen Zentralbanken die Voraussetzungen für vorübergehende Stützungsmaßnahmen vor allem am Devisenkassamarkt zu schaffen[42]. Insbesondere sollten durch die Abkommen Fremdwährungsguthaben bereitgestellt werden, um[43]

— plötzliche Schwankungen der Devisenkurse auszugleichen,
— Schwankungen der amerikanischen Goldvorräte zu vermeiden, soweit sie durch vorübergehende Ungleichgewichte im internationalen Zahlungsverkehr hervorgerufen wurden,
— den Vorrat an internationaler Liquidität dem steigenden Volumen des Welthandels anzupassen.

Unmittelbares Ziel dieser Vereinbarungen war also die Bereitstellung von Fremdwährungsguthaben in Form einer Kreditlinie bei der betreffenden Notenbank. Denn die amerikanischen Währungsreserven werden fast ausschließlich in Form von Gold gehalten, so daß die amerikanischen Währungsbehörden bei Interventionen an den Devisenmärkten auf die (geringen) Devisenbestände des Exchange Stabilization Fund bzw. den Kauf von Devisen gegen Gold angewiesen gewesen wären; die Verminderung der amerikanischen Goldreserven indes hätte der Spekulation gegen den Dollar Vorschub geleistet.

Die bilateralen Swapabkommen („Reciprocal Currency Agreements") wurden vom Federal Reserve System aufgrund einer Ermächtigung des Federal Open Market Committee vom Februar 1962 mit den entsprechenden ausländischen Notenbanken ausgehandelt[44]. Sie wiesen zwar von Fall zu Fall geringe Unterschiede auf, in ihren wesentlichen Punkten jedoch stimmten sie überein[45].

1. Die Abkommen haben den Charakter zweiseitiger Kreditvereinbarungen. Die Notenbanken verpflichten sich darin, ihre Währung für eine begrenzte Zeit und bis zu einem festgesetzten Höchstbetrag

---

[42] Die Anregung zum Aufbau eines Netzes bilateraler Swapabkommen zum Schutz des Dollars ging offenbar von der Schweizerischen Nationalbank aus, mit der 1962 auch die ersten Transaktionen probeweise durchgeführt wurden. Vgl. *Baur:* Wandlungen, S. 153. Einen entsprechenden Vorschlag machte Mitte 1961 *Frank M. Tamagna* (Central Banks and International Monetary Arrangements. Quarterly Review [Banca Nazionale del Lavoro], Vol. 14 [1961], S. 124 ff.).

[43] Vgl. Authorization, S. 1151.

[44] In einzelnen Fällen schloß auch das amerikanische Schatzamt Swapgeschäfte mit Zentralbanken ab, die aber den Charakter von Sondertransaktionen hatten. Vgl. z. B. die Stützungsaktion für die italienische Währung im Jahre 1964 (*Coombs:* Report, a.a.O., Vol. 50 [1964], S. 1127) und das Abkommen mit der Belgischen Nationalbank vom Mai 1971 (*Coombs:* Report, a.a.O., Vol. 57 [1971], S. 790).

[45] *Coombs:* Report, a.a.O., Vol. 48 (1962), S. 1147.

ihrem Partner auf Verlangen gegen ein entsprechendes Guthaben in dessen Währung zur Verfügung zu stellen. Die Höchstlaufzeiten wurden anfangs in der Regel auf drei Monate festgesetzt, später aber in den meisten Fällen auf zwölf Monate verlängert. In allen Verträgen ist nach Ablauf dieser Frist eine Erneuerung der Abkommen vorgesehen.

2. Alle Kreditgewährungen sind gegen Kursrisiken gesichert, da bei der Auflösung der Swapgeschäfte der Einstandskurs zugrunde gelegt wird.

3. Nicht in Anspruch genommene Fremdwährungsguthaben werden von beiden Parteien mit dem gleichen Satz verzinst; sie können jederzeit abgerufen werden.

4. Jede Partei ist berechtigt, nach Absprache mit der Gegenseite Devisenguthaben aus Swapgeschäften zur Abwicklung von Kassa- oder Terminmarktinterventionen zu verwenden.

Während also im Falle von Swapgeschäften zwischen Notenbanken und Geschäftsbanken oder zwischen Geschäftsbanken untereinander einer der Partner für den anderen eine Kurssicherung übernimmt und dafür in der Regel eine Prämie erhält, handelt es sich bei den hier beschriebenen Währungsswaps im wesentlichen um Kreditgewährungen an diejenigen Zentralbanken, die Ziehungen in einer von ihnen benötigten, „knappen" Währung vornehmen. Die Kurssicherung, die durch die Bereitstellung des Gegenwerts in der Währung des Kreditnehmers erfolgt, erleichtert zwar die Abwicklung derartiger Transaktionen, ist aber nicht das Antriebsmoment für deren Durchführung.

Die gegenseitige Kreditgewährung erfolgt entsprechend dem bilateralen Charakter der Swapabkommen in der Regel zwischen der Federal Reserve Bank of New York und der jeweiligen Zentralbank. In einigen Fällen wurden die Dollar-Guthaben jedoch faktisch von einer dritten Notenbank kreditiert. Ein Beispiel dafür ist die Swap-Ziehung der Banca d'Italia im Rahmen der Stützungsaktion für die italienische Lira im Frühjahr 1964. Die New Yorker Reservebank selbst nahm ihre Kreditlinie bei der Bundesbank in Anspruch, da die deutsche Zahlungsbilanz seit Frühjahr 1963 hohe Überschüsse aufgewiesen hatte. Per Saldo waren also die Fremdwährungs- und die Dollar-Position der Federal Reserve Bank of New York ausgeglichen, während die Bundesbank sich in einer Netto-Gläubigerposition, die Banca d'Italia in einer Netto-Schuldnerposition befand[46]. — Entsprechende Dreiecksgeschäfte

[46] Der dreiseitige Charakter der Kreditgewährung kommt auch in der Abwicklung der beiden Swapgeschäfte zum Ausdruck: Die italienische Notenbank zahlte ihren Swap-Kredit mit Hilfe einer Ziehung beim Internationalen

wurden über die Bank für Internationalen Zahlungsausgleich abgewickelt[47].

In der Praxis wurden die Kreditlinien vor allem für Interventionen am Devisenmarkt in Anspruch genommen; die New Yorker Reservebank verwendete sie darüber hinaus, um Dollar-Guthaben anderer Notenbanken gegen deren Währung anzukaufen, per Saldo also Dollar-Guthaben anderer Notenbanken kurszusichern[48]. Einige Ziehungen erfolgten probehalber, um die Arbeitsweise der Abkommen zu testen.

Ende 1971 bestanden Swap-Abkommen zwischen der Federal Reserve Bank of New York und vierzehn anderen Notenbanken sowie der Bank für Internationalen Zahlungsausgleich über insgesamt knapp 12 Mrd. $. In den zehn Jahren von 1962 bis Ende 1971 wurden auf diese Abkommen zusammen etwa 25 Mrd. $ gezogen, vor allem von den Vereinigten Staaten (12 Mrd. $) und Großbritannien (8 Mrd. $)[49].

Das gegenseitige Währungsabkommen zwischen der Deutschen Bundesbank und der Federal Reserve Bank of New York trat am 2. August 1962 in Kraft. Es sah zunächst eine gegenseitige Kreditlinie von 50 Mio. $ bei einer Laufzeit von drei Monaten vor und wurde bis Ende 1971 auf 1 Mrd. $ und sechs Monate Laufzeit erweitert[50]. Dies entspricht dem Dreifachen der bisherigen maximalen Inanspruchnahme nach der Pfundkrise im Herbst 1967.

Im einzelnen wurden die von der Federal Reserve Bank of York in Anspruch genommen D-Mark-Kredite[51] für folgende Transaktionen verwendet:

— Interventionen der amerikanischen Währungsbehörden am Devisenkassamarkt;
— Abwicklung von Devisentermingeschäften der amerikanischen Währungsbehörden;
— Absicherung des Währungsrisikos der von der Bundesbank gehaltenen Dollar-Reserven;
— Absicherung des Kursrisikos, das der Bundesbank aus den von ihr abgeschlossenen Swapgeschäften mit Kreditinstituten erwuchs.

Ziehungen zur Bereitstellung von D-Mark-Guthaben für vorübergehende Interventionen am Kassa- und — in seltenen Fällen — am

Währungsfonds zurück, die teilweise in D-Mark erfolgte. Die New Yorker Reservebank zahlte mit dem erlangten D-Mark-Guthaben ihre Swap-Verbindlichkeit gegenüber der Bundesbank zurück. Vgl. dazu *Coombs:* Report, a.a.O., Vol. 50 (1964), S. 1124 f.

[47] Vgl. S. 124 ff.

[48] Vgl. S. 102.

[49] Vgl. *Coombs:* Report, a.a.O., Vol. 50 (1964) uff.

[50] Vgl. Tabelle 3 im Anhang.

[51] Die Deutsche Bundesbank nahm das Swapabkommen bisher nicht in Anspruch.

Terminmarkt wurden am häufigsten vorgenommen. Damit wurde einem der Hauptziele der Swapabkommen, die der Gouverneursrat des Federal Reserve Systems im Jahre 1961 formuliert hatte, entsprochen[52].

Das zweite Hauptziel, die Schonung der amerikanischen Währungsreserven, wurde dadurch verwirklicht, daß die New Yorker Reservebank die D-Mark-Guthaben, die ihr aus Swapkrediten zur Verfügung standen, zum Ankauf von Dollar-Reserven der Deutschen Bundesbank verwendete. Zog die Federal Reserve Bank of New York beispielsweise auf ihre Kreditlinie bei der Bundesbank 400 Mio. DM, so erhielt die Bundesbank gleichzeitig ein kursgesichertes Guthaben von 100 Mio. $; ihre Währungsreserven erhöhten sich also um diesen Betrag. Kaufte die New Yorker Reservebank mit dem erworbenen D-Mark-Guthaben von der Bundesbank 100 Mio. $, so verminderten sich die deutschen Devisenreserven wieder auf den alten Stand; per Saldo hatte die Bundesbank für 100 Mio. $ ihrer Devisenreserven eine Kurssicherung erhalten. Da der Kurs, zu dem sich die New Yorker Reservebank zum Ankauf dieser Dollars verpflichtet hatte, dem Wertverhältnis der Währungen bei Inanspruchnahme des Kredits entsprach, war die Bundesbank nicht nur gegen eine Abwertung des Dollars, sondern auch gegen Verluste aus der Neubewertung ihrer Währungsreserven bei einer Aufwertung der D-Mark gesichert. Die Kurssicherung ihrer Dollar-Guthaben mit Hilfe von Swap-Geschäften war für die deutsche Notenbank also günstiger als die Einlösung der Devisenreserven in Gold; denn dessen Wert — in D-Mark ausgedrückt — sinkt bei einer Aufwertung der deutschen Währung.

In einigen Fällen erfolgten die soeben beschriebenen Kurssicherungsgeschäfte in Zusammenhang mit Swapgeschäften, die die Bundesbank mit deutschen Kreditinstituten abschloß[53]. Dabei übernahm die New Yorker Reservebank keine zusätzlichen Risiken, und auch das Kursrisiko der Bundesbank blieb gegenüber den beschriebenen Swaptransaktionen zur Kurssicherung ihrer Devisenreserven unverändert; denn die Bundesbank trägt grundsätzlich das gesamte Kursrisiko ihrer Devisenbestände, soweit diese nicht durch Sondervereinbarungen mit anderen Zentralbanken kursgesichert worden sind. Überläßt sie einen Teil ihrer Devisen kursgesichert den Kreditinstituten, so bleibt dieses Risiko unverändert. Kurssicherungsabschlüsse für Geldexportgeschäfte können

---

[52] Vgl. S. 99.

[53] „The Federal Reserve participated in this operation (den Swapabschlüssen der Bundesbank im November 1967, Anm. d. Verf.) by drawing $ 300 million equivalent of German marks on its swap line with the German Federal Bank, to this extent providing cover for part of the dollars purchased forward by that bank." (*Coombs:* Report, a.a.O., Vol. 54 (1968), S. 278.)

deshalb nur Anlaß, nicht der eigentliche Grund für den Abschluß von Swapgeschäften auf Notenbankebene gewesen sein[54].

Die Rückzahlung der Ziehungen auf das Swapabkommen erfolgte in der Regel durch D-Mark-Käufe der New Yorker Reservebank am Devisenmarkt, sobald das D-Mark-Angebot bei Kursen innerhalb der Bandbreiten genügend groß war[55]. Dabei kam der Reservebank zeitweise die Geldexportpolitik der Bundesbank zustatten, die die Nachfrage nach Dollars ansteigen ließ; auch Zinsänderungen und saisonale Einflüsse, insbesondere der Reexport zum Jahresende „repatriierter" Auslandsguthaben deutscher Kreditinstitute, führten vorübergehend zu einem größeren Angebot an deutscher Währung.

In einigen Fällen kaufte die Federal Reserve Bank of New York die benötigten Devisen vom Schatzamt, sofern dieses über entsprechende Guthaben verfügte, etwa aus Ziehungen beim Internationalen Währungsfonds oder Dollar-Käufen der Bundesregierung für den Erwerb von Rüstungsgütern in den Vereinigten Staaten. Auch von anderen Zentralbanken erwarb sie gelegentlich D-Mark-Guthaben, so im Mai 1968 100 Mio. DM von der Bank of Canada, die aus einer Kreditaufnahme der kanadischen Regierung am deutschen Kapitalmarkt stammten[56].

Ein Teil der Rückzahlungen erfolgte durch Umschuldungen, indem das amerikanische Schatzamt „nicht-technische" Ziehungen beim Internationalen Währungsfonds vornahm[57] oder einzelne Zentrabanken, so die Bank of Canada und die Banca d'Italia, beim Internationalen Währungsfonds D-Mark statt der an sich von ihnen benötigten Dollars kauften und diese an die Federal Reserve Bank of New York verkauften[58].

---

[54] Vgl. *Coombs:* Report, a.a.O., Vol. 54 (1968), S. 742.

[55] Bei Käufen am oberen Interventionspunkt der D-Mark hätte die Bundesbank in entsprechendem Umfang Dollars ankaufen müssen.

[56] Vgl. *Coombs:* Report, a.a.O., Vol. 54 (1968), S. 732.

[57] Dadurch, daß die Dollar-Ziehungen der IWF-Mitglieder Anfang der sechziger Jahre geringer waren als die Rückzahlungen in amerikanischer Währung, stiegen die Dollar-Reserven des Fonds auf 75 % der amerikanischen Quote. Der IWF nahm deshalb Rückzahlungen nur noch in anderen konvertiblen Mitgliedswährungen entgegen. Um diese den Notenbanken mit Rückzahlungsverpflichtungen gegen Dollars zur Verfügung stellen zu können, nahm das amerikanische Schatzamt seit Februar 1964 sog. „technische" Ziehungen in diesen Währungen vor, deren Notwendigkeit sich letztlich aus den Fonds-Statuten (insbesondere aus Art. V Abschn. 7) ergab. Im Gegensatz dazu stehen die regulären, „nicht-technischen" Ziehungen des amerikanischen Schatzamts, die zur Rückzahlung von Swapverbindlichkeiten oder zum Ankauf von Dollar-Reserven anderer Zentralbanken verwendet wurden.

[58] Vgl. *Coombs:* Report, a.a.O., Vol. 50 (1964), S. 1124; Vol. 51 (1965), S. 1236; Vol. 54 (1968), S. 270; Vol. 56 (1970), S. 692. — Seit 1970 verwendet das Federal Reserve System zur Rückzahlung von Swapkrediten auch dem Schatzamt zugeteilte Sonderziehungsrechte, während die Partner teilweise auf den Euro-

Eine andere Umschuldungsmöglichkeit war durch die Emission mittelfristiger D-Mark-Schuldverschreibungen („Roosa-Bonds") durch das amerikanische Schatzamt gegeben[59]. Eine solche Konversion führte die New Yorker Reservebank erstmals im Jahre 1963 durch, als aufgrund der anhaltenden Nachfrage nach deutscher Währung mit der fristgemäßen Rückzahlung eines Swap-Kredits durch D-Mark-Käufe am Devisenmarkt nicht gerechnet werden konnte. Die amerikanischen Währungsbehörden entschlossen sich daher, die Swapverbindlichkeiten durch Ausgabe eines „Roosa-Bonds" über 200 Mio. DM teilweise zu konsolidieren — „in line with the general policy of reserving swap facilities for countering flows that give evidence of being quickly reversible"[60].

2. Die Übernahme mittelfristiger D-Mark-Schuldverschreibungen des amerikanischen Schatzamts[61]

Ein den Swap-Abkommen sehr ähnliches Instrument schuf das amerikanische Schatzamt im Jahre 1962, indem es Schuldverschreibungen ausgab, die von ausländischen Notenbanken übernommen wurden und auf deren Währung lauteten. Unterschiede zwischen den beiden Kreditfazilitäten bestehen — abgesehen von der technischen Ausgestaltung — hinsichtlich des Umfangs, der Laufzeit und der Liquidität der Kredite. Die Laufzeit der bis 1970 ausgegebenen Titel lag zwischen 15 und 24 Monaten, war also zwei- bis viermal so lang wie die von Swap-Krediten. Während durch die Swap-Vereinbarungen Kredit*linien* geschaffen wurden, die je nach Bedarf in beliebigem Umfang in Anspruch genommen werden konnten, wurde mit der Ausgabe der Fremdwährungstitel der Kredit der ausländischen Notenbank in voller Höhe ausgeschöpft. Schließlich waren die Schuldverschreibungen etwas weniger liquide als

---

dollarmarkt zurückgreifen (vgl. *Coombs:* Report, a.a.O., Vol. 56 (1970), S. 691 f.). In anderen Fällen wurden Swap-Verbindlichkeiten durch Devisen-Dreiecksgeschäfte abgebaut. So erwarb die New Yorker Reservebank im Frühjahr 1968 vom Schatzamt und von der Bank of Canada zusammen 400 Mio. DM, die aus Ziehungen beim IWF stammten, und verkaufte sie gegen Lire an die Banca d'Italia; das Lira-Guthaben wurde zur Teilrückzahlung einer Swap-Verbindlichkeit gegenüber der italienischen Notenbank verwendet. Vgl. *Coombs:* Report, a.a.O., Vol. 55 (1969), S. 210.

[59] Vgl. unten.

[60] *Coombs:* Report, a.a.O., Vol. 50 (1964), S. 297. — Auch Swap-Verbindlichkeiten der Federal Reserve Bank of New York gegenüber anderen Zentralbanken wurden gelegentlich auf diese Weise abgetragen, doch machten diese Umschuldungen insgesamt nur einen geringen Prozentsatz der in Anspruch genommenen Swap-Kredite aus; vgl. *Coombs:* Report, a.a.O., Vol. 50 (1964), S. 1121.

[61] Vgl. dazu *Janocha:* Intervention, S. 85 ff. — *Coombs:* Report, a.a.O., Vol. 48 (1962) uff., passim. — Gb-Bbk 1962, S. 29. — Gb-Bbk 1963, S. 32. — Gb-Bbk 1964, S. 100. — Gb-Bbk 1968, S. 46. — Tabellen 4 und 5 im Anhang.

die jederzeit aktivierbaren Kreditlinien aus Swapvereinbarungen; in der Regel wurde vereinbart, daß sie unter bestimmten Voraussetzungen in (diskontierbare) amerikanische Schatzwechsel mit dreimonatiger Laufzeit umgetauscht werden konnten[62]. Die Mobilisierung des Dollar-Gegenwerts dieser Schuldverschreibungen war also für die Gläubiger-Länder im Falle eines plötzlichen Verlusts von internationaler Liquidität jederzeit möglich und fand auch statt, wie die Beispiele der Banca d'Italia im April 1964[63] und der Deutschen Bundesbank nach der Aufwertung der D-Mark im November 1969 zeigen[64].

Die Titel werden nach ihrem Initiator, dem frühern stellvertretenden Staatssekretär im amerikanischen Schatzamt, *Robert V. Roosa,* als „Roosa-Bonds" bezeichnet. Das Schatzamt verwendete die ihm aus den Emissionen zufließenden D-Mark in der Regel zum Ankauf von Dollar-Reserven der Bundesbank[65]. Diese erhielt damit die Möglichkeit, einen Teil ihrer Forderungen gegen das Ausland in eigener Währung zu halten; ähnlich wie im Falle der Kurssicherung der Währungsreserven durch Swapgeschäfte verringerte sich dadurch nicht nur ihr Währungsrisiko aus einer Abwertung des Dollars, sondern auch der mögliche Verlust aus der Wertminderung ihrer Währungsreserven im Verhältnis zur D-Mark bei einer Aufwertung der deutschen Währung.

Die Schuldverschreibungen gehören zu den Auslandsforderungen der Bundesbank; diese finanziert damit also Zahlungsbilanzdefizite anderer Länder[66]. Auf längere Sicht ist die Übernahme der Titel nur dann vertretbar, wenn die Ansammlung von Dollar-Reserven bei einzelnen Zentralbanken auf Zahlungsbilanzungleichgewichten außerhalb der Vereinigten Staaten beruht, da sie in diesem Fall lediglich die Inanspruchnahme der amerikanischen Goldbestände und damit eine mögliche Vertrauenskrise an den Devisenmärkten vermeiden hilft. Weist hingegen die Zahlungsbilanz der Vereinigten Staaten, die die Schuldverschreibungen ausgeben, ein Defizit auf, so besteht die Gefahr, daß bei der dargestellten „schmerzlosen Defizitfinanzierung" ähnlich wie bei der vorbehaltlosen Entgegennahme von Dollar-Guthaben durch die Noten-

---

[62] Gb-Bbk 1962, S. 29. — Auch die vorfristige Rückzahlung durch das amerikanische Schatzamt war unter gewissen Umständen vorgesehen, vgl. *Coombs:* Report, a.a.O., Vol. 52 (1966), S. 1317.

[63] Ebd., Vol. 50 (1964), S. 1126.

[64] Gb-Bbk 1969, S. 40. — Mb-Bbk, Juni 1970, S. 70* (Tabelle IX/6 a).

[65] Gb-Bbk 1962, S. 29. — Gb-Bbk 1963, S. 32. — Gb-Bbk 1964, S. 101. *Coombs:* Report, a.a.O., Vol. 49 (1963), S. 320; Vol. 50 (1964), S. 1126; Vol. 51 (1965), S. 385.

[66] Aufgrund des bestehenden Währungssystems mit dem US-Dollar als allgemeiner Interventionswährung ist die Akkumulation von Dollar-Reserven bei einzelnen Notenbanken nicht an ein Zahlungsbilanzdefizit der Vereinigten Staaten gebunden.

banken Maßnahmen zur Beseitigung des amerikanischen Zahlungsbilanzungleichgewichts als wenig dringlich empfunden werden[67].

Soweit der D-Mark-Erlös aus dem Verkauf der Zertifikate dazu diente, Interventionen am Devisenmarkt vorzunehmen, traten die Titel ebenfalls an die Stelle von Dollar-Reserven der Bundesbank; denn infolge der D-Mark-Abgaben der amerikanischen Währungsbehörden konnte die deutsche Notenbank ihre Dollar-Käufe entsprechend einschränken[68]. Gleiches gilt für den Fall, daß die vom Schatzamt erworbenen D-Mark zur Konsolidierung von Verbindlichkeiten aus der Inanspruchnahme des Swapabkommens mit der Bundesbank verwendet wurden; denn diese Verbindlichkeiten waren letztlich ebenfalls aufgrund von Interventionen am Devisenmarkt oder in Verbindung mit dem Erwerb von Dollarguthaben der Bundesbank entstanden.

Die Tilgung der „Roosa-Bonds" erfolgte wie die der Verbindlichkeiten aus Swapgeschäften in der Regel durch D-Mark-Käufe der amerikanischen Währungsbehörden am Devisenmarkt. Anfang 1969 und insbesondere nach der Aufwertung der D-Mark im Oktober 1969 erwarb die Federal Reserve Bank of New York die Deutsche Währung direkt von der Bundesbank, da diese infolge des hohen Devisenabflusses ihre Dollar-Reserven ergänzen mußte.

Im Rahmen der deutsch-amerikanischen Vereinbarungen über den Ausgleich von Devisenkosten für die Truppenstationierung von 1967 und 1968[69] gab das amerikanische Schatzamt zwei Serien mittelfristiger Wertpapiere („special medium term securities") zu je zwei Milliarden D-Mark mit Laufzeiten von 4 1/2 Jahren aus[70]. Bis auf die längere Laufzeit unterscheiden sich diese Titel kaum von den „Roosa-Bonds"; sie wurden ebenfalls von der Bundesbank übernommen[71] und sind im Falle

[67] Vgl. Gb-Bbk 1962, S. 29.

[68] Vgl. Gb-Bbk 1963, S. 33.

[69] Die Erklärungen des auswärtigen Amtes und des Department of State der Vereinigten Staaten zum Abschluß der deutsch-britisch-amerikanischen Dreiergespräche und der Wortlaut des Briefwechsels über die Reservepolitik der Bundesbank sind abgedruckt in den Auszügen aus Presseartikeln, Jg. 1967, Nr. 34, S. 1—4. — Zur Problematik des Devisenausgleichs vgl. *Helmut Gröner:* Devisenausgleich — ein wirksames Instrument der Zahlungsbilanzpolitik? Wirtschaftspolitische Chronik, Bd. 16 (1967), S. 209—240. — *Klaus Boeck/Henry Krägenau:* Devisenausgleich und Burden-Sharing. Hamburg 1971.

[70] Vgl. Tabelle 5 im Anhang. — *Lademann:* Chronik, a.a.O., 22. Jg. (1967), S. 137. — Gb-Bbk 1968, S. 46. — Die Forderungen werden in der Bilanz der Deutschen Bundesbank unter der Aktiv-Position 3 („Sonstige Geldanlagen im Ausland und Forderungen an das Ausland") ausgewiesen; vgl. Gb-Bbk 1967, S. 110.

[71] Schuldverschreibungen über insgesamt 500 Mio. DM wurden im Juni 1968 von sechs deutschen Geschäftsbanken übernommen, vgl. *Coombs:* Report a.a.O., Vol. 54 (1968), S. 724, 732.

einer nachhaltigen Abnahme der deutschen Währungsreserven vor Verfall einlösbar[72]. Den Gegenwert der Schuldverschreibungen verwendete das Schatzamt zum Ankauf von Dollar-Reserven der Bundesbank[73]. Im Jahre 1970 zahlte es zwei Milliarden D-Mark vor Fälligkeit zurück, als die Bundesbank Dollars für Interventionen am Devisenmarkt benötigte.

C. Die Devisentermingeschäfte der Schweizerischen Nationalbank

Auch im Falle der Schweizerischen Nationalbank läßt sich eine Einteilung der Terminabschlüsse in solche mit Geschäftsbanken und in solche mit ausländischen Währungsbehörden vornehmen. Während aber die Deutsche Bundesbank bei ihrer Interventionspolitik einen relativ weiten Handlungsspielraum hatte, bewegten sich die Terminoperationen der Nationalbank mit Geschäftsbanken in dem Rahmen, der durch die Kreditgeschäfte der Nationalbank mit ausländischen Währungsbehörden festgelegt war, wenn man von den „Ultimo"-Operationen[1] einmal absieht; denn die gesetzliche Ermächtigung der Schweizer Notenbank zum Abschluß von Devisentermingeschäften auf eigene Rechnung erfolgte erst im Juni 1971[2]. Bis dahin lag der Schwerpunkt der schweizerischen Devisenterminpolitik im Bereich der internationalen währungspolitischen Kooperation auf Notenbank-Ebene. Gerade wegen des relativ engen institutionellen Rahmens der Schweizer Terminmarktpolitik weist diese jedoch eine ganze Reihe interessanter Aspekte auf und zeigt, daß auch unter sehr engen Voraussetzungen wirksame Interventionen möglich sind.

I. Devisentermingeschäfte mit Kreditinstituten[3]

1. Swap-Abschlüsse

Bei den von der Nationalbank durchgeführten Swap-Operationen mit Geschäftsbanken muß zwischen zwei Gruppen unterschieden werden:

---

[72] Vgl. Gb-Bbk 1967, S. 113. — Gb-Bbk 1968, S. 47.

[73] Der Erlös der im Juni 1968 von deutschen Geschäftsbanken übernommenen Tranche wurde zur Rückzahlung von Swap-Verbindlichkeiten gegenüber der Bundesbank verwendet; vgl. *Coombs:* Report, a.a.O., Vol. 54 (1968), S. 724.

[1] Vgl. unten.

[2] *Coombs:* Report a.a.O., Vol. 57 (1971), S. 798. — Gb-Nbk 1971, S. 46.

[3] Die folgenden Ausführungen stützen sich im wesentlichen auf die regel-

den „Ultimo"-Geschäften und den längerfristigen Abschlüssen zur Unterstützung des Geldexports; sie unterscheiden sich sowohl in ihrer Zielsetzung als auch hinsichtlich ihrer technischen Abwicklung.

a) Swapgeschäfte zur Ultimo-Überbrückung

Bis 1971 waren die „Ultimo"-Operationen die einzigen Devisentermingeschäfte, die die Schweizerische Nationalbank auf eigene Rechnung und — soweit es sich um die Kurssicherungsabschlüsse selbst handelte — ohne Gegengeschäfte mit ausländischen Währungsbehörden bzw. der Bank für Internationalen Zahlungsausgleich abwickelte. Daher kann — wenn überhaupt — von einer eigenständigen Devisenterminmarktpolitik der Nationalbank nur in Hinblick auf diese Operationen gesprochen werden, die als einzige mit einer gewissen Regelmäßigkeit durchgeführt wurden.

Die Notwendigkeit von Kurssicherungsabschlüssen zu den „Ultimo"-Terminen ergab sich nach der Einführung des freien Devisenverkehrs in Europa aus der besonderen Struktur des Schweizer Geldmarkts. Dieser bietet infolge der geringen öffentlichen Verschuldung nur unzureichende Anlagemöglichkeiten in kurzfristig liquidierbaren Forderungen. Daher sind die Geschäftsbanken gezwungen, zu den Anspannungsterminen am Jahresende und — in geringerem Maße — zum Halbjahres- und Quartalsultimo Auslandsanlagen aufzulösen, um die benötigten Franken-Guthaben bilden zu können.

Der Reexport der „repatriierten" Auslandsanlagen über den Devisenmarkt wird dadurch erschwert, daß die Kurssicherungskosten nach den Anspannungsterminen stark ansteigen: Die Devisenkassakurse erhöhen sich aufgrund der Nachfrage, die Devisenterminkurse sinken aufgrund des Angebots der Geldexporteure. Daher besteht die Gefahr, daß die „repatriierten" Auslandsguthaben der Banken über den eigentlichen Anspannungszeitraum hinaus in der Schweiz bleiben und das Geldvolumen vergrößern.

Die Schweizerische Nationalbank erklärte sich daher bereit, zu den Anspannungsterminen Devisen vorübergehend „in Pension" zu nehmen. Sie schloß mit den Kreditinstituten kurzfristige Swapgeschäfte ab, wobei sie Dollar-Guthaben erwarb und diese gleichzeitig per Termin verkaufte. Dadurch wurde die Liquiditätsbeschaffung der Banken

---

mäßigen Berichte von *Lademann* (Chronik, a.a.O., 18. Jg. [1963] uff.) und *Coombs* (Report, a.a.O., Vol. 48 [1962] uff.) sowie auf die Geschäftsberichte der Schweizerischen Nationalbank. Genaue Angaben über die Bedingungen, zu denen die Geschäfte abgeschlossen wurden (Terminsätze, Laufzeiten, Anlagebedingungen) sind wesentlich spärlicher als im Falle der von der Deutschen Bundesbank abgeschlossenen Geschäfte.

erleichtert und sichergestellt, daß die Devisen unmittelbar nach den Anspannungsterminen wieder zu den Kreditinstituten zurückflossen.

Lösen die Schweizer Geschäftsbanken Auslandsanlagen auf, indem sie ihre Devisenguthaben an die Notenbank verkaufen, so vermindert sich dadurch tendenziell die internationale Liquidität; denn die Geschäftsbanken halten ihre Auslandsanlagen in der Regel am Euro-Geldmarkt, die Nationalbank hingegen beim Federal Reserve System[4]. Als Folge davon ist ein Anstieg der Zinssätze an den internationalen Geldmärkten zu erwarten. Um dem entgegenzuwirken, leitete die Nationalbank die übernommenen Devisen in den internationalen Geldkreislauf zurück, indem sie sie am Euro-Geldmarkt auslieh. Sie erhielt also anstelle einer Forderung gegen das amerikanischen Federal Reserve System eine Forderung gegen den Kreditnehmer am Euro-Geldmarkt. Ein Kursrisiko ging sie dabei nicht ein, da sie die bei Auflösung der Anlage wieder verfügbaren Devisenguthaben bereits zu einem festen Kurs an die Kreditinstitute verkauft hatte; sie mußte also lediglich das Bonitätsrisiko des Kreditnehmers tragen.

Um zu vermeiden, daß ihre Devisenreserven aufgrund der Termingeschäfte über das Jahresende allzu stark anstiegen, schloß sie bis 1967 mit der Bank für Internationalen Zahlungsausgleich häufig kurzfristige Gold-Dollar-Swapgeschäfte ab, lieh also die angekauften Dollars gegen Gold aus[5].

Die Schweizerische Nationalbank führte ihre „Ultimo"-Operationen seit 1959 zum Jahresende, später auch jeweils im Juni durch; zum Quartalsende schloß sie erst seit 1970 regelmäßig Swapgeschäfte ab[6]. Die Laufzeit der Kontrakte lag normalerweise zwischen sieben Tagen und einem Monat[7], die Kurssicherung erfolgte zu pari. Mit Hilfe der Abschlüsse, deren Umfang in Tabelle 6 im Anhang aufgeführt ist, konnte die Nationalbank selbst einen Großteil der Devisen, die sie zu den Anspannungsterminen übernahm, gegen Kursrisiken sichern, ohne die Dollars beim amerikanischen Schatzamt in Gold einlösen zu müssen. Das Ziel der Notenbank, den Dollarkurs zu stützen, ohne Binnenliquidität und Devisenreserven langfristig allzu stark ansteigen zu lassen, konnte dadurch ebenfalls verwirklicht werden.

---

4 Vgl. S. 82, Fußnote 50.

5 Vgl. dazu S. 116 ff.

6 Vgl. Tabelle 6 im Anhang.

7 Vgl. *Baur:* Wandlungen, S. 169. — *Coombs:* Report, a.a.O., Vol. 52 (1966), S. 323. — *Lademann:* Chronik, a.a.O., 18. Jg. (1963), S. 336.

b) *Längerfristige Swapgeschäfte zur Liquiditätsabschöpfung*

Der am Schweizer Geldmarkt herrschende Mangel an kurzfristigen Refinanzierungsmöglichkeiten in Form von Offenmarktpapieren veranlaßte die Nationalbank nicht nur, den Kreditinstituten zu Anspannungsterminen den Rückgriff auf ausländische Liquiditätsanlagen zu erleichtern; ähnlich wie in der Bundesrepublik wurden Swapabschlüsse auch eingesetzt, um überschüssige Binnenliquidität „abzuschöpfen" und gleichzeitig dem Verlust anderer Länder an internationaler Liquidität zu begegnen.

Die Geldexportpolitik der Nationalbank wurde dadurch erschwert, daß ihr der Devisenhandel per Termin bis Mitte 1971 nicht gestattet war[8]. Swapgeschäfte zur Förderung von Geldexporten, bei denen sich die Notenbank verpflichtete, Devisen späterer Fälligkeiten zu einem festen Kurs anzukaufen, waren daher nur im Rahmen bestehender Devisenterminverbindlichkeiten aus Swapoperationen mit anderen Währungsbehörden möglich. Auch die Laufzeiten und die Währungen, in denen Geschäfte abgeschlossen werden konnten, waren durch die zugrunde liegenden Kreditgeschäfte auf Notenbankebene vorbestimmt. Aufgrund dieser Determiniertheit der einzelnen Swap-Operationen zur Förderung des Geldexports lassen sich diese — im Gegensatz zu den Geldexportgeschäften der Deutschen Bundesbank — schwer auf einen gemeinsamen Nenner bringen. Eine Systematisierung ist allenfalls in Hinblick auf die zugrunde liegenden Devisengeschäfte mit anderen Zentralbanken möglich.

Die Nationalbank schloß Swapgeschäfte zur Förderung des Geldexports erstmals im Frühjahr 1961 ab, als nach der Aufwertung der D-Mark und des holländischen Guldens etwa 300 Mio. $ in die Schweiz geflossen waren. Im Rahmen eines Kreditabkommens stellte sie der Bank von England, die etwa im gleichen Umfang Devisen verloren hatte, neben einem Dollar-Kredit Gold gegen Pfunde zur Verfügung[9]. Der Umfang dieser Swapgeschäfte betrug 480 Mio. sFr., die Laufzeit zwei bis drei Monate. Da die Devisenterminkurse am freien Markt so niedrig lagen, daß die Kurssicherungskosten den Brutto-Zinsertrag von Pfund- oder Dollar-Anlagen fast aufgezehrt hätten, verwendete die Nationalbank das kursgesicherte Pfund-Guthaben zum Abschluß von Swapgeschäften mit Kreditinstituten. — Im Frühjahr 1965

---

[8] Vgl. Art. 14 Ziff. 3 NBG. — Bei den „Ultimo"-Geschäften handelte es sich faktisch um eine zeitlich fest begrenzte Übernahme von Golddevisen gegen Inlandswährung; ein Kursrisiko, welches für Devisentermingeschäfte kennzeichnend ist, entstand dabei für die Nationalbank nicht.

[9] Vgl. *Iklé:* Währungspolitik, S. 390 ff. — Gb-Nbk 1961, S. 6.

wurden in einer ähnlichen Situation Pfund-Franken-Swapgeschäfte über 357 Mio. sFr. abgeschlossen[10].

Im Zusammenhang mit der Stützungsaktion für die italienische Währung im Sommer 1964 stellte die Nationalbank der Banca d'Italia 432 Mio. sFr. zur Verfügung und erhielt dafür ein (kursgesichertes) Guthaben von rund 63 Mrd. Lit. Einen Teilbetrag von 13 Mrd. Lit. überließ sie den Geschäftsbanken auf kursgesicherter Basis. Bei diesen Abschlüssen, die auf einen längerfristigen Geldexport abzielten, wurden keine festen Fälligkeiten vereinbart, da auch das zugrunde liegende Swapgeschäft mit der italienischen Notenbank auf eine „automatische" Liquidierung durch Überweisungen italienischer Gastarbeiter nach Italien angelegt war[11].

Das Swapabkommen, welches die Schweizerische Nationalbank im Sommer 1962 mit der Federal Reserve Bank of New York abschloß[12], schuf eine wesentlich breitere Basis für Kurssicherungsgeschäfte mit Schweizer Kreditinstituten als die von „exogenen" Faktoren bestimmten Kredithilfen für die Banca d'Italia und die Bank von England. Da die Abschlüsse auf US-Dollars lauten, bot sich bei Inanspruchnahme der Kreditlinie durch die New Yorker Reservebank und Weitergabe der kursgesicherten Devisen, die der Nationalbank dann zur Verfügung standen, an Schweizer Geschäftsbanken diesen eine Vielzahl von Anlagemöglichkeiten, insbesondere auch am Eurodollarmarkt. Darüber hinaus war die Laufzeit der Zentralbank-Swapgeschäfte hier von vornherein auf einen überschaubaren Zeitraum — bis 1964 drei, später sechs Monate — begrenzt, der der Fristigkeit der am häufigsten gehandelten Dollar-Termindepositen entspricht. Die Swap-Kredite waren jedoch prolongierbar, so daß auch die Abschlüsse mit Geschäftsbanken entsprechend verlängert werden konnten, wenn eine längerfristige Abschöpfung von Binnenliquidität notwendig war.

Auf US-Dollars lautende Kurssicherungsabschlüsse wurden den Schweizer Geschäftsbanken bereits in Zusammenhang mit der ersten Ziehung der New Yorker Reservebank im August 1962 angeboten[13]. Es handelte sich dabei um einen Betrag von 50 Mio. $ (216 Mio. sFr.), der zur Kurssicherung von Anlagen in amerikanischen Schatzwechseln verwendet wurde[14]. Im Oktober 1963 übernahm die Nationalbank in Zusammenhang mit einer amerikanischen Ziehung die Kurssicherung für

---

[10] Vgl. *Lademann:* Chronik, a.a.O., 19. Jg. (1964), S. 330 f., und 20. Jg. (1965), S. 99 f.

[11] Vgl. *Lademann:* Chronik, a.a.O., 19. Jg. (1964), S. 327. — Gb-Nbk 1964, S. 10.

[12] Vgl. S. 115 f.

[13] Vgl. *Iklé:* Währungspolitik, S. 400 f.

[14] Vgl. Gb-Nbk 1962, S. 15.

Geldexportgeschäfte über etwa 100 Mio. sFr. (23 Mio. $)[15]. Zur Jahreswende 1963/64 standen der Notenbank 75 Mio. $ aus dem Swapabkommen zur Verfügung, von denen sie einen Teilbetrag in Höhe von 50 Mio. $ mobilisierte, um einen Teil der Devisen, die sie außerhalb der „Ultimo"-Geschäfte angekauft hatte, nach dem Jahreswechsel wieder in den Geschäftsbankensektor zurückzuleiten. Aus dem gleichen Grund überließ sie den Kreditinstituten im Frühjahr 1965 60 Mio. $ auf kursgesicherter Basis; sie löste diese wie auch die in englischen Pfunden abgeschlossenen Swapgeschäfte[16] im Sommer des gleichen Jahres wieder auf, da am Schweizer Geldmarkt infolge der Passivierung der Zahlungsbilanz eine Verknappung eintrat[17].

Die von der Federal Reserve Bank of New York aus dem Swapabkommen mit der Schweizerischen Nationalbank in Anspruch genommenen Kredite und die entsprechenden Kurssicherungsschäfte der Nationalbank mit Kreditinstituten ergänzten sich insofern, als sie auf das gleiche Ziel gerichtet waren: die Neutralisierung der Wirkungen „exogen" bestimmter Geldzuflüsse in die Schweiz. Die amerikanischen Währungsbehörden versuchten, mit Franken-Ziehungen die „internationalen" Wirkungen — konkret: die Verminderung der amerikanischen Goldreserven — abzufangen, die Nationalbank glich die „binnenwirtschaftlichen" Wirkungen aus, indem sie die ihr nunmehr zur Verfügung stehenden kursgesicherten Devisen den Geschäftsbanken für Geldexporte zur Verfügung stellte. Der Nachteil solcher kongruenter Transaktionen auf Notenbankebene und mit Kreditinstituten besteht darin, daß sie die Dispositionsmöglichkeiten der Zentralbanken einschränken: Die Rückzahlung der Swap-Kredite kann frühestens bei Auslaufen der entsprechenden Geldexportgeschäfte erfolgen und die Nationalbank ist bei ihrer Geldexportpolitik an das von den amerikanischen Währungsbehörden in Anspruch genommene Kreditvolumen gebunden. Darin ist vermutlich der Grund für die im ganzen recht sporadische Mobilisierung kursgesicherter Dollarguthaben der Nationalbank für Geldexportgeschäfte zu sehen.

2. Reine Terminabschlüsse[18]

Erheblich größere Bedeutung für die Schweizer Geldexportpolitik hatten die „outright"-Termingeschäfte, die die Notenbank in Zusam-

---

[15] Vgl. *Baur:* Wandlungen, S. 159.

[16] Vgl. oben.

[17] Vgl. Gb-Nbk 1965, S. 9 f. — *Lademann:* Chronik, a.a.O., 20. Jg. (1965), S. 99 f., 347. — Auch im Juli 1967 und im Mai 1971 schloß die Nationalbank Kurssicherungsgeschäfte für US-Dollars ab; vgl. Gb-Nbk 1967, S. 22. — *Coombs:* Report, a.a.O., Vol. 57 (1971), S. 797, und Vol. 58 (1972), S. 243.

[18] Vgl. dazu Tabelle 7 im Anhang.

menarbeit mit den amerikanischen Währungsbehörden durchführte. Die Nationalbank trat dabei lediglich als Agentin auf: Sie kaufte am Devisenterminmarkt Dollars gegen Schweizer Franken auf Rechnung der Federal Reserve Bank of New York[19], des amerikanischen Schatzamts[20] oder beider Behörden[21]. Anders als die Deutsche Bundesbank setzte sie dabei keinen bestimmten Kurs fest, sondern stützte den Terminkurs ähnlich wie bei Kassa-Interventionen durch mehr oder weniger umfangreiche Käufe am freien Markt. Durch diese Interventionen wurde zugleich der Kassakurs der amerikanischen Währung gestützt, da die Geschäftsbanken die verbesserten Kurssicherungsbedingungen für Geldanlagen im Ausland nutzten und in entsprechendem Umfang Kassadevisen nachfragten.

Die ersten „outright"-Termingeschäfte wurden im Juli 1961 abgeschlossen, um einen kursgesicherten Reexport der nach der Aufwertung der D-Mark und des Guldens in die Schweiz geflossenen Gelder zu ermöglichen. Die Interventionen bildeten bis Ende 1965 einen festen Bestandteil des währungspolitischen Instrumentariums der Schweizerischen Nationalbank und wurden immer dann eingesetzt, wenn größere Mengen spekulativer Auslandsgelder in die Schweiz flossen und der Dollarkurs dadurch unter Druck geriet. Die Laufzeit der Geschäfte betrug im allgemeinen drei Monate, doch wurden insbesondere in Hinblick auf die Liquiditätsvorbereitungen der Kreditinstitute auf den Jahresultimo gelegentlich auch Geschäfte über ein bis zwei Monate abgeschlossen, so im Herbst 1962[22] und im Dezember 1964[23]. Ziel dieser Interventionen waren die Verbesserung der Kurssicherungsbedingungen für Schweizer Geldexporte und die Stützung des Dollarkurses[24]. Deshalb wurden die Dollar-Terminkäufe, die für amerikanische Rechnung erfolgten, zeitweise durch eigene Kassakäufe der Nationalbank ergänzt[25].

Die bei Fälligkeit der Terminkontrakte benötigten Schweizer Franken beschafften sich die amerikanischen Währungsbehörden auf unterschiedliche Weise. In der Regel wurden die Geschäfte bei Fälligkeit jeweils verlängert, bis die Liquidation mit Hilfe von Franken-Käufen am

---

[19] Vgl. *Coombs:* Report, a.a.O., Vol. 51 (1965), S. 383, und Vol. 54 (1968), S. 742.

[20] Vgl. *Coombs:* Report, a.a.O., Vol. 48 (1962), S. 1144; Vol. 49 (1963), S. 318, 1222; Vol. 50 (1964), S. 1130. — Einige Geschäfte schloß das Schatzamt auch am New Yorker Markt ab; vgl. ebd., Vol. 49 (1963), S. 1222. — *Baur:* Wandlungen, S. 137.

[21] Vgl. *Coombs:* Report, a.a.O., Vol. 54 (1968), S. 276, 733 f.

[22] Ebd., Vol. 49 (1963), S. 318.

[23] Ebd., Vol. 51 (1965), S. 383.

[24] Ebd., Vol. 48 (1962), S. 1144; Vol. 49 (1963), S. 318; Vol. 51 (1965), S. 383, 385.

[25] Ebd., Vol. 49 (1963), S. 1222.

Markt oder von der Nationalbank möglich war[26]; anfangs refinanzierte sich das Schatzamt häufig durch Ausgabe kurzfristiger Schweizer-Franken-Schuldverschreibungen. Erstmals liquidierte es auf diese Weise im Oktober 1961 Terminabschlüsse mit einem Franken-Guthaben, das aus dem Verkauf von „certificates of indebtedness" über insgesamt 200 Mio. Schweizer Franken an die Nationalbank stammte[27]. Von Oktober 1962 bis Mai 1963 wurden Terminkontrakte über insgesamt 127 Mio. $ durch Ausgabe von „Roosa-Bonds" mit Laufzeiten zwischen 15 und 18 Monaten an den Bund abgelöst[28]. Darüber hinaus schlossen die amerikanischen Währungsbehörden in einzelnen Fällen mit der Bank für Internationalen Zahlungsausgleich (BIZ) Drittwährungs-Swapgeschäfte ab, um die erforderlichen Franken-Guthaben zu beschaffen. So überließ das Schatzamt der BIZ im Dezember 1962 aus seinen Beständen D-Mark und nahm dafür einen Schweizer-Franken-Kredit in Anspruch; denn bei einem direkten Verkauf der D-Mark gegen Franken am Markt hätten die potentiellen Erwerber der deutschen Währung sich den Franken-Gegenwert zunächst am Devisenmarkt beschaffen müssen, und zwar gegen Hingabe von Dollars. Per Saldo hätten also die von der New Yorker Reservebank benötigten Franken-Guthaben von der Nationalbank gegen Dollars zur Verfügung gestellt werden müssen, wie aus der folgenden Skizze deutlich wird[29]:

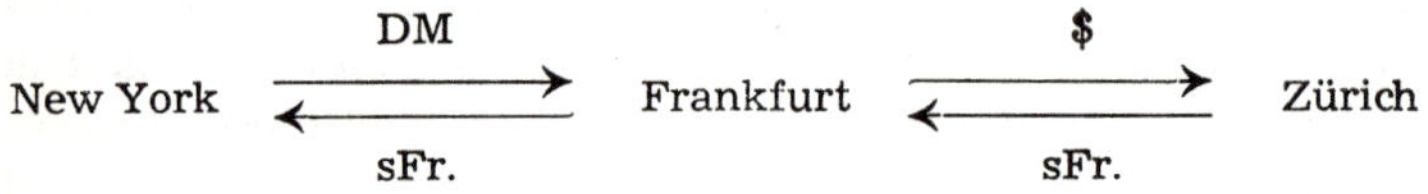

Die ursprüngliche Wirkung der Terminmarktoperationen — Verminderung der Schweizer Dollar-Reserven — wäre dadurch rückgängig gemacht worden.

II. Devisentermingeschäfte mit der Federal Reserve Bank of New York, dem amerikanischen Schatzamt und der BIZ

Die Beschreibung der Terminmarktoperationen der Schweizerischen Nationalbank mit Geschäftsbanken hat gezeigt, daß diese Abschlüsse

---

[26] Da die Nationalbank nur in beschränktem Umfang Dollar-Reserven hält, wird bei größeren Auslandszahlungen öffentlicher Stellen gelegentlich der Erwerb von Fremdwährungsguthaben gegen Gold oder eigene Währung erforderlich.

[27] Vgl. *Coombs:* Report, a.a.O., Vol. 48 (1962), S. 1144.

[28] Vgl. Tabelle 7 und 9 im Anhang. — *Coombs:* Report, a.a.O., Vol. 49 (1963), S. 318, 1222. — *Baur:* Wandlungen, S. 142 f. — Im Oktober 1962 wurden 25 Mio. $ Terminkontrakte aufgelöst und 30 Mio. $ Kontrakte neu abgeschlossen. Vgl. Gb-Nbk 1962, S. 16.

[29] Vgl. *Coombs:* Report, a.a.O., Vol. 49 (1963), S. 318.

in der Regel erst durch die Vereinbarungen der Notenbank mit ausländischen Währungsbehörden möglich wurden. Bei diesen Währungsabkommen handelte es sich häufig um Ad-hoc-Vereinbarungen, die eine gegenseitige Kreditgewährung in den jeweiligen Währungen für einen bestimmten Zeitraum vorsahen und der Behebung akuter währungspolitischer Notlagen dienten. Langfristig erwiesen sich vor allem die Devisentermingeschäfte mit den amerikanischen Währungsbehörden und mit der Bank für Internationalen Zahlungsausgleich als bedeutsam für den Ausbau des währungspolitischen Instrumentariums der Nationalbank.

1. Swapgeschäfte

a) Das Swapabkommen mit der Federal Reserve Bank of New York[30]

Das Swapabkommen zwischen der Schweizerischen Nationalbank und der Federal Reserve Bank of New York wurde am 16. Juli 1962 abgeschlossen, als nach der Abwertung des kanadischen Dollars in großem Umfang ausländische Gelder in die Schweiz flossen[31]. Die beiden Zentralbanken räumten sich darin Kreditlinien von zunächst 100 Mio. $ bzw. 431,5 Mio. sFr. ein. Die Laufzeit betrug anfangs 3 Monate mit der Möglichkeit einmaliger Prolongation. Ziele und technische Einzelheiten dieses Abkommens stimmen weitgehend mit denen des wenig später in Kraft getretenen Abkommens zwischen der Bundesbank und der New Yorker Reservebank überein[32]; es braucht deshalb hier nicht näher darauf eingegangen zu werden. Auch das Abkommen mit der Nationalbank wurde in mehreren Stufen auf schließlich 1 Mrd. $ bzw. 3,84 Mrd. sFr. Ende 1971 erweitert. Die Laufzeit in Anspruch genommener Kredite beträgt seit 1964 sechs Monate.

Neben dem Abkommen der Bundesbank und dem auf Schweizer Franken lautenden Abkommen der Bank für Internationalen Zahlungsausgleich ist das der Nationalbank das einzige, welches nur von amerikanischer Seite in Anspruch genommen wurde. Die Ziehungen erfolgten hier fast ausschließlich, um Dollarguthaben der Nationalbank, die normalerweise in Gold eingelöst worden wären, anzukaufen; da indes die Schweizer Notenbank durch die amerikanischen Ziehungen in den Be-

[30] Vgl. Tab. 8 im Anhang. — *Coombs:* Report, a.a.O., Vol. 48 (1962) uff. — *Lademann:* Chronik, a.a.O., 18. Jg. (1963) uff. — *Schwilling:* Die kursbildenden Faktoren, S. 57 ff. — *Baur:* Wandlungen, S. 150 ff. — *Janocha:* Intervention, S. 69 ff.

[31] Gleichzeitig schloß die Federal Reserve Bank of New York ein Swapabkommen mit der BIZ ab, welches ebenfalls auf Schweizer Franken lautete; vgl. dazu S. 119 ff.

[32] Vgl. S. 98 ff.

sitz weiterer Dollar-Guthaben gelangte, fand tatsächlich keine Verminderung, sondern lediglich eine Kurssicherung der entsprechenden Dollar-Reserven statt.

Soweit die bis Ende 1971 in Anspruch genommenen Kredite von zusammen 13,6 Mrd. sFr. (3173 Mio. $) zu diesem Zeitpunkt zurückgezahlt waren, war dies zu knapp 60 % durch Käufe Schweizer Währung gegen Dollars[33] am Devisenmarkt oder direkt von der Nationalbank geschehen; der Rest war durch Ausgabe kurz- oder mittelfristiger Schuldverschreibungen des amerikanischen Schatzamts an den Bund, die Nationalbank und die Bank für Internationalen Zahlungsausgleich (2,8 Mrd. sFr. bzw. 29 %), Dreiecksgeschäfte, bei denen die New Yorker Reservebank Franken-Guthaben der Bank von England und der Banca d'Italia, die aus Krediten der Nationalbank stammten, erwarb (640 Mio. sFr. bzw. 7 %) und durch zwei Goldverkäufe des amerikanischen Schatzamts im August 1970 und im März 1971 (540 Mio. sFr. bzw. 6 %) liquidiert worden[34].

Es muß also festgehalten werden, daß die fristgemäße Rückzahlung der Kredite durch Franken-Käufe am Markt häufig nicht möglich war, so daß Umschuldungen oder die Ablösung durch Goldverkäufe des Schatzamts erforderlich wurden. Die von der Federal Reserve Bank of New York veröffentlichten Zahlen lassen darüber hinaus erkennen, daß keiner der bis Ende 1963 in Anspruch genommenen Kredite innerhalb der damals vereinbarten Dreimonatsfrist liquidiert wurde[35]. Nach der Verlängerung der Laufzeit auf 6 Monate im Jahre 1964 verminderten sich die Prolongationen zunächst auf etwa 50 % der in Anspruch genommenen Kredite; seit 1968 wurden alle Ziehungen bis auf diejenigen vom Mai und vom August 1971 fristgemäß zurückgezahlt.

b) Swapgeschäfte mit der Bank für Internationalen Zahlungsausgleich[36]

Die Bank für Internationalen Zahlungsausgleich wurde 1930 gegründet, um die Transferprobleme in Zusammenhang mit der Regulierung der deutschen Reparationszahlungen zu lösen und um eine Organisation

---

[33] In Verbindung mit einer Rückzahlung im Juli 1970 verkaufte die Nationalbank der Federal Reserve Bank of New York ausnahmsweise Franken gegen Lire; vgl. *Coombs:* Report, a.a.O., Vol. 56 (1970), S. 704.

[34] Eigene Berechnungen aufgrund der Angaben bei *Coombs* (Report, a.a.O., Vol. 48 [1962] uff.).

[35] Vgl. Tabelle 8 im Anhang und die Aufstellung bei *Coombs* (Report, a.a.O., Vol. 51 [1965], S. 1225); lediglich im Jahre 1963 erfolgte eine Teil-Liquidation in Höhe von 5 Mio. $ innerhalb der vorgesehenen Frist.

[36] Über Funktionen und Organisation der BIZ vgl. *Henry H. Schloss:* The Bank for International Settlements. The Bulletin, Nos. 65—66 (September 1970). — *Veit:* Grundriß, S. 712 ff. — *Roger Auboin:* The Bank for International Settlements, 1930—1955. Princeton 1955.

zu schaffen, die als Forum für die internationale Zusammenarbeit auf dem Gebiet der Währungspolitik dienen konnte. Nach dem Krieg diente sie vor allem als Abrechnungsstelle für das multilaterale System des Zahlungsausgleichs zwischen den Mitgliedern der Europäischen Zahlungsunion[37] bzw. des Europäischen Währungsabkommens. Ende März 1970 verfügte sie über Depositen von Zentralbanken in Höhe von insgesamt etwa 18 Mrd. Goldfranken[38]. Diese Kredite, die zu etwa einem Drittel aus Gold und zu zwei Dritteln aus konvertiblen Währungen bestehen, bilden die Grundlage für die Gold- und Devisentermingeschäfte der Bank, die aufgrund ihrer Statuten berechtigt ist, Zentralbanken gegen Gold oder konvertible Währungen Kredite zu gewähren[39].

Die Schweizerische Nationalbank nahm derartige Kredite in Form von Gold-Dollar-Swapgeschäften bis 1967 häufig über das Jahresende in Anspruch[40]. Sie übertrug der Bank einen Teil der Dollar-Guthaben, die ihr aus „window-dressing"-Operationen der Geschäftsbanken zugeflossen waren, und erhielt dafür ein entsprechendes Guthaben in Gold. Auf diese Weise konnte sie ihre Devisenreserven auf dem Niveau halten, das zur Abwicklung ihres internationalen Zahlungsverkehrs notwendig war, ohne die amerikanischen Goldreserven in Anspruch nehmen zu müssen.

Die Gold-Dollar-Swapgeschäfte zwischen der Schweizerischen Nationalbank und der Bank für Internationalen Zahlungsausgleich[41] waren indes nicht auf „Ultimo"-Operationen beschränkt; sie wurden immer dann eingesetzt, wenn die Notenbank über kursgesicherte Dollar-Guthaben außerhalb ihrer „working balances" verfügte, die über die BIZ in den internationalen Geldkreislauf zurückgeleitet werden sollten[42].

---

[37] Vgl. Art. 18, 21 des Abkommens über die Gründung einer Europäischen Zahlungsunion (BGBl. II 1951, S. 32).

[38] Vgl. *BIZ* (Hrsg.): Fortieth Annual Report. Basel 1970. Appendix Balance Sheet at 31st March 1970. — Die Rechnungseinheit der BIZ ist der Goldfranken, d. h. der Schweizer Franken im Gewicht und in der Feinheit von vor der Abwertung von 1936. Ein Goldfranken entspricht also 9/31 = 0,290 ... g Feingold bzw. 0,3547 ... US-Dollar bzw. 1,1430 D-Mark (Paritäten vom 31. 12. 1971).

[39] Vgl. Art. 22 Buchst. d der Statuten der Bank für Internationalen Zahlungsausgleich (RGBl. II 1930, S. 305).

[40] Vgl. Tabelle 8 im Anhang. — *Baur:* Wandlungen, S. 168 f. — *Coombs:* Report, a.a.O., Vol. 52 (1966), S. 323; Vol. 54 (1968), S. 734. — Gb-Nbk 1959 ff., passim.

[41] Analoge Swapgeschäfte schloß die Nationalbank im Jahre 1964 gegen Lire ab; vgl. Gb-Nbk 1964, S. 10.

[42] Vgl. Gb-Nbk 1966, S. 18. — Gb-Nbk 1967, S. 22 f. — Aufgrund der Kurssicherung durch Swapgeschäfte mit der Federal Reserve Bank of New York wären die Guthaben sonst bei der amerikanischen Zentralbank stillgelegt worden.

Wie bereits erwähnt, stammen die der BIZ zur Verfügung stehenden Goldreserven fast ausschließlich aus Krediten ihrer Mitglieder[43]; Goldreserven und Goldverbindlichkeiten der BIZ sind also normalerweise etwa gleich hoch. Tritt sie einer Zentralbank Gold gegen Dollars ab, so erhält die Notenbank das von ihr kreditierte Gold zurück, behält aber gleichwohl ihre Goldforderung gegen die BIZ. Daraus wird deutlich, daß es sich bei den Gold-Dollar-Swapgeschäften der Schweizerischen Nationlabank lediglich um bilanztechnische Umbuchungen handelte. Der „Verbesserung" der Notenbankbilanz (Ausweis von Gold- statt Dollarreserven) entsprach die „Verschlechterung" der Bilanzrelationen der BIZ, deren Goldverbindlichkeiten ihre Goldreserven nach Abschluß der Swapgeschäfte überstiegen.

In Zusammenhang mit den Franken-Ziehungen der Federal Reserve Bank of New York auf ihr Swapabkommen mit der Bank für Internationalen Zahlungsausgleich schloß die Schweizerische Nationalbank darüber hinaus Gold-Franken-Swapgeschäfte mit der BIZ ab; diese gelangte dadurch in den Besitz der für die Kreditgewährung erforderlichen Franken-Guthaben. Da diese von der New Yorker Reservebank zum Ankauf von Dollar-Reserven der Nationalbank verwendet wurden, führten die amerikanischen Ziehungen per Saldo zur Umwandlung von Dollarreserven der Nationalbank in Gold. Auch dies geschah rein buchmäßig, wenn das Volumen der Operationen geringer war als die Golddepositen der Nationalbank bei der BIZ: Aufgrund des Gold-Franken-Swaps hatte die Nationalbank der BIZ einen Franken-Kredit gegen eine Goldforderung gewährt; dieser Franken-Kredit wurde mittels des Dollar-Franken-Swaps zwischen der New Yorker Reservebank und der BIZ in einen Dollarkredit umgewandelt.

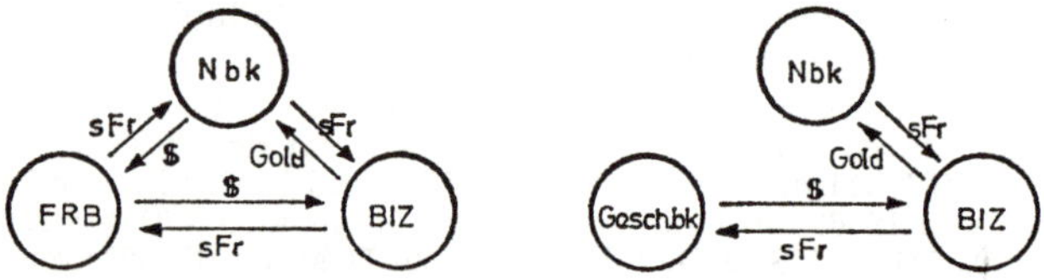

Analoge Dreiecksgeschäfte wurden in einzelnen Fällen auch mit Schweizer Geschäftsbanken durchgeführt: Die Nationalbank lieh der BIZ Franken gegen Gold, die BIZ lieh die Franken vorübergehend gegen Dollars an die Kreditinstitute aus[44]. Per Saldo vergrößerten sich dadurch bei der Nationalbank die Goldreserven und die Verbindlich-

[43] Mitglieder der BIZ sind die Zentralbanken der beteiligten Länder, nicht deren Regierungen.

[44] Vgl. Gb-Nbk 1962, S. 16.

keiten gegenüber den Geschäftsbanken, in der Bilanz der BIZ wurden Goldreserven durch Dollar-Forderungen ersetzt und in den Bilanzen der Kreditinstitute Dollar-Anlagen durch Zentralbankguthaben. Die obigen beiden Skizzen verdeutlichen den Ablauf dieser Operationen.

Exkurs: Swapgeschäfte zwischen der Bank für Internationalen Zahlungsausgleich und der Federal Reserve Bank of New York

Die Bank für Internationalen Zahlungsausgleich erweiterte mit ihren Devisentermingeschäften nicht nur den engen institutionellen Rahmen der „inneren“ Schweizer Währungspolitik, sondern unterstützte auch die Maßnahmen der Nationalbank zum Schutze des Dollars durch selbständige Vereinbarungen. Als solche sind vor allem ihre beiden Swapabkommen mit der Federal Reserve Bank of New York und die Dreiecks-Swapgeschäfte zu nennen, mit denen sie der New Yorker Reservebank die Möglichkeit bot, bestehende Verbindlichkeiten in Schweizer Währung zurückzuzahlen.

a) Dollar-Franken-Swapgeschäfte

Auf Anregung der Schweizerischen Nationalbank schloß die Federal Reserve Bank of New York im Juli 1962 mit der Bank für Internationalen Zahlungsausgleich ein Swapabkommen ab, das ihr Ziehungsrechte in Höhe von 431,5 Mio. sFr. gewährte[45]; die BIZ erhielt dementsprechend eine Kreditlinie von 100 Mio. $. Das Abkommen entsprach der mit der Nationalbank getroffenen Vereinbarung, die am gleichen Tage zustande kam. Beide Abkommen hatten anfangs eine Laufzeit von drei Monaten und wurden bis 1968 jeweils gleichzeitig erweitert.

Die BIZ beschaffte sich die für die Kreditgewährungen benötigten Guthaben in Schweizer Währung durch Gold-Franken-Swapgeschäfte mit der Nationalbank[46] oder lieh sie am Schweizer Geldmarkt, indem sie Franken-Depots von Kreditinstituten entgegennahm oder Geldmarktpapiere emittierte.

Die Federal Reserve Bank of New York nahm die Franken-Kredite der BIZ fast ausschließlich in Anspruch, um Dollar-Reserven der Nationalbank anzukaufen[47]. Anders als bei Ziehungen auf das Swapab-

---

[45] Vgl. dazu Tabelle 8 im Anhang.

[46] Vgl. S. 118.

[47] In einzelnen Fällen verwendete die New Yorker Reservebank die Guthaben, um Termingeschäfte in Schweizer Franken abzuwickeln; vgl. Gb-Nbk 1962, S. 16.

kommen mit der Schweizer Notenbank erfolgte bei dieser dadurch aber keine Umwandlung von ungesicherten Devisenguthaben in kursgesicherte, sondern eine Umwandlung in Goldreserven oder eine Bilanzverkürzung.

Welcher dieser beiden Effekte eintrat, hing davon ab, wie sich die BIZ die für die Kreditgewährung an die New Yorker Reservebank benötigten Franken-Guthaben beschaffte. Schloß sie mit der Nationalbank ein Gold-Franken-Swapgeschäft ab, so fand per Saldo eine Umwandlung von Devisenguthaben in Goldreserven statt[48]; nahm sie hingegen ihrerseits Franken-Kredite am Schweizer Geldmarkt auf, so folgte daraus eine „Verkürzung" der Schweizer Notenbankbilanz, indem auf der Aktivseite Dollarreserven, auf der Passivseite Guthaben der Geschäftsbanken verschwanden. In diesem Fall hatte das Dollar-Franken-Swapgeschäft zwischen der BIZ und der New Yorker Reservebank also gleichzeitig eine Verminderung des Schweizer Geldvolumens zur Folge; die Wirkung war die gleiche, wie wenn die New Yorker Reservebank zum Ankauf von Schweizer Devisenreserven einen Franken-Kredit der Nationalbank in Anspruch nahm und diese die kursgesicherten Dollar-Guthaben den Kreditinstituten für Geldexportgeschäfte zur Verfügung stellte.

Die Koppelung binnenwirtschaftlicher und „internationaler" Wirkungen bei der Inanspruchnahme der Swap-Kredite von seiten der Federal Reserve Bank of New York scheint jedoch die Einsatzfähigkeit des Abkommens eher eingeschränkt zu haben; die Summe der bis Ende 1971 in Anspruch genommenen Kredite beträgt etwa 6,3 Mrd. sFr. gegenüber Ziehungen von ingesamt 13,6 Mrd. sFr. aus dem Swapabkommen mit der Nationalbank.

Die Rückzahlung der Kredite, die in der Regel zunächst prolongiert wurden[49] und von denen Ende 1971 noch 600 Mio. $ (2,5 Mrd. sFr.) ausstanden, erfolgte auf ähnliche Weise wie im Falle der Schweizerischen Nationalbank[50]. Auch von den Ziehungen auf die BIZ zahlte die New Yorker Reservebank knapp 60 % mit Hilfe am Markt oder direkt von dem Schweizer Noteninstitut erworbener Franken-Guthaben zurück. Von der Möglichkeit einer Konsolidierung der Verbindlichkeiten durch Ausgabe von „Roosa-Bonds" hingegen wurde nur einmal Gebrauch gemacht, und zwar im Mai 1964 (300 Mio. sFr. bzw. 8 % der Rückzahlungen)[51]. Der Grund dafür ist vermutlich in der Beeinträchtigung der

[48] Vgl. S. 118.

[49] Vgl. die Aufstellung bei *Coombs* (Report, a.a.O., Vol. 51 [1965], S. 1225).

[50] Die folgenden Zahlen sind nach den Angaben bei *Coombs* (Report, a.a.O., Vol. 48 [1962] uff.) berechnet.

[51] Vgl. *Coombs:* Report, a.a.O., Vol. 50 (1964), S. 1129. — Gb-Nbk 1964, S. 18.

währungspolitischen Autonomie der Nationalbank im binnenwirtschaftlichen Bereich zu sehen, die mit der Ausgabe der Bonds verbunden ist; denn im Falle der BIZ handelte es sich ja nicht — wie bei der Nationalbank — um eine Kreditgewährung an die amerikanischen Währungsbehörden aus „eigenen" Mitteln, sondern die Konsolidierung des Swap-Kredits erforderte eine entsprechende Umschuldung der BIZ am Schweizer Geldmarkt.

Der gegenüber den bei der Nationalbank in Anspruch genommenen Krediten geringere Umfang der Konsolidierungen wurde durch sogenannte Drittwährungs-Swapgeschäfte (etwa 800 Mio. sFr. bzw. 21 % der Rückzahlungen) ausgeglichen. Dieses Instrument ist speziell auf die BIZ zugeschnitten, die Zentralbanken gegen bestimmte Sicherheiten kurzfristige Währungskredite zur Verfügung stellt[52]; die Federal Reserve Bank of New York nahm diese Kreditfazitität wiederholt in Anspruch, indem sie kurzfristig Schweizer Franken gegen andere Währungen lieh, in denen sie über ausreichende Bestände verfügte[53].

Die übrigen Swap-Verbindlichkeiten wurden mit Franken-Guthaben, die aus einem Goldverkauf an die Nationalbank (130 Mio. sFr. bzw. 3 % der Rückzahlungen) stammten bzw. von der Bank von England erworben worden waren (350 Mio. sFr. bzw. 9 % der Rückzahlungen)[54], aufgelöst.

b) *Swapgeschäfte gegen andere europäische Währungen*

Im Sommer 1965 wurde das Swapabkommen zwischen der Federal Reserve Bank of New York und der Bank für Internationalen Zahlungsausgleich aus dem Jahre 1962 durch eine gleichlautende Vereinbarung, die Ziehungen in anderen EWA-Währungen als dem Schweizer Franken vorsah und bis Ende 1971 auf 1 Mrd. $ erweitert wurde, ergänzt[55].

Während das erste Abkommen dieselben Ziele verfolgte wie dasjenige mit der Nationalbank, diente die neue Vereinbarung, die Ende 1966 erstmals in Anspruch genommen wurde, einem anderen Zweck: der Regulierung des Eurodollarmarkts, „which has become a multibillion dollar operation, functions as a truly international money market and consequently cannot rely, as can a national money market, on the support of

---

[52] Vgl. Art. 22 Buchst. d der Statuten der BIZ.

[53] Vgl. S. 124 ff.

[54] Vgl. *Coombs:* Report, a.a.O., Vol. 50 (1964), S. 1129; Vol. 54 (1968), S. 276. — Gb-Nbk 1964, S. 18. — Die Bank von England hatte die genannten Franken-Guthaben im Herbst 1967 als Kredit von Schweizer Großbanken erhalten.

[55] Vgl. Tabelle 10 im Anhang. — *Coombs:* Report, a.a.O., Vol. 51 (1965), S. 1223 f.; Vol. 52 (1966), S. 317; Vol. 56 (1970), S. 695.

a single central bank to relieve temporary stringencies or knots in the market“[56].

Die europäischen Geschäftsbanken unterhalten am Eurodollarmarkt hohe Guthaben, die sie insbesondere zu den Anspannungsterminen am Halbjahres- und am Jahresende „repatriieren“. Die Notenbanken, die die Dollar-Guthaben gegen eigene Währung ankaufen, legen diese Guthaben in der Regel in amerikanischen Schatzanweisungen an, die sich im Gegensatz zu Termineinlagen jederzeit in Sichtguthaben umwandeln lassen. Da die Notenbanken die Titel direkt von den amerikanischen Währungsbehörden erwerben, findet am amerikanischen Geldmarkt keine Verflüssigung statt; dem internationalen Geldkreislauf wird also zu den Anspannungsterminen per Saldo Liquidität entzogen, was in steigenden Zinssätzen am Eurodollarmarkt zum Ausdruck kommt.

Aufgrund ihres Swapabkommens mit der Federal Reserve Bank of New York war die Bank für Internationalen Zahlungsausgleich in der Lage, sich gegen Hingabe europäischer Währungen Dollar-Guthaben zu beschaffen und diese am Euro-Geldmarkt anzubieten. Letztlich finanzierten die europäischen Notenbanken diese Transaktionen, und zwar durch ihre Einlagen bei der BIZ[57].

Die Geschäfte sollten lediglich technisch bedingten Liquiditätsverknappungen am Euro-Geldmarkt entgegenwirken. Die BIZ intervenierte nicht, wenn die Zinssteigerungen auf restriktiven Maßnahmen der Notenbanken beruhten[58].

Ein „Regulierungsbedarf“ entstand nur in der Höhe, in der Dollar-Guthaben im Zusammenhang mit „Repatriierungen“ bei den Notenbanken stillgelegt, d. h. in amerikanischen Schatzwechseln angelegt wurden[59]. Der Umfang der Kredite, die die BIZ für ihre Interventionen am Euro-Geldmarkt benötigte, war daher verhältnismäßig gering, wie Tabelle 10 im Anhang zeigt. Dabei ist zu berücksichtigen, daß die dort aufgeführten Ziehungen zu einem großen Teil, keineswegs aber ausschließlich der Bereitstellung von Anlagefonds dienten. Die BIZ nahm die Kre-

[56] *Coombs:* Report, a.a.O., Vol. 53 (1967), S. 355 f.

[57] Zu den Interventionen der BIZ am Eurodollarmarkt vgl. *Schloss:* The Bank, S. 30 f.

[58] *Coombs:* Report, a.a.O., Vol. 55 (1969), S. 700.

[59] Eine Reihe von Zentralbanken lieh die ihnen zugeflossenen Dollar-Guthaben teilweise am Euro-Geldmarkt aus. Die Schweizerische Nationalbank schloß darüber hinaus zu den „Ultimo“-Terminen häufig Gold-Dollar-Swapgeschäfte mit der BIZ ab, so daß diese eine zusätzliche Interventionsreserve erhielt. Die Deutsche Bundesbank, die Banca d'Italia und die Schweizerische Nationalbank unterstützten die Operationen der BIZ zeitweise auch dadurch, daß sie die Refinanzierung der Geschäftsbanken an den nationalen Geldmärkten erleichterten. Vgl. *Coombs:* Report, a.a.O., Vol. 53 (1967), S. 356; Vol. 54 (1968), S. 286.

ditlinie auch in Anspruch, um sich Barreserven in amerikanischer Währung zu beschaffen, die sie zur Abwicklung ihres Zahlungsverkehrs benötigte[60]. Andererseits bestritt die BIZ ihre Interventionen nicht allein mit Ziehungskrediten, sondern setzte dafür auch bei ihr gehaltene Dollar-Depositen ein[61].

Die Interventionen wurden nicht nur zu den „Ultimo"-Terminen, sondern auch bei kurzfristigen, spekulativ bedingten Geldbewegungen eingesetzt. Ihr Ziel war neben der Beeinflussung des Zinsgefüges am Euro-Geldmarkt die Regulierung des Kurses der amerikanischen Währung, der durch die Zinssätze am Eurodollarmarkt stark beeinflußt wird. Im Sommer 1967 konnten die Interventionen gleichzeitig zur Stützung des englischen Pfundes eingesetzt werden: Da die Eurodollarsätze im Zusammenhang mit dem Nahostkonflikt anstiegen, wurden Pfund-Guthaben aufgelöst und am Eurodollarmarkt angelegt; die Bank von England büßte also Währungsreserven ein. Die BIZ brachte jedoch den Anstieg der Eurodollarsätze und damit die Reserveverluste der Bank von England zum Stillstand[62].

Im Falle einer auf europäische Währungen gerichteten Aufwertungsspekulation sind die Erfolgsaussichten dieser Interventionspolitik begrenzt. Die BIZ müßte dann Dollar-Kredite aufnehmen, um die Spekulation zu verteuern und den Bestand an Spekulationsfonds zu verringern. Steigende Eurodollarsätze erhöhen jedoch cet. par. das Dollarangebot amerikanischer Banken. Sind Paritätsänderungen tatsächlich nicht beabsichtigt, so erscheint die Senkung des Dollar-Deports durch „outright"-Käufe der Zentralbanken am Devisenterminmarkt zweckmäßiger; denn dadurch können die den Notenbanken zugeflossenen Devisen durch Geldexporte der Geschäftsbanken an den Eurodollarmarkt zurückgeleitet werden[63].

Das beschriebene Swapabkommen wurde fast ausschließlich von der BIZ in Anspruch genommen, da das Federal Reserve System aus den bilateralen Abkommen mit den europäischen Notenbanken über ausreichende Kreditlinien in den entsprechenden Währungen verfügt. Die Ziehungen erfolgten in der Regel gegen D-Mark; die sie infolge des anhaltenden amerikanischen Zahlungsbilanzdefizits nur zum Ausgleich kurzfristiger Verknappungen eingesetzt zu werden brauchten, bereitete

[60] Diese Ziehungen werden in der Regel nicht getrennt ausgewiesen; im ersten Halbjahr 1967 erreichten sie 82 Mio. $; vgl. *Coombs:* Report, a.a.O., Vol. 53 (1967), S. 1523, Fußnote 1.

[61] Ebd., S. 356; Vol. 54 (1968), S. 286.

[62] Vgl. *Coombs:* Report, a.a.O., Vol. 53 (1967), S. 1518, 1522, 1529.

[63] Diese Technik wurde nach der Abwertung des Pfundes im November 1967 von den Zentralbanken Belgiens, Deutschlands, der Niederlande und der Schweiz angewandt.

ihre Liquidation keine Schwierigkeiten; sie erfolgte in der Regel unmittelbar nach den Anspannungsterminen.

c) *Swapgeschäfte mit Drittwährungen*

In Übereinstimmung mit ihrer Zielsetzung, die Zusammenarbeit zwischen den Zentralbanken durch Bereitstellung neuer Instrumente zu verbessern[64], machte die BIZ von ihrem Recht Gebrauch, Notenbanken gegen bestimmte Sicherheiten Währungskredite einzuräumen[65], und schloß mit der Federal Reserve Bank of New York, dem amerikanischen Schatzamt oder beiden Währungsbehörden gemeinsam eine Reihe von Swapgeschäften außerhalb der beiden regulären Swap-Vereinbarungen ab. Bei diesen Abschlüssen, die Laufzeiten von drei Monaten hatten, aber meist prolongiert wurden, handelte es sich darum, den amerikanischen Währungsbehörden Valuten, die sie für die Rückzahlung von Krediten aus bilateralen Swapabkommen benötigten, gegen andere Währungen, in denen sie über ausreichende Bestände verfügten, zu überlassen. Derartige Transaktionen entsprechen der Funktionsweise des bestehenden Währungssystems, in dem sich Zahlungsbilanzdefizite und -überschüsse außerhalb der Vereinigten Staaten zunächst in der Veränderung der Dollarreserven der entsprechenden Notenbanken niederschlagen. Ein Währungsausgleich zwischen Überschuß- und Defizitländern ist daher häufig nur unter Zwischenschaltung der amerikanischen Leitwährung möglich, wie aus folgendem Beispiel deutlich wird:

Weist die italienische Zahlungsbilanz ein Defizit, die deutsche Zahlungsbilanz einen Überschuß auf, so nehmen die Dollar-Reserven der Bundesbank zu und die italienische Notenbank benötigt Dollar-Guthaben; denn beide Zentralbanken kaufen oder verkaufen die eigene Währung fast ausschließlich gegen Dollars. Die Banca d'Italia kann sich

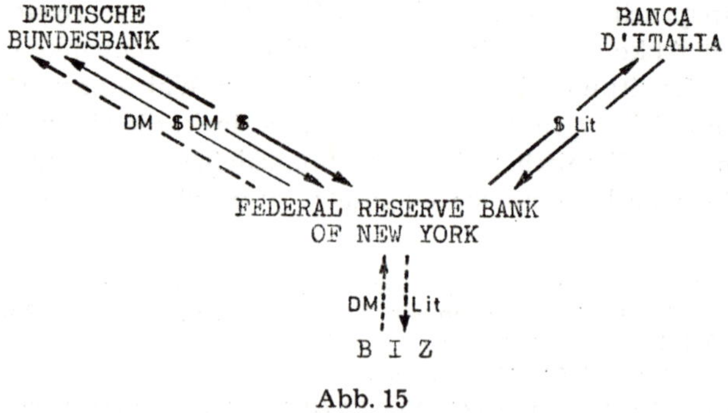

Abb. 15

[64] Vgl. Art. 3 der Statuten der BIZ.

[65] Vgl. Art. 22 Buchst. d der Statuten der BIZ.

die amerikanische Währung beispielsweise durch eine Ziehung auf ihr Swapabkommen mit der Federal Reserve Bank of New York beschaffen; diese erhält dadurch automatisch ein Lira-Guthaben.

Um zu vermeiden, daß die Bundesbank die ihr zugeflossenen Dollar-Reserven in Gold einlöst, kann die Federal Reserve Bank of New York mit ihr ein D-Mark-Dollar-Swapgeschäft abschließen (dünne Pfeile in Abb. 15) und die erhaltenen D-Mark zum Rückkauf eigener Währung verwenden (stark ausgezogener Pfeil in Abb. 15). Nach Abschluß der genannten Transaktionen verfügt sie also über ein Lira-Guthaben und schuldet D-Mark.

Die Rückzahlung des D-Mark-Kredits kann, wenn sie nicht auf direktem Wege durch Erwerb der deutschen Währung am Devisenmarkt möglich ist, mit Hilfe eines D-Mark-Lira-Swapgeschäfts mit der BIZ erfolgen (unterbrochene Pfeile in Abb. 15). Letztlich werden dadurch Dollar-Reserven der deutschen Notenbank in eine D-Mark-Forderung an die BIZ umgewandelt; denn diese beschafft sich die von ihr ausgeliehenen D-Mark auf dem Kreditwege. Die New Yorker Reservebank gewährt nach Abschluß des Swapgeschäfts mit der BIZ der Banca d'Italia weiterhin einen Dollar-Kredit und schuldet nunmehr der BIZ D-Mark; faktisch sind also alle Kreditbeziehungen prolongiert worden; die Bundesbank finanziert weiterhin das italienische Zahlungsbilanzdefizit.

Der Sinn derartiger Dreiecksgeschäfte, die in der Praxis fast ausschließlich zur Liquidation von Swapverbindlichkeiten gegenüber der Schweizerischen Nationalbank eingesetzt wurden[66], ist in den institutionellen Beschränkungen der schweizerischen Währungspolitik zu sehen: indem sich die BIZ durch ein Gold-Franken-Swapgeschäft mit der Nationalbank refinanzierte, konnte der Schweizer Devisenzufluß als Goldreserve ausgewiesen werden[67]. Hatte die Nationalbank ursprünglich die ihr aus dem Swapgeschäft mit der New Yorker Reservebank zugeflossenen kursgesicherten Devisen für Geldexportgeschäfte eingesetzt, um Binnenliquidität abzuschöpfen, und wurde das Swapgeschäft mit Hilfe eines Drittwährungsswapgeschäfts aufgelöst, so vereinbarte sie mit der BIZ, daß diese die benötigten Franken-Kredite am Schweizer Geldmarkt aufnahm. Dadurch konnte das Swapgeschäft aus der Sicht der Nationalbank liquidiert werden, ohne daß eine neuerliche Verflüssigung des Schweizer Geldmarkts stattfand.

Die beschriebenen Swapgeschäfte mit Drittwährungen wurden erstmals im Dezember 1962 zur Liquidation von „outright"-Termingeschäf-

---

[66] Einige Swapgeschäfte wurden auch zwecks Rückzahlung von Gulden-Verbindlichkeiten der Federal Reserve Bank of New York abgeschlossen; vgl. *Coombs:* Report, a.a.O., Vol. 52 (1966), S. 325 (Fußnote 1).

[67] Die auf S. 118 gemachten Vorbehalte gelten hier sinngemäß.

ten der Federal Reserve Bank of New York in Schweizer Franken eingesetzt[68], später auch zum Abbau von Swap-Verbindlichkeiten gegenüber der BIZ selbst oder der Nationalbank[69]. Teilweise dienten die Operationen auch zur Beschaffung von Valuten, mit denen Dollar-Reserven der entsprechenden Zentralbank angekauft wurden[70]. Die New Yorker Reservebank setzte dabei hauptsächlich Pfunde und D-Mark ein[71]; da diese Transaktionen die währungspolitische Autonomie der beteiligten Zentralbanken stark berührten, wurden sie mit diesen abgesprochen[72].

Die Liquidation der Dreiecksswapgeschäfte erfolgte in der gleichen Weise wie die der übrigen Swap-Verbindlichkeiten, d. h. durch Schweizer-Franken-Käufe am Markt oder von der Nationalbank bzw. durch Ausgabe kurzfristiger Schuldverschreibungen des amerikanischen Schatzamts an die BIZ, in einigen Fällen auch durch weitere Dreiecksswapgeschäfte oder Ziehungen beim Internationalen Währungsfonds[73].

2. Die Übernahme amerikanischer Schweizer-Franken-Schatzanweisungen[74]

Da sowohl die Interventionen der amerikanischen Währungsbehörden am Terminmarkt für Schweizer Franken als auch die mit der Nationalbank abgeschlossenen Swapgeschäfte nur dazu dienen sollten, kurzfristige Geldbewegungen auszugleichen bzw. vorübergehende Devisenzuflüsse der Nationalbank gegen Kursrisiken zu sichern[75], erwies es sich auch im Falle der Schweiz wiederholt als notwendig, diese Geschäfte zu konsolidieren, wenn ihre Abwicklung nicht innerhalb einer angemessenen Frist möglich war. Dies geschah wie im Falle der D-Mark-Ziehungen zum Teil durch Ausgabe von Schuldverschreibungen des amerikanischen Schatzamts, die auf die Währung des Gläubigers — in diesem Falle also auf Schweizer Franken — lauteten. Die Titel wurden von der Nationalbank, von der Eidgenossenschaft oder von der Bank für Inter-

---

[68] Vgl. *Coombs:* Report, a.a.O., Vol. 49 (1963), S. 318.

[69] Ebd., S. 1222; Vol. 51 (1965), S. 1231; Vol. 53 (1967), S. 361.

[70] Ebd., Vol. 52 (1966), S. 325.

[71] Die Pfund-Guthaben standen der Federal Reserve Bank of New York aus Dollar-Ziehungen der Bank von England zur Verfügung, die D-Mark-Guthaben erwarb sie am Devisenmarkt.

[72] *Coombs:* Report, a.a.O., Vol. 49 (1963), S. 1222.

[73] Vgl. *Coombs:* Report, a.a.O., Vol. 51 (1965), S. 1228, 1231 f.; Vol. 52 (1966), S. 323, 1325; Vol. 53 (1967), S. 361.

[74] Vgl. Tabelle 9 im Anhang. — *Baur:* Wandlungen, S. 140 f.

[75] „Thus, the piling up of hot money in Swiss commercial banks was essentially a temporary, reversible phenomenon that might properly be dealt with by compensatory action by the two central banks concerned.“ (*Coombs:* Report, a.a.O., Vol. 48 [1962], S. 1143).

nationalen Zahlungsausgleich übernommen. Da die Plazierung der zuletzt genannten Emissionen mit der Nationalbank abgesprochen wurde und den Schweizer Geldmarkt unmittelbar berührte, werden die Transaktionen hier gemeinsam behandelt.

Zielsetzungen und technische Durchführung der Emissionen stimmten weitgehend mit denen der D-Mark-Emissionen überein[76]. Auch hier handelte es sich um die vorübergehende Umwandlung von Dollar-Reserven in Auslandsforderungen in eigener Währung. Es ist jedoch auf einige Besonderheiten hinzuweisen, die sich aus den institutionellen Rahmenbedingungen der schweizerischen Währungspolitik erklären lassen.

Während die von der Bundesbank übernommenen Schuldtittel Laufzeiten zwischen 15 Monaten und 4½ Jahren hatten, waren die Schweizer-Franken-Schatzanweisungen nach spätestens 18 Monaten fällig; dabei kann zwischen sogenannten „certificates of indebtedness" mit Laufzeiten bis zu einem Jahr und „Swiss franc bonds" („Roosa-Bonds") mit Laufzeiten zwischen 12 und 24 Monaten unterschieden werden[77].

Zertifikate mit Laufzeiten von drei Monaten gab das Schatzamt bereits im Juli 1961 im Rahmen einer mit der Nationalbank vereinbarten Kreditlinie aus. Es handelte sich dabei um die erste Emission auf fremde Währung lautender Schuldverschreibungen des amerikanischen Schatzamts überhaupt. Der Erlös, 200 Mio. sFr., wurde zur Abwicklung fällig werdender Franken-Termingeschäfte verwendet. Das Schatzamt verzinste die Titel mit 1¼ % p. a. und zahlte sie bei Fälligkeit aus dem Erlös von Dollar-Abgaben an die Nationalbank zurück. Spätere Emissionen dienten zur Bereitstellung von Interventionsreserven für die amerikanischen Währungsbehörden oder zur Liquidation von Swapgeschäften mit der Nationalbank bzw. von Drittwährungs-Swapgeschäften mit der BIZ. Gelegentlich erwarb das Schatzamt mit den erhaltenen Frankenguthaben Gold von der Nationalbank; in diesen Fällen wurden durch die Transaktionen letztlich Goldreserven des Schweizer Noteninstituts durch verzinsliche, kursgesicherte Auslandsforderungen ersetzt[78]. Die Titel wurden bei Fälligkeit in der Regel erneuert oder durch etwas längerfristige Papiere ersetzt.

Nach der Aufwertung des Schweizer Frankens am 9. Mai 1971 löste das Schatzamt die ausstehenden Franken-Schuldverschreibungen ein, indem

---

[76] Vgl. S. 104 ff.

[77] Die Fristigkeit der Schuldverschreibungen ist für die amerikanischen Währungsbehörden aus zahlungsbilanztechnischen Gründen von Bedeutung, da nur Papiere mit Laufzeiten von wenigstens 15 Monaten als Kapitalimport gelten, kürzerfristige Kredite hingegen „unter dem Strich" ausgewiesen werden. Vgl. *Baur:* Wandlungen, S. 141 (Fußnote 37).

[78] Vgl. Gb-Nbk 1962, S. 16.

es die erforderlichen Franken-Guthaben zur alten Parität von der Nationalbank erwarb, und ersetzte sie durch neue Schuldverschreibungen mit dem gleichen Franken-Nennwert. Die Nationalbank hatte also den Wertverlust ihrer Auslandsforderungen, der im wesentlichen auf dem gegenüber dem Franken höheren realen Kaufkraftverlust des Dollars beruhte und in der Aufwertung der Schweizer Währung seinen Niederschlag fand, selbst zu tragen, weil das Schatzamt die Goldparität des Dollars formal aufrechterhielt.

Die Schweizerische Nationalbank ist nicht befugt, Schuldverschreibungen ausländischer Währungsbehörden mit Verfallzeiten von mehr als drei Monaten anzukaufen[79]. Als sie im Oktober 1962 Schatzanweisungen mit Laufzeiten zwischen fünf und acht Monaten übernahm, vereinbarte sie daher mit dem amerikanischen Schatzamt, daß diese Titel jederzeit in Papiere mit dreimonatiger Laufzeit, die kurzfristig kündbar sind, umgewandelt werden konnten.

Die mittelfristigen „Roosa-Bonds" wurden wegen der strengen Liquiditätsvorschriften der Nationalbank bis zum Jahre 1964 vom Bund übernommen. Dieser hatte Ende der fünfziger und Anfang der sechziger Jahren 1961 und 1962 einen beträchtlichen Teil der Franken-Terminverpolitischen Gründen nicht am Schweizer Geldmarkt angelegt werden konnten. Die Stillegung der Guthaben bei der Nationalbank hätte jedoch zu einem sehr niedrigen Zinssatz erfolgen müssen. Die Gelder wurden daher zum großen Teil in amerikanischen Titeln angelegt. Hierfür waren umfangreiche Kurssicherungsabschlüsse notwendig, die in den Jahren 1961 und 1962 einen beträchtlichen Teil der Franken-Terminverkäufe des amerikanischen Schatzamts absorbierten[80]. Das Schatzamt stellte dem Bund daher im Herbst 1962 direkte Anlagemöglichkeiten in Form von „Roosa-Bonds" zur Verfügung; die Verzinsung der Titel entsprach ungefähr dem Mittelwert zwischen den amerikanischen und den Schweizer Geldmarktsätzen. Mit dem Franken-Erlös dieser Emissionen wurde der größte Teil der bis Ende 1962 abgeschlossenen Termingeschäfte liquidiert.

Die von der Nationalbank seit 1964 übernommenen Bonds waren mit einer Garantie des Bundes versehen. Auch die BIZ erwarb seit 1964 einige Schatzanweisungen, deren Erlös das Schatzamt zur Rückzahlung von Franken-Swapverbindlichkeiten oder zum Ankauf von Schweizer Dollar-Reserven verwendete.

Die von der BIZ und der Nationalbank übernommenen Titel bildeten in einigen Fällen die Grundlage kontraktiver Offenmarktoperationen

---

[79] Vgl. Art. 14 Ziff. 3 NBG.

[80] Vgl. *Coombs:* Report, a.a.O., Vol. 49 (1963), S. 318.

am Schweizer Geldmarkt[81]. Aufgrund des Zinsertrages der Schuldverschreibungen wurden die Währungsinstitute in die Lage versetzt, ihrerseits verzinsliche Geldmarktpapiere auszugeben. Die BIZ emittierte eigene Schuldverschreibungen in Form dreimonatiger Solawechsel; der Nationalbank wurden vom Bund eigens zu diesem Zweck geschaffene Titel, sogenannte „Geldmarktreskriptionen", zur Verfügung gestellt. Diese waren von der Notenbank zu verzinsen und wurden von ihr zu Anspannungsterminen vorübergehend „in Pension" genommen.

Sollten Anlagen Schweizer Kreditinstitute in Geldmarktpapieren der BIZ im Rahmen einer expansiven Geldpolitik endgültig liquidiert werden, so mußte die Nationalbank dem Schatzamt zunächst Schweizer-Franken-Guthaben zur Verfügung stellen, mit denen dieses Swapverbindlichkeiten gegenüber der BIZ auflöste. Die BIZ kaufte mit den ihr zufließenden Franken die von ihr emittierten Geldmarktpapiere zurück[82].

D. Die Ergänzung des währungspolitischen Instrumentariums durch Devisentermingeschäfte

Die Maßnahmen der Zentralnotenbanken sind auf zwei Hauptziele gerichtet: im binnenwirtschaftlichen Bereich auf die Stabilerhaltung der Kaufkraft durch Regulierung des Kreditvolumens, im außenwirtschaftlichen Bereich auf die Erhaltung der internationalen Währungsordnung durch Regulierung der Wechselkurse und der Kreditbeziehungen zwischen In- und Ausland. Dementsprechend ist zwischen zwei Teilbereichen der Währungspolitik zu unterscheiden: der „inneren" Währungspolitik (Kreditpolitik) und der „äußeren" Währungspolitik, die im Rahmen des bestehenden Weltwährungssystems mit dem Terminus „Zahlungsbilanzpolitik" umschrieben werden kann.

Auf dem Gebiet der Kreditpolitik haben die konventionellen Instrumente der Notenbank durch die fortschreitende Liberalisierung des internationalen Zahlungsverkehrs viel von ihrer Wirksamkeit eingebüßt, weil die Wirtschaftssubjekte die Wirkungen zins- und liquiditätspolitischer Maßnahmen der Notenbank durch Kreditgeschäfte mit dem Ausland teilweise ausgleichen können; zur Regulierung grenzüberschreitender Geldströme können die „klassischen" Instrumente der No-

---

[81] Vgl. S. 137 f.

[82] Ein solches Dreiecksgeschäft wurde beispielsweise im Frühjahr 1970 durchgeführt. In Zusammenhang damit sank der Zinssatz für Tagesgeld in Zürich von etwa 5 % im April auf 2¾ % im Mai, während sich Tagesgeld am Eurodollarmarkt in beiden Monaten mit etwa 8¼ % verzinste. Vgl. dazu *Coombs:* Report, a.a.O., Vol. 56 (1970), S. 703. — Mb-Bbk, Januar 1971, S. 47* (Tabelle V. 8.).

tenbank nur eingesetzt werden, wenn dadurch das binnenwirtschaftliche Gleichgewicht nicht gestört wird.

Im Folgenden soll anhand der währungspolitischen Rahmenbedingungen in der Bundesrepublik und in der Schweiz untersucht werden, inwieweit die Devisenterminpolitik die Instrumentarien der Deutschen Bundesbank und der Schweizerischen Nationalbank auf kredit- und auf währungspolitischem Gebiet ergänzen kann.

I. Die Erweiterung des kreditpolitischen Instrumentariums[1]

Die Deutsche Bundesbank verfügt zur Regulierung des Kreditvolumens über die klassischen Instrumente Diskont-, Lombard-, Mindestreserve- und Offenmarktpolitik; daneben hat sie einen gewissen Einfluß auf die Kassenhaltung der öffentlichen Hand (Einlagenpolitik)[2]. Gelegentlich bedient sie sich der Politik der „Moral Suasion", die darin besteht, „die Wirtschaftssubjekte ... ohne Zwang zu dem wirtschaftspolitisch erwünschten Verhalten zu veranlassen, und zwar durch kein anderes Mittel als durch das gesprochene Wort oder andere Formen der Kommunikation"[3]; diese Politik spielt jedoch in der Bundesrepublik eine verhältnismäßig geringe Rolle.

Die Schweizerische Nationalbank ist ebenfalls mit den klassischen Instrumenten der Notenbankpolitik ausgestattet[4]; das Recht, auf die öffentliche Kassenhaltung Einfluß zu nehmen und von den Kreditinstituten die Unterhaltung bestimmter Mindestguthaben bei der Notenbank zu verlangen, ist allerdings im „Bundesgesetz über die Schweizerische Nationalbank" nicht vorgesehen.

---

[1] Der institutionelle Rahmen der Währungspolitik ist in der Bundesrepublik im wesentlichen festgelegt durch das Gesetz über die Deutsche Bundesbank vom 26. Juli 1957 (BGBl. I, S. 745), das Gesetz zur Förderung der Stabilität und des Wachstums der Wirtschaft vom 8. Juni 1967 (StabG) (BGBl. I, S. 582) und das Außenwirtschaftsgesetz vom 28. April 1961 (AWG) (BGBl. I, S. 481) nebst Verordnung zur Durchführung des Außenwirtschaftsgesetzes (AWV) vom 22. August 1961 (BGBl. I, S. 1381), in der Schweiz durch das Bundesgesetz über die Schweizerische Nationalbank vom 23. Dezember 1953 (Amtliche Sammlung der Bundesgesetze und Verordnungen der Schweizerischen Eidgenossenschaft, Jg. 1954, S. 599) und das Bundesgesetz über die Banken und Sparkassen vom 8. November 1934 (Bereinigte Sammlung der Bundesgesetze und Verordnungen 1848—1947, Bd. 10, S. 337).

[2] §§ 15, 16, 17, 19 BBG.

[3] *Günter Schmölders:* Wirtschaftspolitik mit dem Zeigefinger. Der Volkswirt, 14. Jg. (1960), H. 52/53, S. 56. — Zur Politik der „Moral Suasion" vgl. insbes. *Werner Siegert:* Währungspolitik durch Seelenmassage? Frankfurt a. M. 1963.

[4] Vgl. Art. 14 NBG. — *Kull:* Schweizerische Nationalbank, a.a.O., S. 383 ff. — *Klein:* Die Kreditplafondierung, S. 170 ff. — *Heinz Lutz:* Die Möglichkeiten der Schweizerischen Nationalbank zur Beeinflussung des Geld- und Kapitalmarktes. Winterthur 1958.

Die Einsatzfähigkeit der vorhandenen Instrumente ist wegen der traditionell hohen Liquidität der Schweizer Banken und des geringen Bestandes an Offenmarktpapieren sehr viel begrenzter als in der Bundesrepublik. Deshalb spielt die Politik der „Moral Suasion", die in den „Gentlemen's Agreements" zwischen der Notenbank und den Geschäftsbanken ihren Niederschlag findet, in der Schweiz eine wichtige Rolle[5]. Darüber hinaus hat die Nationalbank — wie die Bundesbank[6] — die Möglichkeit gewisser administrativer Eingriffe in das Währungsgeschehen. So ist ihr beispielsweise das Recht eingeräumt worden, gegen bestimmte Kapitalexportgeschäfte der Kreditinstitute Einspruch zu erheben[7]. Ferner kann sie auf den Zinssatz der Kassenobligationen, die in erster Linie von den Kantonalbanken für Einlagen mit Laufzeiten von meist drei bis fünf Jahren ausgegeben werden, Einfluß nehmen.

1. Offenmarktpolitik

Unter Offenmarktpolitik im engeren Sinne versteht man den An- und Verkauf öffentlicher Titel durch die Zentralbank für deren Rechnung[8]. Der Einfluß von Offenmarktoperationen auf die Liquidität der Geschäftsbanken ist dem entsprechender internationaler Geldmarktgeschäfte sehr ähnlich: In beiden Fällen wird Primärliquidität in Sekundärliquidität oder diese in Primärliquidität überführt; es findet also eine Demonetisierung bzw. Monetisierung primärer Aktiva bei der Notenbank statt. Daher sieht *Klein* in den Geldexportgeschäften der Notenbanken — mit Blick auf die Swap-Operationen der Deutschen Bundesbank — „nichts anderes als Offenmarktgeschäfte in US-Schatzwechseln"[9]; auch *Schneider* versteht unter Offenmarktpolitik den „An- und Verkauf von primären Aktiva, d. h. von Gold, V a l u t e n und festverzinslichen Wertpapieren für eigene Rechnung auf dem offenen Markt"[10].

Um die Wirksamkeit von Offenmarktoperationen und Devisentermingeschäften vergleichen zu können, müssen drei Fragen näher untersucht

---

[5] „Während sie (Moral Suasion und Gentlemen's Agreements, Anm. d. Verf.) in anderen Ländern — wenn überhaupt — nur eine mehr oder weniger untergeordnete oder ergänzende Rolle innerhalb des notenbankpolitischen Instrumentariums spielen, sind sie *in der Schweiz die wichtigsten Instrumente.*" (*Egon Tuchtfeldt:* Gentlemen's Agreements als Instrument der schweizerischen Geldpolitik. In: *C. A. Andrae / K. H. Hansmeyer / G. Scherhorn* [Hrsg]: Geldtheorie und Geldpolitik. Berlin 1968. S. 137.).

[6] Vgl. etwa die Möglichkeit der Einflußnahme auf Rechtsgeschäfte im Außenwirtschaftsverkehr gem. § 52 f. AWV.

[7] Art. 8 des Bundesgesetzes über die Banken und Sparkassen.

[8] Vgl. *Bertfried Stadermann:* Offenmarktgeschäfte als Instrument der Liquiditätspolitik. Frankfurt a. M. 1961. S. 25 ff.

[9] *Klein:* Kreditplafondierung, S. 55.

[10] *Schneider:* Einführung, S. 70 (Sperrung vom Verfasser).

werden: die tatsächliche Änderung der Liquiditätssituation des Geschäftsbankensektors nach dem alternativen Einsatz beider Instrumente, die Rentabilitätsüberlegungen der Kreditinstitute und die Flexibilität des Einsatzes beider Instrumente. Darüber hinaus ist der Bestand der Notenbank an Offenmarkttiteln und an unbeschränkt verwendbaren Auslandsforderungen für die praktische Einsatzfähigkeit der beiden Instrumente von Bedeutung. Im Falle der Bundesrepublik kann die Analyse auf den Einsatz kontraktiver Maßnahmen beschränkt werden, da die Bundesbank Devisentermingeschäfte lediglich zur Förderung des Geldexports, d. h. im Sinne einer restriktiven Geldpolitik einsetzte[11].

Offenmarkt- und Devisentermingeschäfte zielen auf die Veränderung der Struktur der Liquiditätsreserven der Kreditinstitute. Da die Umschichtung den Zweck hat, die Ausleihungen der Geschäftsbanken an Nichtbanken zu verändern, wird der Erfolg der Notenbankpolitik von der Mobilisierbarkeit der umgeschichteten Reserven wesentlich mitbestimmt. Im Falle kontraktiver Maßnahmen hängt diese zunächst von der Fristigkeit der von der Notenbank zur Verfügung gestellten Liquiditätsanlagen ab.

Die *Deutsche Bundesbank* führt ihre Offenmarktoperationen in der Regel mit Titeln mit Fälligkeiten zwischen 30 Tagen und 2 Jahren durch[12]; Devisentermingeschäfte schloß sie bisher über Laufzeiten zwischen 5 Tagen und 6 Monaten ab[13]. Das angegebene Spektrum der Laufzeiten kennzeichnet jedoch lediglich den Rahmen der liquiditätspolitischen Maßnahmen im Zeitablauf; insbesondere Swapgeschäfte wurden im konkreten Fall meist nur in einem sehr viel engeren Fälligkeitsbereich durchgeführt. Der Vergleich zeigt jedoch, daß eine Ergänzung der Offenmarktgeschäfte durch die Devisenterminpolitik im Falle der Bundesbank nur im kurzfristigen Bereich denkbar ist. Das gleiche gilt für die Geldexportgeschäfte der Schweizerischen Nationalbank, die in der Regel Laufzeiten von drei Monaten hatten. Dagegen wurde mit der Übernahme von D-Mark-Schuldverschreibungen des amerikanischen Schatzamts mit einer Laufzeit von 4½ Jahren durch deutsche Geschäftsbanken der Fristigkeitsbereich normaler Offenmarktgeschäfte erheblich überschritten[14].

Ausschlaggebend für die Mobilisierbarkeit der von der Notenbank zur Verfügung gestellten Liquiditätsanlagen ist jedoch nicht deren Fristig-

---

[11] Gelegentlich erhöhte die Bundesbank allerdings ihre Kurssicherungskosten, um eine Verknappung am Binnengeldmarkt infolge allzu hoher Geldexporte zu verhindern. Vgl. *Coombs:* Report, a.a.O., Vol. 55 (1969), S. 701.

[12] Seit August 1967 führt die Bundesbank auch Offenmarktgeschäfte mit langfristigen Wertpapieren durch.

[13] Vgl. Tabelle 1 im Anhang.

[14] Vgl. S. 106, Fußnote 71.

keit, sondern der Verlust, den die Geschäftsbanken bei vorfristiger Liquidierung hinnehmen müssen[15] bzw. die Möglichkeit vorfristiger Auflösung überhaupt. Die von der Bundesbank abgegebenen Offenmarkttitel können jederzeit zurückgereicht werden. Solange die Offenmarktsätze unverändert bleiben, erleiden die Kreditinstitute dabei lediglich einen Verlust in Höhe der Differenz zwischen Rücknahme- und Abgabesatz unter Berücksichtigung der Restlaufzeit[16]. Hat die Notenbank die Rücknahmesätze in der Zwischenzeit erhöht, so steigen die bei der Mobilisierung entstehenden Kosten — und damit die Opportunitätskosten einer Kreditgewährung — entsprechend an[17]. Daraus folgt, daß durch die Erhöhung der Offenmarktsätze in erster Linie die Mobilisierbarkeit der bereits im Portefeuille der Banken befindlichen Schuldverschreibungen eingeschränkt wird, während der kontraktive Effekt zusätzlich an den Bankensektor abgegebener Titel als gering angesehen werden muß, da diese nur die Struktur, nicht den Umfang der Liquiditätsreserven der Kreditinstitute verändern; hingegen vermindern Verkäufe von langfristigen Wertpapieren, von Mobilisierungspapieren an Nichtbanken und allgemein von Offenmarktpapieren, deren vorzeitige Rückgabe ausgeschlossen ist[18], die Bankenliquidität wesentlich stärker.

Der Grad der vorfristigen Mobilisierbarkeit von *Auslandsanlagen* hängt nicht nur von den Bedingungen, zu denen die Notenbank Swapgeschäfte abschließt, sondern auch von den Anlagegewohnheiten der Geschäftsbanken ab. Bis 1965 erwarben die Kreditinstitute im Rahmen ihrer Geldexportgeschäfte in erheblichem Umfang kurzfristige amerikanische Schatzwechsel, sogenannte „treasury bills". Die Mobilisierung dieser Titel war wegen der geringen Marge zwischen An- und Verkaufssätzen zuweilen kostengünstiger als die entsprechender deutscher Geldmarktpapiere[19]; Schwierigkeiten konnten sich jedoch aus der Deckung des Kursrisikos für die Restlaufzeit ergeben, das aufgrund der Terminverbindlichkeit gegenüber der Bundesbank entstand[20]. Da Kurs-

---

[15] Vgl. *Stadermann:* Offenmarktgeschäfte, S. 65 ff. — *Brehmer:* Struktur und Funktionsweise, S. 116 f.

[16] Wird beispielsweise eine unverzinsliche Schatzanweisung über 1 Mio. DM mit einer Laufzeit von 6 Monaten (Abgabesatz 6 %, Rücknahmesatz 6,25 %) nach drei Monaten an die Bundesbank zurückgereicht, so vermindert sich der Zinsertrag der ersten drei Monate von 15 000 DM um 625 DM.

[17] Werden in dem in Fußnote 16 dargestellten Beispiel Abgabe- und Rücknahmesatz innerhalb der ersten drei Monate um je 2 % erhöht, so vermindert sich bei einer Rückgabe des Papiers nach drei Monaten der Zinsertrag um 5625 DM, also um mehr als ein Drittel.

[18] Vgl. *Deutsche Bundesbank* (Hrsg.): Die währungspolitischen Institutionen und Instrumente in der Bundesrepublik Deutschland. Sonderdruck. (Frankfurt a. M. 1971.) S. 55.

[19] Vgl. *Lipfert:* Internationaler Devisen- und Geldhandel, S. 129.

[20] Vgl. S. 70. — Die Bundesbank kam jedoch den Kreditinstituten bei einer

sicherungsgeschäfte über andere Fristigkeiten als volle Monate unverhältnismäßig kostspielig sind, glichen die Banken dieses Risiko meist im Rahmen ihrer „Gesamtposition" aus.

Zu Anspannungsterminen erwiesen sich die Anlagen der Kreditinstitute im Ausland gleichwohl als weniger mobil als solche am Binnengeldmarkt; sie wurden in diesen Fällen nur relativ selten in größerem Umfang aufgelöst[21]. Der scheinbare Widerspruch zu dem oben Gesagten erklärt sich daraus, daß bei Anspannungsterminen am Binnengeldmarkt, von denen der gesamte Geschäftsbankensektor betroffen ist, bei der Auflösung der Anlagen wegen der großen Zahl gleichartiger Dispositionen in der Regel Kursverluste in Kauf genommen werden müssen; besteht hingegen ein Liquiditätsbedarf nur bei einer einzelnen Bank, so wird die Kursbildung am Devisenmarkt durch den Verkauf von Auslandsguthaben nicht merklich beeinflußt.

Während also bis etwa 1965 die Mobilisierbarkeit zumindest eines Teils der Geldanlagen im Ausland[22] bei übersichtlichen Devisenmärkten nicht geringer war als die deutscher Offenmarktpapiere, verminderte sie sich seither entscheidend; denn seit der Wiederaufnahme der Swapabschlüsse durch die Bundesbank im Herbst 1967 liehen die Kreditinstitute Fremdwährungsguthaben fast ausschließlich in Form von Termindepositen am Euro-Geldmarkt aus, die sich vor Fälligkeit nicht auflösen lassen[23].

Die Wirksamkeit eines marktkonformen liquiditätspolitischen Instruments wird durch die Rentabilitäts- und Sicherheitsüberlegungen der Geschäftsbanken wesentlich mitbestimmt. Auslandsanlagen sind stets mit schwer kalkulierbaren Risiken (z. B. Transferbeschränkungen) verbunden und darüber hinaus — soweit es sich um Termingelder handelt — weniger liquide als Offenmarktpapiere. Die Notenbank muß also, um Geldexporte herbeizuführen, die Kurssicherungskosten so festsetzen, daß die Kreditinstitute für Auslandsanlagen eine höhere Nettoverzinsung erhalten als für inländische Offenmarktpapiere gleicher Fristigkeit. Daraus folgt, daß die Kosten von Swapoperationen in der

---

notwendig werdenden Auflösung von Auslandsengagements gelegentlich entgegen.

[21] Vgl. *Hein:* Geldmarktgeschäfte, S. 201 f. — Anderer Ansicht: Gb-Bbk 1961, S. 72. — Gb-Bbk 1962, S. 16 f.

[22] Von März 1964 bis November 1967 und im November 1968 übernahm die Bundesbank nur die Kurssicherung für Anlagen in amerikanischen Schatzwechseln.

[23] Die kontraktive Wirkung der Geldexportpolitik hat sich dadurch nicht erhöht, weil die Kreditinstitute gleichzeitig die Möglichkeit erhielten, einen vorübergehenden Geldbedarf am Euro-Geldmarkt zu decken. Darüber hinaus staffeln sie ihre Terminengagements und ihre Anlagen in Offenmarktpapieren so, daß ihnen laufend Liquidität zufließt.

Regel etwas höher liegen als die vergleichbarer Offenmarktgeschäfte[24]. Ein anderes Hemmnis für den Abschluß von Kurssicherungsgeschäften — insbesondere solchen über die Bilanzstichtage der Kreditinstitute hinweg — besteht darin, daß Termingelder wegen ihrer relativ geringen Liquidität von den Banken nur ungern in den Bilanzen ausgewiesen werden.

Ein wichtiges Kriterium für die Beurteilung notenbankpolitischer Maßnahmen ist deren „Flexibilität“, also die Möglichkeit, kurzfristig Anpassungen an veränderte währungspolitische Situationen vorzunehmen. Bereits an den Geschäftsbankensektor abgegebene Offenmarktpapiere können durch eine autonome Anhebung der Marktsätze von Seiten der Bundesbank immobilisiert werden; durch Senkung der Abgabesätze kann die Notenbank einen Anreiz zur vorfälligen Rückgabe der Papiere schaffen[25]. Die vorfristige Liquidation von Auslandsanlagen hingegen ist aufgrund der Anlagegewohnheiten der Kreditinstitute meist nicht möglich; eine Änderung des Umfangs der Auslandsanlagen muß durch veränderte Kurssicherungsbedingungen für Neuabschlüsse erfolgen. Daher sind der Devisenterminpolitik hinsichtlich der Laufzeit der Abschlüsse relativ enge Grenzen gesetzt.

Vom Volumen her hatte die Deutsche Bundesbank beim Einsatz der Offenmarkt- und der Geldexportpolitik einen relativ weiten Spielraum. Für kontraktive Offenmarktoperationen stehen ihr in erster Linie Schatzwechsel und Schatzanweisungen des Bundes aus dem Umtausch ihrer Ausgleichsforderungen in Höhe von 8,1 Mrd. DM zur Verfügung[26]; darüber hinaus kann sie, wenn diese „Mobilisierungstitel“ in Umlauf gebracht sind, verlangen, daß ihr der Bund zusätzliche „Liquiditätspapiere“ bis zum Nennwert von 8 Mrd. DM zur Verfügung stellt, deren Gegenwert auf einem Sonderkonto bei der Notenbank stillgelegt wird[27].

---

[24] Vgl. S. 177 f.

[25] In dem oben in Fußnote 16 angeführten Beispiel würde die Geschäftsbank bei Senkung von Abgabe- und Rücknahmesatz um je 2 % einen Kursgewinn von 4375 DM realisieren.

[26] Vgl. § 42 Abs. 1 BBG (BGBl. I 1967, S. 588). — Ausgleichsforderungen sind verzinsliche Schuldbuchforderungen gegen Bund oder Länder, welche Geschäftsbanken, Versicherungen, die Bank deutscher Länder, die Landeszentralbanken und die Bundespost, die durch die Währungsreform ihre Forderungen gegen das Deutsche Reich verloren hatten, zum Ausgleich ihrer Bilanzen erhielten, soweit die auf D-Mark umgestellten Verbindlichkeiten und Eigenkapitalausstattungen nicht durch andere Aktiva gedeckt waren. Die Tilgung erfolgt seit dem 1. Januar 1956 planmäßig nach dem Gesetz über die Tilgung von Ausgleichsforderungen (außer den von der Deutschen Bundesbank übernommenen Forderungen der Bank deutscher Länder und der Landeszentralbanken), außerdem aus einem Fonds, der im wesentlichen aus Gewinnanteilen der Bundesbank gespeist wird.

[27] Vgl. § 42 a BBG (BGBl. I 1967, S. 588). — Die Bundesbank gab solche Titel erstmals im Januar 1971 ab; vgl. Mb-Bbk, Februar 1971, S. 14.

Für Geldexportgeschäfte kann die Bundesbank außer ihren unbeschränkt verwendbaren Auslandsforderungen ihre Goldreserven einsetzen. Die Summe dieser Auslandsaktiva schwankte in der Zeit von Ende 1958 bis Ende 1971 ungefähr zwischen 16 und 58 Mrd. DM.

Die *Schweizerische Nationalbank* ist zum „An- und Verkauf von Schatzanweisungen und Schuldverschreibungen des Bundes und der Bundesbahnen, eidgenössischen Schuldbuchforderungen, Schuldverschreibungen der Kantone und der Kantonalbanken im Sinne des Bundesgesetzes über die Banken und Sparkassen sowie von Pfandbriefen der schweizerischen Pfandbriefzentralen" berechtigt[28]. Praktisch kommen für Offenmarktoperationen indes nur solche Papiere in Frage, deren Verfallzeit höchstens zwei Jahre beträgt, weil nur diese zur Notendeckung verwendet werden dürfen[29]. Offenmarktgeschäfte mit längerfristigen Schuldverschreibungen sind nur im Rahmen der eigenen Mittel des Noteninstituts möglich[30].

Da der Bund Ende der fünfziger und Anfang der sechziger Jahre erhebliche Budgetüberschüsse erzielte, war die Nationalbank nicht in der Lage, einen angemessenen Bestand von Offenmarktpapieren aufzubauen. Die geringe schwebende Staatsverschuldung wurde infolge der hohen Liquidität des Geschäftsbankensektors, die auf dem anhaltenden Zufluß von Auslandskrediten beruht, von diesem vollständig absorbiert. Zur Verringerung der Geldmenge griff die Notenbank daher zeitweise auf Goldabgaben zurück[31] und gab in den Jahren 1949—1951 und 1960 sog. „Sterilisierungsreskriptionen" ab. Bei diesen handelt es sich um Schatzanweisungen des Bundes, die — ähnlich wie die „Liquiditätspapiere" des § 42 a BBG — der Notenbank eigens zur Verminderung des Geldvolumens zur Verfügung gestellt wurden[32]. Der Nennwert der im Jahre 1960 ansgegebenen Titel, die Laufzeiten zwischen 9 und 18 Monaten hatten, betrug insgesamt 400 Mio. sFr. Der Gegenwert wurde auf einem Sonderkonto des Bundes bei der Notenbank stillgelegt[33]. Diese „nicht-

---

[28] Art. 14 Ziff. 2 NBG. — Zur Offenmarktpolitik der Nationalbank vgl. *Kull:* Schweizerische Nationalbank, S. 403 ff. — *Schweizerische Nationalbank* (Hrsg.): Schweizerische Nationalbank 1907—1957, S. 210 ff. — *Klein:* Kreditplafondierung, S. 175 ff.

[29] Im Gegensatz zum BBG verlangt das NBG die Deckung ausgegebener Banknoten durch Gold, Devisen und bestimmte Schuldtitel mit Restlaufzeiten bis zu 2 Jahren (Art. 19 NBG).

[30] Einbezahltes Grundkapital und Rücklagen der Nationalbank betrugen Ende 1970 zusammen 73 Mio. sFr.; vgl. Gb-Nbk 1970, S. 60.

[31] Vgl. *Kull:* Schweizerische Nationalbank, S. 406 f.

[32] Vgl. *Schweizerische Nationalbank* (Hrsg.): Schweizerische Nationalbank 1907—1957, S. 211. — Gb-Nbk 1960, S. 6 f. — *Baur:* Wandlungen, S. 107 f., 144. — *Kull:* Schweizerische Nationalbank, S. 404.

[33] Vgl. die Position „Verbindlichkeiten auf Zeit" in der Bilanz der Schweizerischen Nationalbank.

klassische" Offenmarktpolitik[34] ließ sich allerdings kaum erweitern; denn die Verzinsung der Schuldverschreibungen, die ausschließlich der Regulierung des Schweizer Geldmarkts dienten, mußte von der Nationalbank übernommen werden, deren Ertragslage wegen des hohen Goldanteils ihrer Währungsreserven relativ ungünstig ist[35].

Dem Schweizer Noteninstitut waren also bei kontraktiven Offenmarktoperationen in zweifacher Hinsicht enge Grenzen gesetzt: vom Volumen und von den Kosten her. Die von ihm und der Bank für Internationalen Zahlungsausgleich abgeschlossenen Franken-Termingeschäfte erweiterten daher seinen kreditpolitischen Handlungsspielraum in wesentlich stärkerem Maße, als dies bei der Deutschen Bundesbank der Fall war. Einmal konnte aufgrund dieser Operationen die Verzinsung der „Sterilisierungsreskriptionen" sichergestellt werden, zweitens erlaubten sie die Schaffung zusätzlicher Geldmarktpapiere und anderer Möglichkeiten zur Stillegung von Zentralbankgeld.

Durch Umwandlung „freier", nicht für die Abwicklung des Zahlungsverkehrs mit dem Ausland benötigter Dollar-Reserven in verzinsliche Franken-Schuldverschreibungen des amerikanischen Schatzamts beseitigte die Nationalbank das diesen Devisenguthaben anhaftende Währungsrisiko, ohne auf die Verzinsung der Reserven zu verzichten; ihre Ertragslage verbesserte sich also, da ohne Einsatz der Devisenterminpolitik die Kurssicherung von Devisenreserven nur durch Einlösung in Gold, d. h. unter Verzicht auf Zinserträge, möglich gewesen wäre.

Im August 1964 schuf sie in den sogenannten „Geldmarktreskriptionen" zusätzliche Anlagemöglichkeiten für die Geschäftsbanken am Binnengeldmarkt[36]. Dabei handelte es sich um Bundesschatzanweisungen mit einer Laufzeit von drei Monaten, die aber jederzeit bei der Notenbank „in Pension" gegeben werden konnten und dadurch zum Ausgleich kurzfristiger Liquiditätsschwankungen am Schweizer Geldmarkt beitrugen; die Banken machten von dieser Möglichkeit ausgiebig Gebrauch, wie die Bewegungen in der Position „Verbindlichkeiten auf Zeit" des Schweizer Notenbank-Ausweises zeigen. Da die Papiere, die bis 1968 bei Fälligkeit regelmäßig erneuert[37] und später allmählich zu-

---

[34] *Klein:* Kreditplafondierung, S. 179.

[35] Im Jahre 1960 betrug der Gewinn der Schweizerischen Nationalbank aus dem Verkehr mit Gold und Devisen 20 Mio. Schweizer Franken oder 0,23 % der durchschnittlichen Währungsreserven, der Zinsertrag der Deutschen Bundesbank aus ihren Geldanlagen im Ausland 522 Mio. DM oder 2,3% der durchschnittlichen Währungsreserven (berechnet nach den Angaben in Gb-Nbk 1960, S. 33, 54; Gb-Bbk 1960, S. 87, 100).

[36] Vgl. Gb-Nbk 1964, S. 7 f., 18. — *Coombs:* Report, a.a.O., Vol. 50 (1964), S. 1130. — *Lademann:* Chronik, a.a.O., 19. Jg. (1964), S. 325 f., 328. — *Baur:* Wandlungen, S. 143 (Fußnote 43).

[37] Vgl. Gb-Nbk 1968, S. 33.

rückgenommen wurden, ausschließlich zur Regulierung des Geldmarkts dienten, wurden sie — wie die Sterilisierungsreskriptionen — nicht vom Bund, sondern von der Nationalbank verzinst. Diese übernahm, um die Zinskosten zu decken, einen „Roosa-Bond" des amerikanischen Schatzamts im Nennwert der ausgegebenen Reskriptionen.

Auch die Bank für Internationalen Zahlungsausgleich gewährte dem Schatzamt in einigen Fällen Franken-Kredite gegen kurzfristige Franken-Schuldverschreibungen. Um sich die erforderlichen Guthaben in Schweizer Währung zu beschaffen, gab sie zwischen 1964 und 1969 im Umfang von jeweils 100 bis 300 Mio. sFr. (zusammen 1114 Mio. sFr.) Solawechsel an die Schweizer Banken ab[38]. Auch diese Geldmarktpapiere konnten vorübergehend bei der Nationalbank eingereicht werden.

Die durch die Emission der hochliquiden „Geldmarktreskriptionen" und Solawechsel bewirkte Verbreiterung des Schweizer Binnengeldmarkts versetzte die Kreditinstitute in die Lage, „einen beträchlichen Teil ihres Liquiditätsbedarfs am . . . Jahresende ohne Rücknahme von Auslandsanlagen und die damit verbundene Anspannung des Devisenmarktes . . . zu überbrücken"[39]. Es darf allerdings nicht übersehen werden, daß die Auflösung weniger liquider Auslandsanlagen zum Jahresende neben liquiditätsmäßigen auch rein bilanzierungstechnische Gründe hat. Scheuen die Geschäftsbanken den Ausweis hoher Auslandsanlagen in ihren Jahresschlußbilanzen, so werden sie diese auflösen, auch wenn ihnen am heimischen Geldmarkt in ausreichendem Umfang Refinanzierungsmöglichkeiten zur Verfügung stehen.

Die Dollar-Franken-Swapgeschäfte der Bank für Internationalen Zahlungsausgleich mit der Federal Reserve Bank of New York hatten letztlich ebenfalls die Stillegung von Liquidität am Schweizer Geldmarkt zur Folge, wenn die BIZ die erforderlichen Franken-Guthaben nicht bei der Nationalbank, sondern durch Entgegennahme von Depositen Schweizer Kreditinstitute beschaffte.

Gold-Franken-Swapgeschäfte zwischen der BIZ und dem Schweizer Noteninstitut wurden gelegentlich im Sinne einer expansiven Offenmarktpolitik eingesetzt: Die BIZ erwarb von der Nationalbank Franken gegen Gold und lieh diese am Schweizer Geldmarkt aus[40]. Auf diese Weise konnte dem Geschäftsbankensektor Primärliquidität zugeführt werden, ohne daß dieser die für eine Kreditgewährung durch die Zen-

---

[38] Vgl. Gb-Nbk 1964, S. 18. — Gb-Nbk 1969, S. 18. — *Lademann:* Chronik, a.a.O., 19. Jg. (1964), S. 326; 20. Jg. (1965), S. 438; 23. Jg. (1968), S. 348. — *Coombs:* Report, a.a.O., Vol. 53 (1967), S. 1523. — *Schwegler:* Regelung, S. 85 f.

[39] *Lademann:* Chronik, a.a.O., 19. Jg. (1964), S. 328.

[40] Vgl. Gb-Nbk 1966, S. 20.

tralbank erforderlichen Aktiva, etwa Offenmarktpapiere, zur Verfügung stellen mußte.

Die Swap- und „outright"-Geschäfte der Schweizerischen Nationalbank hatten einen stärker kontraktiven Effekt als die entsprechenden Operationen der Deutschen Bundesbank; denn deren Geschäfte waren fest befristet, während die Nationalbank ihre Abschlüsse offenbar bei Fälligkeit jeweils verlängerte, bis die zugrunde liegenden Devisentermingeschäfte mit anderen Zentralbanken ausgelaufen waren. Auch die Termineinlagen, die die BIZ von Schweizer Kreditinstituten entgegennahm, um sich Franken-Guthaben für Termingeschäfte mit den amerikanischen Währungsbehörden zu beschaffen, verminderten die Liquidität des Bankensektors längerfristig.

Aus der engen Bindung zwischen den Kurssicherungsgeschäften, die mit privaten Kreditinstituten abgeschlossen wurden, und den Währungsoperationen mit anderen Zentralbanken ergab sich allerdings in einigen Fällen die Notwendigkeit, kontraktive terminmarktpolitische Maßnahmen mit anderen Mitteln weiterzuführen, wenn das „Grundgeschäft" abgewickelt worden war[41]. Andererseits mußten gelegentlich Franken-Schuldverschreibungen der BIZ an das amerikanische Schatzamt zurückgegeben werden, weil die Verknappung der Bankenliquidität die Freigabe von Terminguthaben Schweizer Kreditinstitute bei der BIZ erforderlich machte[42]; die mit Geschäftsbanken abgeschlossenen Kurssicherungsgeschäfte hingegen können ohne Liquidation des zugrunde liegenden Swapgeschäfts auf Notenbank-Ebene aufgelöst werden[43].

Die liquidisierende Wirkung geht in beiden Fällen verloren, wenn die Kreditinstitute die ihnen aus der Auflösung von Franken-Terminguthaben bei der BIZ zufließenden Mittel ins Ausland leiten bzw. Auslandsanlagen mit am freien Markt abgeschlossenen Kurssicherungsgeschäften aufrechterhalten, wenn die Notenbank ihre Devisenterminabschlüsse nicht erneuert. Ebenso wie im Falle der Offenmarktpolitik ist die Rolle der schweizerischen — wie auch der deutschen — Zentralbank bei der Geldmarktregulierung durch Devisentermingeschäfte eine passive. Da aber die Kreditinstitute aufgrund von Risikoerwägungen einen Teil ihrer flüssigen Mittel auch bei geringer Verzinsung im Inland anlegen, werden solche Gelder, wenn sie etwa durch Auflösung von Termineinlagen bei der BIZ frei werden, normalerweise im Inland verbleiben; der Reexport flüssiger Mittel, die bei der Auflösung von Devisen-

[41] Vgl. S. 74, Fußnote 33.

[42] Vgl. S. 129.

[43] Die kursgesicherten Devisen fließen dann zur Notenbank zurück. — Vgl. dazu *Lademann:* Chronik, a.a.O., 20. Jg. (1965), S. 347.

termingeschäften der Notenbank frei werden, wird dadurch gebremst, daß sich die Kurssicherungskosten am freien Markt aufgrund solcher Reexporte verteuern.

Eine Sonderstellung unter den Devisenoperationen nehmen die kurzfristigen Kurssicherungsgeschäfte der Nationalbank für Geldimporte ein, die als rein technisches Instrument zur Regulierung kurzfristiger Liquiditätsschwankungen anzusehen sind und sich aus dem Mangel an Refinanzierungsmöglichkeiten am Schweizer Geldmarkt erklären lassen. Sie beeinflußten die Kreditgewährung an Nichtbanken kaum; aufgrund ihrer kurzen Laufzeit können sie als Ergänzung der Lombardpolitik angesehen werden. Die Deutsche Bundesbank hat solche Geschäfte bisher nicht durchgeführt, sondern versuchte im Gegenteil — u. a. mit „Moral Suasion“ — Geldrückflüsse zum Jahresende einzudämmen[44].

2. Mindestreservepolitik

Der Deutschen Bundesbank ist in § 16 BBG das Recht eingeräumt worden, „zur Beeinflussung des Geldumlaufs und der Kreditgewährung“ von den Kreditinstituten die Haltung gewisser Mindestguthaben bei den Landeszentralbanken zu verlangen[45]. Die Schweizerische Nationalbank verfügt nicht über dieses kreditpolitische Instrument; sie traf jedoch im Rahmen von Gentlemen's Agreements mit Banken und z. T. auch mit Versicherungsanstalten zeitlich begrenzte Vereinbarungen über deren Mindestreservehaltung[46].

Die Erhöhung der Mindestreserven bewirkt in erster Linie, daß dem Bankensektor durch die Stillegung von Zentralbankgeld Liquidität entzogen wird. Daneben führt sie in der Regel zur Verteuerung des Bank-

---

[44] Vgl. Gb-Bbk 1962, S. 17. — *Hein:* Geldmarktgeschäfte, S. 219.

[45] Vgl. auch die „Anweisungen der Deutschen Bundesbank über Mindestreserven (AMR)“, die in der jeweils geltenden Fassung in den Geschäftsberichten der Bundesbank veröffentlicht werden.

[46] Vgl. *Schwegler:* Regelung, S. 76 f. — Die Einführung der Mindestreservepolitik in Form von Pflichtguthaben der Kreditinstitute bei der Notenbank, die aufgrund des Zuwachses bestimmter Passivpositionen der Banken berechnet werden sollten, war im Rahmen einer Änderung des Schweizer Notenbankgesetzes vorgesehen. Vgl. dazu *Martin Ungerer:* Neues kreditpolitisches Instrumentarium in der Schweiz. ZfgK, 21. Jg. (1968), S. 1029. — *Leutwiler:* Geldpolitik in einer offenen Volkswirtschaft, S. 7 f. — *Rudolf Stucken:* Neue Notenbankinstrumente in der Schweiz. In: *Heinz Haller/Horst Claus Recktenwald* (Hrsg.): Finanz- und Geldpolitik im Umbruch. Mainz 1969. S. 389 ff. — *G. Winterberger:* Der Ausbau des Instrumentariums der Schweizerischen Nationalbank. Zürich 1967. — Die Gesetzesvorlage zur Revision des Nationalbankgesetzes wurde jedoch vom Parlament nicht verabschiedet; die Notenbank schloß mit den Schweizer Geschäftsbanken ein Rahmenabkommen ab, das am 1. September 1969 für zunächst fünf Jahre in Kraft trat und in das aus dem Gesetzesentwurf u. a. die Bestimmungen über die Einforderung von Mindestguthaben übernommen wurden. Vgl. dazu Gb-Nbk 1969, S. 14.

kredits; denn um Guthaben bei der Notenbank bilden zu können, müssen die Kreditinstitute (verzinsliche) Sekundärreserven auflösen. Den Rentabilitätsverlust, der dabei eintritt, werden sie durch die Erhöhung ihrer Kreditzinssätze auszugleichen versuchen.

Die Ergänzung der Mindestreservepolitik durch Maßnahmen zur Förderung des Geldexports ist insofern denkbar, als der „Bodensatz" der Auslandsanlagen, also derjenige Teil, der im Zeitablauf konstant bleibt, einen ähnlichen „Liquiditätseffekt" hat wie die Bildung von Mindestreserveguthaben[47]. Durch eine kontinuierliche Geldexportpolitik, insbesondere auch durch Anlagen der Kreditinstitute in längerfristigen, auf die Währung des Gläubigers lautenden Schuldverschreibungen ausländischer Währungsbehörden, wie beispielsweise den im Rahmen des Devisenausgleichsabkommens zwischen der Bundesrepublik und den Vereinigten Staaten begebenen D-Mark-Titeln des amerikanischen Schatzamts, könnte also die Mindestreservepolitik, die einen marktinkonformen Eingriff darstellt, entlastet werden. Dabei käme allerdings nur die Anrechnung eines Teils der Auslandsanlagen des gesamten Geschäftsbankensektors auf die Summe der zu haltenden Mindestreserven in Betracht; denn die Anrechnung der Geldexporte einer einzelnen Bank auf deren Reserveverbindlichkeiten, von der Bundesbank eindeutig abgelehnt[48], würde die am internationalen Geldhandel beteiligten Institute einseitig bevorzugen, da sie ihnen eine verzinsliche „Reservehaltung" ermöglicht.

Eine Geldexportpolitik, bei der Auslandsanlagen auf die Mindestreserve-Verbindlichkeiten des Geschäftsbankensektors angerechnet werden, würde ähnlich wirken wie der verstärkte Einsatz des Offenmarktinstruments. Daraus ergeben sich ihre Grenzen: Ihre kontraktive Wirkung auf die inländische Kreditgewährung ist zwar stärker als die normaler Offenmarktgeschäfte, da die Banken bei Auflösung der Auslandsanlagen eine entsprechende Erhöhung ihrer Mindestreserve-Verbindlichkeiten in Kauf nehmen müssen. Der „Zinseffekt" der Mindestreservepolitik, der auf der Umwandlung verzinslicher Sekundärreserven in unverzinsliches Zentralbankgeld beruht, geht jedoch verloren[49]. Die Nachfrage der Nichtbanken nach Kredit bleibt also ceteris paribus konstant.

---

[47] Dies gilt insbesondere für die darin enthaltenen Sichtguthaben, die die Geschäftsbanken zur Abwicklung ihres internationalen Zahlungsverkehrs benötigen (sog. „working balances").

[48] Gb-Bbk 1959, S. 38 f. — Vgl. auch *Rittershausen:* Die Zentralnotenbank, S. 114 f.

[49] Ein geringer „Zinseffekt" wird lediglich dann wirksam, wenn die ausländischen Zinssätze niedrig oder die Kurssicherungskosten hoch sind, die Nettoverzinsung der Auslandsanlagen also gering ist.

Die Mindestreserve-Bestimmungen der Deutschen Bundesbank lassen den Ausgleich von Reserve-Verbindlichkeiten durch Auslandsguthaben nicht zu. Die Notenbank verstärkte die Wirksamkeit ihrer Reservepolitik jedoch zeitweise, indem sie Guthaben von Ausländern in Höhe der von dem Kreditinstitut unterhaltenen Auslandsanlagen von der Mindestreservepflicht freistellte[50]. Dadurch konnte der expansive Effekt solcher Einlagen gemildert werden; denn wenn eine Bank von dieser „Kompensationsmöglichkeit" Gebrauch machte, verminderten sich die Mittel, die ihr für Kreditgewährungen im Inland zur Verfügung standen, um den Teil der Ausländer-Einlagen, der ihr normalerweise nach Abführung der Mindestreserven verblieben wäre. Da das „Kompensationsprivileg"[51] den kalkulatorischen Zinsertrag von „reexportierten" Auslandskrediten erhöhte[52], stiegen die Opportunitätskosten für Kredite an Nichtbanken entsprechend. Allerdings wurden diese Wirkungen durch die Reservevorschriften selbst zum Teil wieder eingeschränkt: Die Banken nahmen das „Kompensationsprivileg" in erster Linie für Sichteinlagen in Anspruch, weil diese mit den höchsten Reservesätzen belegt waren, der „Reexport" dieser Einlagen also besonders lohnend war. Bei ausländischen Termineinlagen, die wegen ihrer längeren Bindungsdauer stärker expansiv auf die inländische Kreditgewährung wirken, war der „Kompensationsnutzen" und damit der Anreiz zu Geldexporten wegen der niedrigeren Reservesätze geringer.

Für das in der Schweiz fehlende Mindestreserve-Instrument wurde insbesondere durch die Swapgeschäfte der Bank für Internationalen Zahlungsausgleich mit den amerikanischen Währungsbehörden ein gewisser Ersatz geschaffen. Denn durch die Termineinlagen, die die BIZ von Schweizer Banken entgegennahm, um sich zu refinanzieren, wurden liquide Mittel der Kreditinstitute fest gebunden; es handelte sich dabei also um mindestreserveähnliche Guthaben, die allerdings freiwillig gebildet wurden und für die Banken den Vorteil hatten, verzinslich zu sein. Daß diese Termineinlagen keinen der Erhöhung der Mindestreserven entsprechenden „Zinseffekt" hatten, war im Falle der Schweiz von geringer Bedeutung, denn die Nationalbank verzichtet ohnehin weitgehend auf eine aktive Zinspolitik[53].

Schwerwiegender war der Mangel an kreditpolitischer Autonomie der Notenbank beim Einsatz dieses Instruments: Erhöhung und Freigabe der Termindeposition richteten sich im wesentlichen nach der Entwick-

---

[50] Vgl. S. 148, 153 ff.

[51] Mb-Bbk, Oktober 1964, S. 4.

[52] Vgl. S. 18.

[53] Vgl. S. 76.

lung des Zahlungsverkehrs der Schweiz mit dem Ausland[54]; wurden Kreditrestriktionen aufgrund binnenwirtschaftlicher Einflußfaktoren erforderlich, so mußte die Nationalbank auf ihre konventionellen Instrumente zurückgreifen.

3. Zinspolitik

Im Falle einer restriktiven Kreditpolitik im Inland erhöht sich infolge steigender Zinsen der Geldzufluß aus dem Ausland und damit die Liquidität von Kreditinstituten und Nichtbank-Unternehmen. Dem kann die Notenbank entgegenwirken, indem sie zur Unterstützung ihrer Zinspolitik die Kurssicherungskosten für Geldimporte durch Devisenterminkäufe erhöht. Dadurch werden vor allem auch die Kosten für Kredite, die die Nichtbanken am Euro-Geldmarkt aufnehmen und die der Einflußnahme der Notenbank sonst weitgehend entzogen sind[55], erhöht. Je größer der Zinsunterschied zwischen In- und Ausland und damit der durch die Interventionen herbeigeführte Report von Termindevisen ist, desto größer ist allerdings die Wahrscheinlichkeit, daß die Kreditaufnahme im Ausland ohne Kurssicherung erfolgt; denn D-Mark und Schweizer Franken gehören zu den „starken" Währungen, deren Kursrisiko gegenüber anderen Valuten auf längere Sicht als gering angesehen wird. Aus diesem Grunde würde die beschriebene Interventionspolitik außerdem zu einem hohen zusätzlichen — spekulativen — Angebot von Termindevisen führen, das die Notenbank aufnehmen müßte. Die zu erwartenden Kosten der Interventionen wären also hoch, die Wirkung gering.

Eine expansive Kreditpolitik bei hohem Auslandszinsniveau kann die Notenbank durch „outright"-Interventionen am freien Devisenmarkt unterstützen, indem sie die Kurssicherungskosten für Auslandsanlagen verteuert[56]. Dadurch verringert sich der Netto-Zinsertrag ausländischer Geldmarktanlagen und damit der Anreiz zu Geldexporten. Da indes der

---

[54] Die Franken-Kredite der Bank für Internationalen Zahlungsausgleich an die Federal Reserve Bank of New York dienten zum Ankauf von Dollar-Reserven der Nationalbank.

[55] In der Bundesrepublik wurde am 1. März 1972 eine Bardepotpflicht von 40 % für bestimmte, von Wirtschaftsunternehmen und Banken im Ausland aufgenommene Kredite eingeführt. — Vgl. dazu Gesetz zur Änderung des Außenwirtschaftsgesetzes vom 23. Dezember 1971 (BGBl. I, S. 2141). — 21. Verordnung zur Änderung der Außenwirtschaftsverordnung vom 1. März 1972 (BGBl. I, S. 213). — *Deutsche Bundesbank* (Hrsg.): Mitteilung Nr. 7007/72 betreffend Bekanntmachung anläßlich der Einführung einer Bardepotpflicht für Auslandsverbindlichkeiten vom 2. März 1972. — Gb-Bbk 1971, S. 36. — Mb-Bbk, März 1972, S. 5 ff.

[56] Abschlüsse an Teilmärkten kommen hierbei nicht in Frage, da deren Kurssicherungsbedingungen ungünstiger sein müßten als die des freien Marktes.

D-Mark-Kurs des Dollars infolge der Zahlungsbilanzüberschüsse der Bundesrepublik in den sechziger Jahren häufig unterhalb der Parität lag, hätte die Bundesbank den Terminkurs des Dollars in der Nähe oder sogar unterhalb des unteren Interventionspunktes am Kassamarkt festsetzen müssen. In einer solchen Situation hätten die Kreditinstitute vermutlich, wenn sie nicht mit einer Paritätsänderung rechneten, ihre Geldexporte ohne Kurssicherung durchgeführt[57].

Der Schweizerischen Nationalbank bleibt für expansive zinspolitische Maßnahmen wenig Spielraum, da sie das Binnenzinsniveau seit jeher niedrig hält, um kosteninduzierte Preissteigerungen in der Landwirtschaft und auf dem Wohnungsmarkt zu vermeiden. Die Verminderung der Auslandsanlagen der Kreditinstitute im Rahmen einer expansiven Kreditpolitik stieß in der Schweiz auf die gleichen Schwierigkeiten wie in der Bundesrepublik, da auch der Franken-Kurs des Dollars meist unterhalb der Parität lag[58].

II. Die Erweiterung des Instrumentariums der äußeren Währungspolitik

Neben der Sicherung der Kaufkraft als dem Hauptziel der Kreditpolitik fällt den Notenbanken die Aufgabe zu, ausgleichend auf die außenwirtschaftlichen Kreditbeziehungen ihrer Länder einzuwirken. Ziel der „äußeren“ Währungspolitik ist also — neben der mehr technischen Aufgabe der Stabilisierung des Wechselkurses innerhalb gewisser Bandbreiten — in erster Linie der Ausgleich der Bilanz der laufenden Posten und des Kapitalverkehrs („Zahlungsbilanzausgleich“). In einem etwas weiteren Rahmen liegt die Aufrechterhaltung des stabilen Gleichgewichts an den internationalen Geld- und Devisenmärkten und die Stützung des bestehenden Weltwährungssystems. Wenn diese Ziele inhaltlich auch nicht völlig kongruent sind, decken sie sich doch weitgehend.

Die Herstellung des langfristigen Zahlungsbilanzgleichgewichts ist Aufgabe der allgemeinen Wirtschaftspolitik. Die Notenbank kann den Ausgleich mit ihrer Devisenterminpolitik nur auf kurze oder mittlere

---

[57] Die Bundesbank ließ daher im Frühsommer 1967, um ihre expansive Geldpolitik zu unterstützen, den Kassakurs des Dollars ansteigen, so daß sich am Markt ein Deport bilden konnte, der den Brutto-Zinsvorteil von Auslandsanlagen ungefähr ausglich. Dadurch verminderten sich die Opportunitätskosten der Banken bei einer Kreditgewährung im Inland bzw. die Kosten einer Refinanzierung an ausländischen Geldmärkten. Zugleich wurden die Kreditkosten der Nichtbanken, die Kredite am Euro-Geldmarkt aufnahmen, vermindert.

[58] Die Schweizerische Nationalbank gab zeitweise Dollars bereits weit unterhalb der Franken-Parität von 4,3728 sFr./$ ab; vgl. Gb-Nbk 1967, S. 23.

Sicht herbeiführen, indem sie bei einem Überschuß in der Grundbilanz den Zufluß kurzfristiger Auslandskredite abwehrt und den Geldexport begünstigt, bei einem Defizit in der Grundbilanz kurzfristiges Auslandskapital in das Inland zieht und Geldexporte verhindert. Dieser letzte Fall indes war für die beiden betrachteten Länder — die Bundesrepublik und die Schweiz — nach der Wiedereinführung des freien Devisenverkehrs in Westeuropa nicht von Bedeutung und kann deshalb beiseite gelassen werden[59].

1. Abwehr von Geldimporten[60]

Das klassische Instrument zur Regulierung der kurzfristigen Kreditbeziehungen zum Ausland ist die Diskontpolitik: Durch die Erhöhung des Diskontsatzes wird das Zinsniveau im Inland angehoben, so daß ceteris paribus für ausländische Wirtschaftssubjekte ein Anreiz geschaffen wird, kurzfristiges Kapital zu exportieren und für inländische Banken, ihre Auslandsanlagen zu verringern. Umgekehrt veranlaßt eine Zinssenkung inländische Banken, Geld in das Ausland zu transferieren, und ausländische Banken, fällig werdende Inlandsguthaben am heimischen Geldmarkt anzulegen.

Sofern das Defizit in der Grundbilanz in einer Hochkonjunktur oder der Überschuß in einer Depression auftritt, können durch den Einsatz der Diskontpolitik also binnen- und außenwirtschaftliche Zielsetzungen gleichzeitig verwirktlicht werden: Ein niedriges Zinsniveau regt die Wirtschaftstätigkeit an und begünstigt Geldexporte, ein hohes Zinsniveau dämpft die Konjunktur und gleicht die Zahlungsbilanz durch den Zufluß kurzfristigen Kapitals aus. Diese „klassischen" Fälle, die durch das Zusammentreffen von Hochkonjunktur und Zahlungsbilanzdefizit bzw. Depression und Zahlungsbilanzüberschuß gekennzeichnet sind, traten jedoch nach dem Zweiten Weltkrieg nur selten ein[61]. Insbe-

---

[59] Vgl. dazu *Dudler:* Diskont- und Terminkurspolitik, S. 117 ff., und die dort angegebene Literatur, die sich mit diesem Problem ausführlich beschäftigt. — *Oppenheimer:* Forward Exchange Intervention: the Official View. — *Goldstein:* Forward Exchange Intervention. — *Einzig:* Forward Exchange Intervention. — *Oppenheimer:* Forward Exchange Intervention: A Further Note.

[60] Vgl. dazu *Rodney H. Mills:* The Regulation of Short-Term Capital Movements: Western European Techniques in the 1960's. Washington 1968. S. 8 ff., 33 ff.

[61] Die Schweizer „Ertragsbilanz" wird infolge der starken Importabhängigkeit der Wirtschaft auch heute noch maßgeblich von der Binnenkonjunktur beeinflußt: „Es ist eine Erfahrungstatsache, daß die Warenimporte unseres Landes besonders stark auf die konjunkturellen Schwankungen der einheimischen Wirtschaft reagieren, während die Exporte sich wesentlich stetiger entfalten. Dies hat zur Folge, daß die Handelsbilanz in Zeiten starker konjunktureller Expansion zu besonders hohen Fehlbeträgen neigt, während sich mit

sondere die Deutsche Bundesbank sah sich in den sechziger Jahren häufig vor die Aufgabe gestellt, gleichzeitig die Binnenkonjunktur zu zügeln und den Export kurzfristigen Kapitals zu erleichtern. Darüber hinaus wird die Wirksamkeit der Zinspolitik im Inland selbst in den „klassischen“ Fällen durch den Liquiditätseffekt der grenzüberschreitenden Geldbewegungen beeinträchtigt. Schließlich darf nicht übersehen werden, daß ein Großteil der internationalen Geldbewegungen nicht allein auf Rentabilitätserwägungen beruht, sondern auch unter spekulativen Gesichtspunkten und — insbesondere im Falle der Schweiz — aufgrund von Sicherheitsüberlegungen durchgeführt wird; auch solche Gelder sind jedoch in der Regel nicht völlig zinsunempfindlich, da sich durch Zinsverluste die Opportunitätskosten der Spekulation bzw. des Gewinns an Sicherheit erhöhen.

Da die Wirksamkeit der Zinspolitik bei der Abwehr von Geldimporten beschränkt ist, setzten die Notenbanken auch ihre übrigen konventionellen Instrumente ein, um den unerwünschten Zufluß kurzfristigen Auslandskapitals einzuschränken. Die *Deutsche Bundesbank* hatte bereits im Mai und im Spetember 1957 die Mindestreservesätze für Einlagen von Ausländern („Gebietsfremden“) über das für Inländer („Gebietsansässige“) geltende Niveau erhöht, sie aber ab April 1959 wieder auf den allgemeinen, damals relativ niedrigen Stand gesenkt[62]. Ende 1959 wurde diese Politik verfeinert, indem ab 1. Januar 1960 der Zuwachs der Verbindlichkeiten gegenüber Ausländern, der seit dem 30. November 1959 eingetreten war, mit den gesetzlich zulässigen Höchstsätzen belegt wurde. Von Mai 1961 bis Januar 1962 und von April 1964 bis Januar 1967 galten diese Höchstsätze für die gesamten reservepflichtigen Verbindlichkeiten gegenüber Ausländern. Die Belastung der Banken aufgrund dieser Vorschrift war zeitweise erheblich: Sie betrug in der Reserveklasse 1 bis zum 2,3fachen der normalen, für Inländer-Guthaben geltenden Sätze.

Ab 1. Dezember 1968 belegte die Bundesbank den Zuwachs[63] von Verbindlichkeiten der Geschäftsbanken gegenüber Ausländern mit einem Reservesatz von 100 %; da jedoch § 16 Abs. 1 BBG je nach Art der Einlagen Reservesätze von höchstens zehn bis dreißig Prozent zuließ, bildeten diese bis August 1969 die Obergrenze für die Reserveverbindlichkeiten in den einzelnen Gruppen[64]. Theoretisch verminderte sich

---

zunehmender Verflachung der konjunkturellen Auftriebskräfte der Einfuhrüberschuß verringert.“ (*Lademann:* Chronik, a.a.O., 20. Jg. [1965], S. 343 f.)

[62] Vgl. Mb-Bbk, März 1959, S. 3. — Zum folgenden vgl. Mb-Bbk, Januar 1969, S. 44* f. — Mb-Bbk, Februar 1971, S. 40* f.

[63] Der Basistermin wurde dabei mehrfach geändert, vgl. ebd.

[64] Die Einschränkung, daß die Gesamtbelastung reservepflichtiger Verbindlichkeiten in den einzelnen Gruppen die in § 16 Abs. 1 BBG genannten

also die Reservebelastung des Zuwachses der Verbindlichkeiten gegenüber „Gebietsfremden“ auf weniger als 100 %, sobald dieser — bei Großbanken an Bankplätzen bis zum 31. Mai 1969 — zwischen 5,9 % (bei Spareinlagen) und 29,6 % (bei Sichteinlagen) der gesamten reservepflichtigen Stichtagsverbindlichkeiten erreichte[65]. Von dem darüber hinaus gehenden Zuwachs der Auslandsverbindlichkeiten mußten je nach Art der Einlagen lediglich 10 bis 30 % bei der Notenbank stillgelegt werden.

Am 1. Juni 1968 erfolgte die Höherbelastung auch der Stichtagsguthaben von Ausländern, und nachdem die für „Gebietsfremde“ geltenden Sätze von November 1969 bis Februar 1970 in Zusammenhang mit den hohen Geldabflüssen nach der D-Mark-Aufwertung auf das für Inlandsverbindlichkeiten gültige Niveau gesenkt worden waren, wurde ab 1. April 1970 wieder ein „Zuwachsreservesatz“ für Auslandsverbindlichkeiten von einheitlich 30 % festgesetzt. „Damit ... (sollte, Anm. d. Verf.) verhindert werden, daß die angestrebte Verknappung der Bankenliquidität durch Geldbeschaffungen der Banken im Ausland konterkariert“ wurde[66].

Durch die beschriebenen Maßnahmen wurde — abgesehen von kreditpolitischen Wirkungen — das Interesse der Kreditinstitute an der Entgegennahme von Ausländereinlagen eingeschränkt[67] bzw. die „kalkulatorische“ Zinsbelastung im Ausland aufgenommener Gelder erhöht[68]. Da

---

Höchstsätze nicht übersteigen darf, konnte im September 1969 aufgehoben werden, nachdem die Bundesbank durch die Änderung des BBG vom 22. Juli 1969 (BGBl. I, S. 877) ermächtigt worden war, den Reservesatz für Verbindlichkeiten gegenüber „Gebietsfremden“ bis auf 100 % festzusetzen.

[65] Sind E die reservepflichtigen Verbindlichkeiten gegenüber Inländern, A diejenigen gegenüber Ausländern und ist ΔA der Zuwachs der reservepflichtigen Verbindlichkeiten gegenüber Ausländern, so ist die relative Maximalbelastung der Bank erreicht, wenn

$$r (E + A) + \Delta A = R (E + A + \Delta A)$$

(r = Reservesatz für Inlandsverbindlichkeiten und Stichtagsverbindlichkeiten gegenüber Ausländern, R = maximaler Reservesatz); daraus folgt

$$\Delta A = (E + A) (R - r) : (1 - R).$$

Nach dem 1. Juni 1969 wurden Inlandsverbindlichkeiten und Stichtagsverbindlichkeiten gegenüber Ausländern unterschiedlich belastet; ohne die Kenntnis letzterer ist die Berechnung des größtmöglichen Zuwachses von Auslandsverbindlichkeiten, der der hundertprozentigen Reservepflicht unterworfen war, nicht möglich.

[66] Gb-Bbk 1969, S. 110. — Diese Regelung wurde von 1. 9. bis zum 1. 12. 1970 außer Kraft gesetzt.

[67] Vgl. Gb-Bbk 1969, S. 109.

[68] Die „kalkulatorischen“ Zinskosten im Ausland aufgenommener Gelder berücksichtigen die indirekten Kosten aufgrund der Mindestreservevorschriften, die der Bank neben den Ausgaben für Verzinsung und Kurssicherung der Geldimporte entstehen.

diese Vorschriften nur auf Kreditinstitute Anwendung fanden, war ihre Wirksamkeit begrenzt: Sie konnten Devisenzuflüsse aus Kreditaufnahmen der Nichtbanken im Ausland nicht verhindern. Lieh sich etwa ein Industrieunternehmen am Euro-Geldmarkt ein Dollar-Guthaben und übertrug dieses auf eine deutsche Bank, so entstand bei dieser eine (nicht reservepflichtige) Forderung gegenüber dem Kreditgeber im Ausland und eine (der niedrigen Reservepflicht für Inländer-Guthaben unterliegende) Devisenverbindlichkeit gegenüber dem Unternehmen. Die expansive Wirkung einer solchen Transaktion war beträchtlich, denn die Geschäftsbank konnte sich durch Umwandlung ihrer eigenen Devisenforderung in dem durch die Reservevorschriften gezogenen Rahmen Primärliquidität für zusätzliche Ausleihungen beschaffen.

Neben der direkten Beeinflussung von Geldimporten über die Reservesätze versuchte die Bundesbank zeitweise eine mehr indirekte Regulierung mit Hilfe des „Kompensationsprivilegs“. Schon zu Beginn der Terminmarktpolitik waren *Devisen*verbindlichkeiten gegenüber „Gebietsfremden“ bis zur Höhe der im Ausland gehaltenen Einlagen der Bank von der Reservepflicht befreit[69]; von April bis Juni 1960 konnten auch ausländische Geldmarktpapiere für diese Kompensation herangezogen werden[70].

Seit Mai 1961 galt das „Kompensationsprivileg“ auch für die *D-Mark*-Verbindlichkeiten gegenüber Devisen-Ausländern[71]. Es zielte in erster Linie auf den Reexport von Devisenzuflüssen ab[72], bewirkte aber gleichzeitig, daß die Geschäftsbanken „Repatriierungen“ ihrer Auslandsguthaben wenigstens insoweit vermieden, als dadurch eine Reservepflicht für Ausländerguthaben entstanden wäre[73]. Da diese zeitweise mit den Reserve-Höchstsätzen belegt waren, wären die Opportunitätskosten einer Refinanzierung mit Hilfe dieser Auslandsguthaben beträchtlich gewesen[74]. Die Bundesbank verstärkte dieses „kalkulatorische“ Hemmnis für die Auflösung von Auslandsanlagen, indem sie bei Liquiditätsverengungen des Geschäftsbankensektors in einzelnen Fällen die Mindestreserveanforderungen für Guthaben von Inländern ermäßigte[75].

---

[69] Vgl. § 2 Abs. 3 e der Anweisungen der Deutschen Bundesbank über Mindestreserven (AMR) vom 16. April 1959 (Gb-Bbk 1958, S. 62).

[70] Vgl. § 2 Abs. 3 e AMR vom 16. April 1959 in der Fassung vom 17. März 1960. — Gb-Bbk 1960, S. 62.

[71] Vgl. ebenda und § 2 Abs. 4 AMR vom 16. April 1959 in der Fassung vom 20. April 1961 (Gb-Bbk 1960, S. 63). Diese Vorschrift wurde im Dezember 1966 außer Kraft gesetzt.

[72] Vgl. Gb-Bbk 1961, S. 7 f.

[73] Vgl. Mb-Bbk, April 1961, S. 6.

[74] Vgl. S. 18.

[75] Vgl. Mb-Bbk, Mai 1961, S. 6. — Mb-Bbk, Juli 1961, S. 7.

Ab August 1964 schränkte sie Kreditaufnahmen im Ausland dadurch ein, daß sie die Rediskontkontingente der einzelnen Kreditinstitute um den Zuwachs deren kurzfristiger Verbindlichkeiten gegenüber dem Ausland kürzte[76]. Eine andere administrative Maßnahme, von der die Bundesbank wiederholt Gebrauch machte, war das Verzinsungsverbot für Einlagen „Gebietsfremder"[77]. Im Juni 1960 ergänzte sie dieses, indem sie auch die Abgabe von Geldmarktpapieren an Ausländer untersagte[78], und von Ende November 1968 bis Februar 1969 wurden zur Abwehr spekulativer Geldzuflüsse die Annahme bestimmter Einlagen auf Ausländer-Konten sowie die Kreditaufnahme von Banken im Ausland der Genehmigungspflicht unterstellt[79].

Die vorübergehende Auflösung von Auslandsanlagen zu Anspannungsterminen am deutschen Geldmarkt versuchte die Bundesbank einzuschränken, indem sie den Banken kurzfristige Refinanzierungshilfen zur Verfügung stellte: Ende 1962 kaufte sie Offenmarktpapiere vorübergehend zum Abgabesatz an[80], im Dezember 1964 vergütete sie den Banken bei Inanspruchnahme des Lombardkredits 3/4 %, so daß diese Refinanzierungskosten nur knapp über dem Diskonsatz lagen und die Inanspruchnahme des Notenbankkredits auf den kurzen Anspannungszeitraum beschränkt werden konnte, während sich bei Wechseleinreichungen für die Banken Anfang 1965 die Schwierigkeit ergeben hätte, die dann nicht mehr benötigten Zentralbankguthaben ertragbringend anzulegen. Die Kreditinstitute nahmen daher Lombardkredite von fast 2 Mrd. DM auf[81]. Ab Oktober 1967 stellte ihnen die Notenbank kurzfristige Offenmarktpapiere zur Verfügung, so daß frei werdende Liquidität bis zum Jahresende am Binnengeldmarkt gebunden werden

---

[76] Um die Umgehung der Mindestreserve-Vorschriften durch Geldaufnahmen im Ausland in Form (nicht bilanzierter) „Pensionsgeschäfte" der Kreditinstitute zu unterbinden, kürzte die Bundesbank im Juni 1970 die Rediskontkontingente der Banken um deren Verbindlichkeiten aus solchen Geschäften. Vgl. Mb-Bbk, Juni 1970, S. 15, 44.

[77] Aufgrund des § 53 AWV ist die Verzinsung von Guthaben auf Ausländer-Konten (außer Sparkonten natürlicher Personen) genehmigungspflichtig.

[78] Der Erwerb von Geldmarktpapieren durch „Gebietsfremde" ist genehmigungspflichtig, vgl. § 52 AWV. — In die gleiche Richtung zielte das Abkommen zwischen dem Bund und seinen Sondervermögen einerseits und den Kreditinstituten des Bundesanleihekonsortiums andererseits, Kaufaufträge aus dem Ausland für Neuemissionen nachrangig zu behandeln, sowie die Einführung der Quellenbesteuerung der Erträge festverzinslicher Wertpapiere im Jahre 1965. Vgl. Gb-Bbk 1963, S. 20 f., und BGBl. I 1965, S. 147.

[79] Vgl. § 23 Abs. 1 Ziff. 6 AWG und 14. Verordnung zur Änderung der Außenwirtschaftsverordnung (BGBl. I 1968, S. 1197 sowie Gb-Bbk 1968, S. 124.

[80] Vgl. Mb-Bbk, Januar 1963, S. 11. — Gleichzeitig versuchte die Bundesbank, die Kreditinstitute durch „Moral Suasion" zu veranlassen, „window-dressing"-Geschäfte einzuschränken; vgl. *Hein:* Geldmarktgeschäfte, S. 219.

[81] Vgl. Mb-Bbk, Januar 1965, S. 15.

konnte[82]. Für Dezember 1965 und für Dezember 1967 setzte die Bundesbank die Mindestreservesätze um 10 % herab.

Durch die beschriebenen Maßnahmen können zwar Geldzuflüsse aufgrund eines kurzfristigen Liquiditätsbedarfs am Binnengeldmarkt eingeschränkt werden[83]; die eigentlichen „window-dressing"-Geschäfte, die der Verbesserung der Bilanzrelationen durch die Erhöhung des Anteils liquider Reserven dienen, kann die Notenbank damit aber kaum verhindern. Denn diese Geldimporte erfolgen in der Regel zu Lasten im Ausland gehaltener Termingelder, während die Banken Offenmarktpapiere gern im Portefeuille behalten und Lombardkredite in der Jahresschlußbilanz nur ungern ausweisen.

Die Möglichkeiten der *Schweizerischen Nationalbank*, Geldzuflüsse mit Hilfe ihrer konventionellen Mittel einzuschränken, sind weitaus begrenzter als die der deutschen Notenbank[84]. In seltenen Fällen — so beispielsweise im Juli 1967 — senkte sie ihren Diskontsatz, um den zinsinduzierten Zufluß von Auslandskrediten einzuschränken[85]. Kurzfristige „Repatriierungen" zu den „Ultimo"-Terminen hielt sie in Grenzen, indem sie die seit 1960 geschaffenen Geldmarktpapiere (Sterilisierungsreskriptionen, Geldmarktreskriptionen, Solawechsel der Bank für Internationalen Zahlungsausgleich) vorübergehend diskontierte. Da aber die Geldzuflüsse der Schweiz in vielen Fällen mehr von Sicherheits- als von Renditeüberlegungen beeinflußt und weitgehend unabhängig von der Verfassung des Schweizer Geldmarkts waren, mußten auch die Schweizer Behörden zeitweise zu administrativen Maßnahmen Zuflucht nehmen. Aufgrund des Bundesbeschlusses vom 17. März 1964 über die Bekämpfung der Teuerung durch Maßnahmen auf dem Gebiete des Geld- und Kapitalmarktes und des Kreditwesens wurde ab Mai 1964 die Verzinsung ausländischer Guthaben, die seit Anfang des Jahres in die Schweiz geflossen waren, verboten; gleichzeitig wurden die Banken verpflichtet, den Gegenwert dieser Guthaben auf ein Sperrkonto bei der Notenbank einzuzahlen, sofern er nicht im Ausland angelegt wurde[86]. Mit Hilfe dieser Maßnahmen, die in erster Linie aus binnenwirtschaftlichen Erwägungen heraus getroffen worden waren, gelang es, den Geld-

---

[82] Vgl. Mb-Bbk, Oktober 1967, S. 15.

[83] Vgl. *Hein:* Geldmarktgeschäfte, S. 169.

[84] Zu den Maßnahmen der Schweizerischen Nationalbank vom Sommer 1960 vgl. *Ekhard Brehmer/Graeme S. Dorrance:* Controls on Capital Inflow: Recent Experiences of Germany and Switzerland. Staff Papers, Vol. VIII (1960/61), S. 434 ff.

[85] Vgl. *Coombs:* Report, a.a.O., Vol. 53 (1967), S. 1524.

[86] Vgl. dazu *Klein:* Kreditplafondierung, S. 194 f. — *Lademann:* Chronik, a.a.O., 19. Jg. (1964), S. 125 f. — *Ch. Lutz:* Die dringlichen Bundesbeschlüsse über die Bekämpfung der Teuerung. Diss. Zürich 1967. — Die Geltungsdauer dieses Beschlusses lief am 17. März 1967 ab.

zufluß aus dem Ausland zum Stillstand zu bringen[87]. Auch die „Gentlemen's Agreements" von 1937, 1950, 1955 und 1960, in denen die Notenbank mit den Kreditinstituten vereinbarte, daß diese die Auslandsgelder nicht verzinsten und einer Kündigungsfrist von zwei bis drei Monaten unterwarfen, zielten auf die Abwehr von Geldimporten[88].

Da die Devisentermingeschäfte der Zentralbanken die Nettozinsdifferenzen zwischen den einzelnen Geldmärkten verändern, können sie die konventionellen Instrumente nur bei der Abwehr zinsinduzierter oder doch wenigstens hinreichend zinsreagibler Geldimporte ergänzen. Hierbei ist vor allem an die Zinsarbitragegeschäfte der Banken zu denken. Auch „Repatriierungen" von im Ausland angelegten, nicht kursgesicherten Geldern aufgrund momentaner Kreditverknappungen am Binnengeldmarkt können eingeschränkt werden, wenn von vornherein feststeht, daß diese Gelder nach einer gewissen Zeit wieder ins Ausland geleitet werden, weil längerfristige Anlagemöglichkeiten am Binnengeldmarkt nicht gegeben sind. Die Banken werden in diesem Fall die abgegebenen Devisen per Termin zurückerwerben; erhöht die Notenbank den Devisenterminkurs durch Interventionen, so verteuert sie die „Repatriierungen" entsprechend.

Geldimporte von Nichtbanken, die durch die konventionellen Instrumente der Notenbank kaum beeinflußt werden können[89], lassen sich insbesondere dann durch Terminmarktinterventionen einschränken, wenn die Bruttozinssätze im Ausland den Binnensätzen entsprechen oder höher als diese sind, das Nettozinsgefälle also durch einen spekulativ bedingten, überhöhten Report der D-Mark bzw. des Schweizer Frankens zustandekommt. Stützt die Notenbank in diesem Fall den Devisenterminkurs durch Käufe am freien Markt, so verschwindet die Nettozinsdifferenz und damit der Anreiz zu Geldimporten.

Sind die Bruttozinssätze des Auslandes niedriger als die des Inlandes, so können die Notenbanken Geldimporte theoretisch unterbinden, indem sie Termindevisen ankaufen, bis der Report der Auslandswährung die Bruttozinsdifferenz ausgleicht. Im Falle Deutschlands und der Schweiz wird diese Politik indes kaum zum Ziel führen; denn die Nichtbanken werden dann bei ihren Geldimporten auf Kurssiche-

---

[87] Vgl. *Coombs:* Report, a.a.O., Vol. 50 (1964), S. 1129.

[88] Vgl. dazu *Tuchtfeldt:* Gentlemen's Agreements, S. 141 ff. — *Klein:* Kreditplafondierung, S. 182 ff. — Swiss Measures to Discourage Inflow of Short-Term Funds. International Financial News Survey (IMF), Vol. XII (1959/60), S. 470 f. — *Schweizerische Nationalbank* (Hrsg.): Schweizerische Nationalbank 1907—1957, S. 241.

[89] In der Bundesrepublik wurde deshalb im Frühjahr 1972 die Bardepotpflicht eingeführt; vgl. oben Fußnote 55.

rungsabschlüsse verzichten und den Bruttozinsgewinn realisieren, weil sie aufgrund der Stabilität der D-Mark und des Schweizer Frankens damit rechnen können, die zur Rückzahlung der Kredite erforderlichen Devisen bei Fälligkeit günstiger am Kassamarkt zu erwerben.

Vom 24. August bis zum 11. November 1960 übernahm die Deutsche Bundesbank im Rahmen ihrer Swappolitik auch die *Kurssicherung für die Finanzierung von Import- und Transithandelsgeschäften*. Ziel dieser Maßnahme war, Verzögerungen bei der Bezahlung deutscher Importe zu vermeiden. Dieses als „lagging" bezeichnete Zurückhalten der Zahlungen für Importe, die in ausländischer Währung fakturiert sind, erklärt sich daraus, daß die Importeure die erforderlichen Devisen nach einer erwarteten Aufwertung der Inlandswährung — in diesem Fall der D-Mark — gegenüber der Auslandswährung billiger erwerben zu können hoffen.

Da die statistische Erfassung des Außenhandels anhand der Warenbewegungen erfolgt, führt die verzögerte Bezahlung von Importen zu einer Diskrepanz zwischen dem Saldo der Bilanz der laufenden Posten und des Kapitalverkehrs und der Veränderung der Devisenreserven, die durch den sogenannten „Restposten" der Zahlungsbilanz ausgeglichen wird. Dieser spiegelt vor allem die statistisch nicht erfaßten Kreditbeziehungen zum Ausland wieder; die verzögerte Bezahlung von Importen schlägt sich darin als „Kapitalimport" nieder.

Dadurch, daß die Bundesbank den Kreditinstituten Dollars zum Kassakurs überließ und beispielsweise per 6 Monate mit einem Report von 1,5 % p. a. zurückkaufte, konnten die Banken den Importeuren Devisenkredite entsprechender Laufzeit zu niedrigeren Zinssätzen als D-Mark-Kredite zur Verfügung stellen. Bezahlte der Importeur damit seine Auslandsverbindlichkeiten, so war der „geldmäßige" Ausgleich des Warenimports hergestellt. Letztlich diente die Kurssicherung also dazu, die Importeure zu veranlassen, ihre Importe nicht durch Kreditaufnahmen im Ausland, sondern mit Hilfe der Notenbank zu finanzieren, die dadurch ihre Währungsreserven verringerte. Allerdings konnten die Importeure die Devisenkredite — unter Umgehung der Verwendungsvorschrift — in D-Mark-Kredite umwandeln, indem sie die Devisenguthaben verkauften. Hierin ist wohl der Hauptgrund dafür zu sehen, daß die Bundesbank diese Kurssicherungsgeschäfte nach kurzer Zeit wieder einstellte[90].

---

[90] Vgl. *Schwilling:* Die kursbildenden Faktoren, S. 125.

2. Geldexport-Politik[91]

Beruht das Ungleichgewicht der Zahlungsbilanz nicht auf zinsreagiblen, sondern auf spekulativen Geldimporten, einem Exportüberschuß oder dem Zufluß langfristigen Kapitals, so muß der Zahlungsbilanzausgleich durch eine aktive Geldexportpolitik herbeigeführt werden. Deren Wirkung besteht — statistisch gesehen — darin, daß Netto-Geldimporte, die ceteris paribus die Währungsreserven der Notenbank erhöhen, durch den Abschluß von Kurssicherungsgeschäften auf einen späteren Zeitpunkt verschoben werden. Fließt einer Geschäftsbank, etwa durch Kreditaufnahmen von Industrieunternehmen im Ausland, ein Devisenguthaben zu, so hat sie die Wahl, dieses Guthaben, für das sie dem Unternehmen in der Regel ein Giralgeldguthaben in inländischer Währung zur Verfügung stellt, entweder selbst zu verwerten, indem sie es auf einen ausländischen Kreditnehmer überträgt, oder bei der Notenbank — die dann ihrerseits dem Ausland einen Kredit gewährt — gegen Binnenliquidität einzutauschen. Die erste Alternative — in der Zahlungsbilanz als „Geldexport" ausgewiesen — wird bei hohem Nettozinsertrag, die zweite Alternative („Devisenzufluß") bei ungünstiger Nettoverzinsung der Auslandsanlagen gewählt.

Auch bei der „Kompensation" von Geldimporten durch Geldexporte bildet also die Zinspolitik den Hauptansatzpunkt. Direkte zinspolitische Maßnahmen können allerdings auch in diesem Fall nur ausnahmsweise eingesetzt werden[92], da sie mit den kreditpolitischen Zielsetzungen der Notenbank abgestimmt werden müssen. Die *Deutsche Bundesbank* erhöhte daher zeitweise den „kalkulatorischen" Zinsertrag von Auslandsanlagen mit Hilfe ihres konventionellen Instrumentariums, indem sie im Falle von Geldexporten gewisse Erleichterungen bei der Mindestreservehaltung zuließ[93]. Die Maßnahmen, die sie hierbei im einzelnen traf, wurden bereits beschrieben. Die Möglichkeit der Kompensation von Ausländerguthaben durch eigene Auslandsanlagen der Banken, zum

---

[91] Vgl. dazu *Mills:* The Regulation, S. 17 ff., 25 ff.

[92] Dies war 1958 und 1968 in der Bundesrepublik der Fall, vgl. Gb-Bbk 1958, S. 29, und Gb-Bbk 1968, S. 1. — Im November 1960 ging die Bundesbank zu einer „zahlungsbilanzkonformen" Währungspolitik über, um den Reexport zugeströmter Devisen zu erleichtern, da die wirtschaftliche Expansion bereits so weit fortgeschritten war, daß die Notenbank von einer Zinssenkung keine zusätzlichen expansiven Wirkungen erwartete (vgl. Mb-Bbk, November 1960, S. 8, und Gb-Bbk 1960, S. 6). Ende 1968 reagierte sie ähnlich, indem sie die „eingeströmten Auslandsgelder sich am heimischen Markt in vollem Umfange zinssenkend auswirken ... (ließ, Anm. d. Verf.), weil dies ihren Wiederabfluß am ehesten förderte" (Gb-Bbk 1968, S. 52).

[93] Der „kalkulatorische" Zinsertrag einer Auslandsanlage berücksichtigt die neben den Einnahmen und Ausgaben der Bank im Zusammenhang mit Geldexportgeschäften entstehenden indirekten Erträge aufgrund des „Kompensationsprivilegs". Vgl. oben Fußnote 68.

Teil in Verbindung mit der Erhöhung der Mindestreservesätze für Verbindlichkeiten gegenüber „Gebietsfremden", bewirkte vor allem seit der Einbeziehung der D-Mark-Verbindlichkeiten in das „Kompensationsprivileg" tendenziell eine Verstärkung der Geldexporte; denn der Hauptteil der Bankverpflichtungen gegenüber Ausländern lautete auf D-Mark.

Die Auswirkungen des „Kompensationsprivilegs" auf den Nettoertrag von Auslandsanlagen wurde bereits dargestellt[94]; wie Abbildung 16 zeigt, wurde in der Regel ein ohnehin vorhandener Zinsvorteil des Auslandes gegenüber der Bundesrepublik vergrößert.

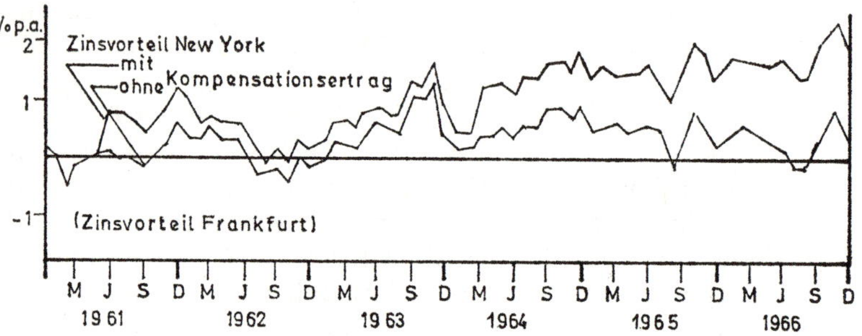

Abb. 16[95]: Der Einfluß der Mindestreservekompensation auf die Nettozinsdifferenz zwischen in- und ausländischen Schatzwechselanlagen

Die Banken glichen die Sichtguthaben „Gebietsfremder", wenn diese mit den maximalen Reservesätzen belegt waren, in der Regel durch entsprechende Geldexporte aus. Der Anreiz bei Termineinlagen war geringer, und bei Spareinlagen spielte er kaum eine Rolle. Dies wird auch aus der folgenden Abbildung 17 und Tabelle 11 im Anhang deutlich.

---

[94] Vgl. S. 18.

[95] Die Basiswerte (Nettozinsdifferenz ohne „Kompensationsertrag") ergeben sich aus den Schatzwechselsätzen in Frankfurt und New York bei Kurssicherung zum jeweils günstigsten Swapsatz. Der „Kompensationsertrag" wurde nach Gleichung (8) (Seite 18) für Sichteinlagen bei Instituten der Reserveklasse 1 an Bankplätzen berechnet.

Quellen:

a) für die Zinssätze amerikanischer Schatzwechsel mit einer Laufzeit von 91 Tagen (Durchschnitt aus den bei den wöchentlichen Auktionen erzielten Emissionssätzen): Mb-Bbk, Januar 1963, S. 140; Mb-Bbk, September 1967, S. 134 (jeweils Tabelle X. 2);

b) für die Schatzwechselsätze in Frankfurt (Schatzwechsel des Bundes und der Bundesbahn mit Laufzeiten von 60 bis 90 Tagen): Gb-Bbk 1960, S. 113; Gb-Bbk 1966, S. 163;

c) für die Kurssicherungskosten: Gb-Bbk 1962, S. 161, und Gb-Bbk 1966, S. 163 (Swapsätze der Deutschen Bundesbank) bzw. *IMF* (Hrsg.): International Financial Statistics, April 1962, S. 19; Dec. 1962, S. 25; Dec. 1963, S. 24; Dec. 1964, S 24; Dec. 1965, S. 24; June 1966, S. 24; Sept. 1967, S. 24 (Kurssicherungskosten am freien Markt).

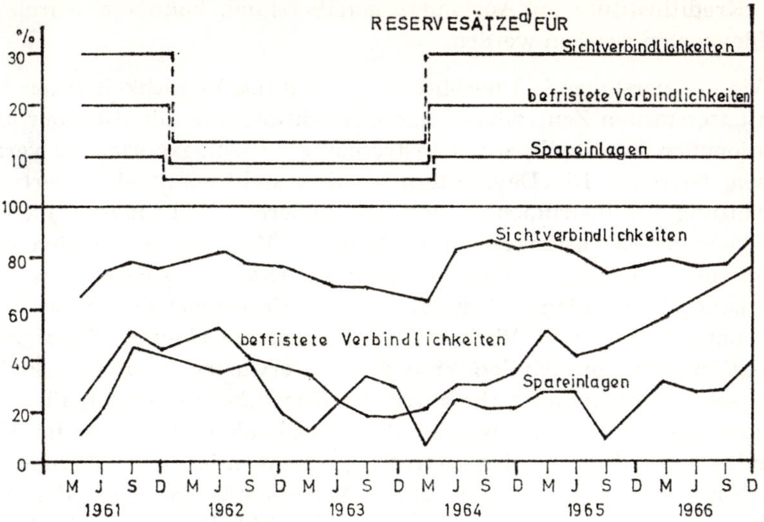

a) Reservesätze für Guthaben „Gebietsfremder" bei Kreditinstituten der Reserveklasse 1 an Bankplätzen.

Abb. 17[96]: Prozentualer Anteil der durch Auslandsanlagen kompensierten Einlagen „Gebietsfremder"; zum Vergleich: Reservesätze für Einlagen „Gebietsfremder"

Allerdings läßt sich der Einfluß der indirekten Erträge von Auslandsanlagen aufgrund des „Kompensationsprivilegs" nicht von anderen Faktoren isolieren. Er tritt nur bei Sichteinlagen von „Gebietsfremden" klar zutage; die Erhöhung der dafür geltenden Mindestreservesätze am 1. April 1964 hatte einen deutlichen Geldexport zur Folge[97].

Eine aktive Geldexportpolitik der *Schweizerischen Nationalbank* mit Hilfe der ihr zur Verfügung stehenden konventionellen Instrumente war bisher kaum möglich. Zu den wenigen Beispielen zahlungsbilanzorientierter Maßnahmen gehört die Senkung des Diskontsatzes von $3^1/_2$ auf 3 % im Juli 1967[98]. Auch in der im Jahre 1964 ergangenen Bestimmung, nach der der Zuwachs der Ausländer-Guthaben insoweit nicht bei der Notenbank stillgelegt werden brauchte, als ihm eine Geldanlage

---

96 Zum Teil eigene Berechnungen;

Quellen:

a) für die Reservesätze: Gb-Bbk 1966, S. 116;

b) für die Einlagenkompensation: Schreiben der Deutschen Bundesbank an den Verfasser; vgl. Tabelle 11 im Anhang.

97 Zur Kompensation von Termin- und Spareinlagen wurde der Teil der Auslandsanlagen herangezogen, der nach der vollständigen Kompensation der Sichteinlagen verblieb. Die in Tabelle 11 aufgeführten reservepflichtigen Sichtverbindlichkeiten wurden hauptsächlich bei kleineren Instituten unterhalten, die keine internationalen Geldmarktgeschäfte tätigen.

98 Vgl. *Coombs:* Report, a.a.O., Vol. 53 (1967), S. 1524.

des Kreditinstituts im Ausland gegenüberstand, kann ein Anreiz zu Geldexporten gesehen werden.

Wie der vorstehende Überblick zeigt, sind die Möglichkeiten der beiden untersuchten Zentralbanken, die Kreditinstitute mit Hilfe der konventionellen kreditpolitischen Instrumente zu Geldexporten zu veranlassen, begrenzt. Die Devisenterminpolitik stellt somit eine wertvolle Ergänzung des Instrumentariums der „äußeren" Währungspolitik dar. Sie kann die Wirksamkeit konventioneller Maßnahmen erhöhen oder diese auch teilweise ersetzen. In der Regel jedoch erreichen währungspolitische Maßnahmen erst durch den „flankierenden" Einsatz weiterer Instrumente ihre volle Wirksamkeit. So waren Geldexporte aufgrund des „Kompensationsprivilegs" nur dann zu erwarten, wenn der „kalkulatorische" Zinsgewinn nicht durch die Kurssicherungskosten für Auslandsanlagen aufgezehrt wurde. Die Notenbank muß also unter Umständen zusätzlich zu den getroffenen konventionellen Maßnahmen Devisentermingeschäfte abschließen. Andererseits kann auf die Aufrechnung mindestreservepflichtiger Verbindlichkeiten gegen Auslandsanlagen verzichtet werden, wenn die Notenbank durch Interventionen am Devisenterminmarkt die Nettozinsdifferenz zwischen den Geldmärkten so beeinflußt, daß diese allein schon ausreicht, um die gewünschten Kapitalbewegungen herbeizuführen. Eine solche Politik ist vor allem aus strukturpolitischen Gründen zu bejahen: Kleinere Banken können das „Kompensationsprivileg" kaum nutzen, da sie bei einer Geldanlage im Ausland — wenn diese für sie überhaupt durchführbar ist — infolge ihrer schwachen Verhandlungsposition und fehlender Marktübersicht ungünstigere Bedingungen hinnehmen müssen als Großbanken. Teilweise werden sie gezwungen sein, ihre Geldexporte über ein größeres Institut abzuwickeln, wobei ihnen zusätzliche Kosten erwachsen, während die größere Bank — letztlich aufgrund der Mindestreservevorschriften — einen Gewinn erzielt.

Darüber hinaus vermindert sich, wenn die Aufrechnung von Geldexporten gegen mindestreservepflichtige Verbindlichkeiten der Kreditinstitute entfällt, für die Banken der Anreiz, ein eventuelles Zinsverbot für Ausländer-Guthaben zu umgehen. Dadurch werden die Geldimporte tendenziell vermindert; denn wenn eine Bank die Möglichkeit hat, die Reservepflicht für Einlagen „Gebietsfremder" durch die zinsbringende Anlage dieser Gelder im Ausland zu vermeiden, wird sie eher geneigt sein, solche Einlagen durch Vergünstigungen, die sie ihren ausländischen Kunden in dieser oder jener Form gewährt, an sich zu ziehen, als wenn sie den Gegenwert der Einlagen bei der Notenbank stillegen muß.

Die eigentliche Ergänzung des konventionellen Notenbank-Instrumentariums durch Devisentermingeschäfte liegt also auf dem Gebiet der

Zinspolitik. Dadurch, daß über die Kurssicherungskosten Binnen- und Außenzinsniveau getrennt werden, gewinnt die Notenbank Handlungsfreiheit in ihrer Kreditpolitik, ohne daß sie die Verwirklichung ihrer außenwirtschaftlichen Zielsetzungen vernachlässigen braucht.

III. Der Erfolg terminmarktpolitischer Maßnahmen in der Praxis

Bei der Beurteilung des Erfolgs devisenterminpolitischer Maßnahmen muß von den Zielsetzungen ausgegangen werden, die die beiden Notenbanken, deren Operationen hier untersucht werden, zu verwirklichen suchten. Die Devisentermingeschäfte waren einerseits auf die Regulierung der Binnengeldmärkte und des Euro-Geldmarktes, andererseits auf die Veränderung der offiziellen Devisenpositionen hinsichtlich des Umfangs bzw. der Struktur gerichtet. Fielen diese Zielsetzungen zeitlich zusammen, so entsprachen sie sich in der Regel: Durch Geldexporte der Geschäftsbanken verminderten sich die Devisenreserven der Notenbanken, gleichzeitig wurde die Bankenliquidität tendenziell vermindert[99] und — wenn aufgrund der Geldexporte die Devisenreserven der Notenbanken durch Anlage am Euro-Geldmarkt „mobilisiert" wurden — die internationale Liquidität erhöht. Häufig trat jedoch — je nach den aktuellen Rahmenbedingungen — das eine oder andere Ziel in den Hintergrund. Die Schwierigkeit einer Erfolgsanalyse terminmarktpolitischer Maßnahmen liegt darin, daß die Zielvorstellungen im konkreten Fall oft nicht bekannt sind; sie müssen aus der Veränderung der „Zielparameter" der Notenbank vor Einsatz der Devisenterminpolitik geschlossen werden[100].

1. „Starthilfe" beim Aufbau einer ausgeglichenen Auslandsposition der Geschäftsbanken[101]

Als die Deutsche Bundesbank ihre Kurssicherungsgeschäfte für Geldexporte im Oktober 1958 aufnahm, waren die kurzfristigen Verbindlich-

---

[99] Bei einem staatlichen Geldexport, etwa durch Übernahme ausländischer Schuldverschreibungen, wird die Binnenliquidität nicht direkt vermindert, wenn die Zahlungen aus Guthaben oder Kreditlinien bei der Notenbank erfolgen. Die Sekundärwirkung kann in diesem Fall indifferent (bei Verwendung stillgelegter Etatüberschüsse), restriktiv (bei Verminderung der Staatsausgaben) oder expansiv sein (bei Finanzierung mit Hilfe eines Notenbank-Kredits und Vergrößerung der Auslandsnachfrage nach Inlandsgütern).

[100] „The Bundesbank's swap policy had a variety of objectives, not always explicitely stated, and the focus of which varied over time." (*Arthur J. Bloomfield:* Official Intervention in the Forward Exchange Market: Some Recent Experiences. Quarterly Review [Banca Nazionale del Lavoro], Vol. XVII [1964], S. 11).

[101] Vgl. dazu Mb-Bbk, Februar 1960, S. 78, Tabelle VII. 4. (Kurzfristige Forderungen und Verpflichtungen der Geschäftsbanken gegenüber dem Aus-

keiten der deutschen Geschäftsbanken gegenüber dem Ausland um 1,2 Mrd. DM oder 53 % höher als ihre kurzfristigen Forderungen gegenüber dem Ausland. Das Ziel der Notenbank in der ersten Phase der „Swapsatzpolitik“[102] war daher, den Ausgleich dieser Position herbeizuführen[103]. Obwohl sie jedoch bis Ende 1958 Swapgeschäfte über 325 Mio. D-Mark abschloß, erhöhte sich die kurzfristige Nettoverschuldung der Kreditinstitute im Ausland auf 1,6 Mrd. DM, und zwar aufgrund der Abnahme kurzfristiger Kredite an das Ausland sowie der im Ausland gehaltenen Guthaben zur Abwicklung des internationalen Zahlungsverkehrs. Die Swapabschlüsse der Bundesbank wurden offenbar zur Kurssicherung ohnehin im Ausland gehaltener Anlagen verwendet.

Im Jahre 1959 nahmen die Nettoverbindlichkeiten gegenüber dem Ausland rasch ab und ab April bildete sich ein zunehmender Forderungssaldo, der bis Ende Oktober auf 1 Mrd. DM anstieg. Die monatlichen Veränderungen der Terminverbindlichkeiten („Swap-Engagement“) der Bundesbank bewegten sich im ersten Halbjahr parallel zu den Veränderungen der Nettoforderungen der Geschäftsbanken gegenüber dem Ausland, doch waren bei diesen die Zunahmen stärker und die Abnahmen geringer als beim Swap-Engagement der Notenbank. Als diese sich ab Juli aus dem Kurssicherungsgeschäft zurückzog, nahmen die Netto-Auslandsanlagen der Banken zunächst noch zu und verminderten sich erst wieder im September. Die Veränderungen fanden dabei hauptsächlich in der Position „Termingelder“ statt, die sich von 128 Mio. DM 1958 auf 1,3 Mrd. DM Ende Juli 1959 vergrößerten. In der Zunahme der „täglich fälligen Gelder“, bei denen es sich im wesentlichen um Guthaben zur Abwicklung des internationalen Zahlungsverkehrs handelt, spiegelt sich die Ausdehnung des internationalen Handels- und Kreditverkehrs wider, nachdem im Dezember 1958 die Konvertibilitätsbeschränkungen für die wichtigsten europäischen Währungen aufgehoben worden waren. Das Anlagevolumen in Geldmarktpapieren nahm weniger stark und wesentlich gleichmäßiger zu, da hier Liquiditätsüberlegungen der Banken und die „Bilanzoptik“ eine große Rolle spielten. Dies zeigte sich besonders deutlich im letzten Quartal des Jahres 1959: Bei den Bilanzvorbereitungen zum Jahresende lösten die Banken 0,9 Mrd. D-Mark ausländische Termineinlagen auf, erhöhten aber im Dezember ihre Anlagen in ausländischen Geldmarktpapieren um 329 Mio. DM.

Das Ziel, den Ausgleich von Forderungen und Verbindlichkeiten der Kreditinstitute gegenüber dem Ausland herbeizuführen, wurde in der

land). — Mb-Bbk, September 1965, S. 32 (Swap-Engagement der Deutschen Bundesbank). — Gb-Bbk 1958, S. 35 f. — *Janocha:* Intervention, S. 18 ff.

[102] *Lipfert:* Währungspolitik, S. 184.

[103] Vgl. Gb-Bbk 1958, S. 35 f. — Mb-Bbk, Januar 1959, S. 5. — *Brehmer/ Dorrance:* Controls on Capital Inflow, S. 427.

Anfangsphase der Terminmarktpolitik weitgehend erreicht. Die Auslandsforderungen der Banken wuchsen von 2,3 Mrd. DM Ende September 1958 auf 3,5 Mrd. DM Ende 1959, und die Verdopplung der täglich fälligen Gelder während dieser Zeit zeigt, daß sich die Banken stärker als bis dahin in den internationalen Geld- und Kreditverkehr einschalteten. Der geringe Negativ-Saldo ihrer „Auslandsposition" zum Jahresende 1959 rührte von der plötzlichen Aufstockung der Einlagen „Gebietsfremder" um 500 Mio. DM im Dezember her.

2. Zahlungsbilanzausgleich[104]

Hinter dem Wunsch der deutschen und der schweizerischen Notenbank, mit Hilfe der Kurssicherung von Geldexportgeschäften den Ausgleich der Zahlungsbilanzen herbeizuführen, standen zwei Zielsetzungen: Erstens sollte vermieden werden, daß Geldzuflüsse aus dem Ausland oder Überschüsse in der Grundbilanz die inländische Kreditgewährung ausweiteten, zweitens sollte der Liquiditätsverlust, den andere Länder durch Defizite in ihrem Zahlungsverkehr mit dem Ausland erlitten, ausgeglichen werden. Die erste dieser Zielsetzungen kann als verwirklicht angesehen werden, wenn durch die Kurssicherungsabschlüsse der Notenbanken bei restriktiver Kreditpolitik Devisenzuflüsse, bei expansiver Kreditpolitik Devisenverluste, die auf anderen Einflußfaktoren beruhen, nicht vergrößert werden. In Hinblick auf den internationalen Liquiditätsausgleich kann die Geldexportpolitik als erfolgreich angesehen werden, wenn Ungleichgewichte, die sich ohne Einsatz der Devisenterminpolitik ergeben hätten, vermindert werden. Dabei müssen jedoch die Beschränkungen, die sich aus den kreditpolitischen Erfordernissen ergeben, berücksichtigt werden.

In die Zeit von Anfang Oktober 1958 bis Mitte Mai 1968, für die statistische Unterlagen über den Umfang der von der *Deutschen Bundesbank* abgeschlossenen Swapgeschäfte zur Verfügung stehen, fallen zwei Perioden, in denen das binnenwirtschaftliche Gleichgewicht soweit hergestellt war, daß die Notenbank ihre Swap-Operationen vorrangig als Instrument der äußeren Währungspolitik einsetzen konnte: die Zeitabschnitte von Herbst 1958 bis Mitte 1959 und von Ende 1962 bis Mitte 1963. Darüber hinaus erfolgte die kreditpolitische Auflockerung im November 1960 in erster Linie unter zahlungsbilanzpolitischen Gesichts-

[104] Vgl. dazu die Entwicklung der kurzfristigen Forderungen und Verpflichtungen der Geschäftsbanken gegenüber dem Ausland (Mb-Bbk, Februar 1960, S. 78. — Mb-Bbk, Februar 1961, S. 78. — Mb-Bbk, Februar 1962, S. 88. — Mb-Bbk, Februar 1963, S. 96. — Mb-Bbk, Mai 1964, S. 125. — Mb-Bbk, Januar 1965, S. 119. — Mb-Bbk, Januar 1966, S. 123), der offiziellen Gold- und Devisenreserven (ebenda) und des Swap-Engagements der Deutschen Bundesbank (Mb-Bbk, September 1965, S. 32) sowie Tabelle 12 im Anhang.

punkten, so daß auch die Swappolitik zwischen November 1960 und Dezember 1961 unter diesem Aspekt gesehen werden muß.

In der „Anlaufphase" von Oktober 1958 bis Mitte 1959 stand zwar der Aufbau der Auslandsanlagen des Geschäftsbankensektors im Vordergrund der Swappolitik, doch versuchte die Notenbank gleichzeitig, den Ausgleich der Zahlungsbilanz herbeizuführen. Die Auslandsanlagen deutscher Kreditinstitute in Form von Termingeldern und Geldmarktpapieren stiegen von 605 Mio. DM Ende September 1958 auf 2 Mrd. DM Ende Juni 1959, während täglich fällige Gelder und kurzfristige Kredite an das Ausland, die mit Kurssicherungsgeschäften kaum zu beeinflussen sind[105], sich im letzten Quartal 1958 um 348 Mio. DM verminderten, dann aber ungefähr konstant blieben. Während im letzten Quartal 1958 die Swapabschlüsse mit der Notenbank zur Kurssicherung bereits vorhandener Auslandsanlagen der Kreditinstitute verwendet wurden, kam im ersten Halbjahr 1959 ein zusätzlicher Geldexport in Gang, den die Bundesbank fast zur Hälfte gegen Kursrisiken sicherte. Er wirkte allerdings nicht im Sinne eines Ausgleichs der Zahlungsbilanz, sondern verstärkte das ohnehin vorhandene Defizit; dieses hätte ohne die Geldexporte, für die die Notenbank die Kurssicherung übernahm, 3,1 Mrd. DM betragen, tatsächlich betrug es 3,7 Mrd. DM.

Nachdem sich im Jahre 1960 gezeigt hatte, daß die binnenwirtschaftliche Entwicklung infolge der hohen Devisenzuflüsse mit Hilfe der Kreditpolitik nicht gesteuert werden konnte, ging die Notenbank am 11. November zu einer „zahlungsbilanzkonformen" Währungspolitik über[106] und senkte bis Mitte 1961 den Diskontsatz und die Abgabesätze für Offenmarktpapiere um 2 Prozentpunkte. Damit erreichten die Geldmarktsätze in Deutschland das internationale Niveau, und die Bundesbank konnte den Report, den sie bei ihren Kurssicherungsabschlüssen gewährte, allmählich abbauen. Ihr Swap-Engagement stieg von 1,4 Mrd. DM Ende Oktober 1960 (wovon ein erheblicher Teil auf Kurssicherungsabschlüsse für Importfinanzierungen entfiel)[107] auf 3,6 Mrd. DM Ende Juli 1961, sank aber bis zum Jahresende im Zusammenhang mit „Repatriierungen" zur Liquiditätsbeschaffung wieder auf 1,1 Mrd. DM. Die Positionen „Termingelder" und „Geldmarktpapiere" veränderten sich in den letzten drei Quartalen des Jahres 1961 in Umfang und Richtung parallel zu den Kurssicherungsabschlüssen der Bundesbank, während diese im letzten Quartal 1960 erheblich höher, im ersten Quartal 1961 erheblich niedriger waren als jene. Zu einem gewissen Ausgleich der

---

[105] Die kurzfristigen Kredite der Banken an das Ausland lauteten zum größten Teil auf D-Mark; vgl. Mb-Bbk, Februar 1960, S. 78 (Tabelle VII. 4).

[106] Vgl. Mb-Bbk, November 1960, S. 8. — Gb-Bbk 1960, S. 6.

[107] Vgl. dazu S. 152.

Devisenbilanz führten die Swapgeschäfte jedoch nur im letzten Quartal 1960 und im dritten Quartal 1961, als sie den Devisenzufluß von 2,7 Mrd. D-Mark auf 1,6 Mrd. DM bzw. den Devisenverlust von 2,5 Mrd. DM auf 2 Mrd. DM verminderten. Im ersten Halbjahr 1961 hingegen erhöhten sie den Devisenabfluß von 0,7 Mrd. DM auf 2,1 Mrd. DM, im letzten Quartal 1961 verwandelte der Abbau des Swap-Engagements den Devisenabfluß von 723 Mio. DM, der ohne Änderung der Terminposition der Bundesbank stattgefunden hätte, in einen Zufluß von 747 Mio. DM.

Die Swap-Operationen der Deutschen Bundesbank müssen jedoch in Zusammenhang mit den Devisentermingeschäften, die die Federal Reserve Bank of New York im Jahre 1961 in Zusammenarbeit mit der deutschen Notenbank durchführte, gesehen werden[108]. Bezieht man diese Abschlüsse in die Betrachtung ein, so ergibt sich ein günstigeres Bild: Im ersten Halbjahr 1961 konnte per Saldo an Stelle eines Devisenzuflusses von 0,4 Mrd. DM, der ohne Terminmarktinterventionen stattgefunden hätte, eine Abnahme der deutschen Währungsreserven um 2,1 Mrd. DM herbeigeführt werden, im dritten Quartal wurde der Devisenverlust von 3,3 Mrd. DM durch Auflösung von Termingeschäften auf 2 Mrd. DM vermindert; daß die Währungsbehörden mit ihren Devisentermingeschäften einen wesentlich stärkeren Geldexport induzierten, als dies aufgrund der Entwicklung der deutschen Zahlungsbilanz erforderlich gewesen wäre, läßt sich aus den hohen Devisenzuflüssen vor der Aufwertung der D-Mark im März 1961 erklären.

Die Zeit von Mitte 1962 bis Mitte 1963 war durch das Nachlassen der deutschen Exportüberschüsse gekennzeichnet. Da die Grundbilanz im Jahre 1962 ein Defizit von über 2 Mrd. DM aufwies, stellte die Bundesbank ihre Geldexportpolitik ein. Die Geschäftsbanken verminderten ihre Auslandsanlagen im zweiten Halbjahr 1962 entsprechend, so daß Devisenverluste der Notenbank vermieden werden konnten. Im ersten Halbjahr 1963 stockten sie ihre Auslandsanlagen zwar auf, aber in erheblich geringerem Umfang als in den Vorjahren. Durch den Abbau des Swap-Engagements verminderte sich der Devisenverlust der Notenbank im ersten Quartal 1963; die Abwicklung der letzten Kurssicherungsgeschäfte im zweiten Quartal fiel allerdings mit der Zunahme der Währungsreserven um 920 Mio. D-Mark zusammen.

Im großen und ganzen wurde also in den Perioden binnenwirtschaftlichen Gleichgewichts oder „zahlungsbilanzorientierter" Geldpolitik das Ziel erreicht, mit Hilfe der Devisenterminpolitik den internationalen Liquiditätsausgleich zu verbessern.

Von Mitte 1959 bis Herbst 1960, im ersten Halbjahr 1962 und von Mitte 1963 bis Ende 1965 erfolgten die Kurssicherungsabschlüsse der

---

108 Vgl. Tabelle 2 im Anhang.

Bundesbank vor dem Hintergrund einer restriktiven Kreditpolitik. Um den Erfolg der Swapsatzpolitik in diesen Perioden beurteilen zu können, muß untersucht werden, inwieweit die Abschlüsse dazu beitrugen, Devisenzuflüsse zu vermeiden, oder doch wenigstens keinen Anstieg derselben verursachten.

Vergleicht man unter diesem Gesichtspunkt die quartalsweisen Veränderungen der Währungsreserven und des Swap-Engagements der Bundesbank, so zeigt sich, daß während der insgesamt siebzehn Quartale restriktiver Kreditpolitik in vier Quartalen aufgrund der Verminderung der Kurssicherungsabschlüsse eine Erhöhung des Devisenzuflusses bei der Notenbank stattfand. Am deutlichsten wurde dies im zweiten Quartal 1960, als die Bundesbank das Volumen ihrer Kurssicherungsgeschäfte um 1,2 Mrd. DM verminderte und die Auslandsanlagen der Kreditinstitute in Geldmarktpapieren und Termingeldern um 756 Mio. DM zurückgingen. Im zweiten Quartal 1962 bewirkte der Rückzug aus dem Kurssicherungsgeschäft, der von entsprechenden „Repatriierungen" der Banken begleitet war, daß die Devisenbilanz statt eines negativen Saldos von 32 Mio. DM einen Überschuß von 800 Mio. DM aufwies. Allerdings hatte die Notenbank im ersten Quartal 1962 Kurssicherungsgeschäfte über 1,8 Mrd. DM abgeschlossen, die nun in Anbetracht der negativen Grundbilanz etwas abgebaut wurden. In den restlichen beiden Fällen (letzte Quartale 1964 und 1965) nahmen die Währungsreserven nur geringfügig zu.

In vier Fällen (drittes Quartal 1959, drittes Quartal 1964, zweites und drittes Quartal 1965) verminderte sich der Abfluß von Devisen im Zusammenhang mit dem Abbau des Swap-Engagements der Notenbank. Insbesondere in den letzten beiden Fällen stand dies offensichtlich nicht in Einklang mit den kreditpolitischen Erfordernissen; denn die Bundesbank lehnte gleichzeitig die Aufhebung der Verzinsungsbeschränkungen und der erhöhten Mindestreservebelastung für Auslandsgeld ab, da diese „mit ziemlicher Sicherheit den restriktiven Effekt der Zahlungsbilanz für die Liquidität der Banken und der gesamten Wirtschaft mehr vermindert ... (hätten, Anm. d. Verf.), als es ohnehin der Fall war"[109].

Von diesen wenigen Ausnahmen abgesehen, stand die Kurssicherungspolitik der Bundesbank jedoch in Einklang mit ihrer restriktiven Kreditpolitik während der untersuchten Zeitabschnitte. Dies trifft auch für die Phase expansiver Kreditpolitik zu, in die die Wiederaufnahme der Swap-Operationen nach der Abwertung des englischen Pfundes im Herbst 1967 fiel. Der Vergleich des Swap-Engagements mit den Veränderungen der Währungsreserven in der Zeit bis Mitte 1968, für die

---

[109] Gb-Bbk 1965, S. 17.

die entsprechenden statistischen Unterlagen zur Verfügung stehen[110], zeigt, daß die Devisentermingeschäfte den Zufluß spekulativer Gelder ausglichen, ohne jedoch per Saldo die Liquidität der Geschäftsbanken zu vermindern.

Auch die *Schweizerische Nationalbank* leitete mit Hilfe ihrer Swap- und „outright"-Geschäfte mit Kreditinstituten Devisenzuflüsse in den Geschäftsbankensektor zurück. Während Swap-Operationen nur fallweise eingesetzt wurden, zeigten die reinen Terminabschlüsse, die die Nationalbank als Agentin der Federal Reserve Bank of New York durchführte, eine gewisse Kontinuität[111]. Eine eingehende Analyse dieser Transaktionen in Hinblick auf den damit herbeigeführten internationalen Liquiditätsausgleich ist jedoch wegen der mangelhaften statistischen Unterlagen — insbesondere über die Auslandsanlagen der Schweizer Geschäftsbanken — nicht möglich.

Neben den beschriebenen, längerfristigen Devisentermingeschäften waren die „Ultimo"-Operationen der beiden Zentralbanken für die Pflege der internationalen Geldmärkte, insbesondere des Euro-Geldmarkts, von besonderer Bedeutung, da sie hier vorübergehende Anspannungen vermeiden halfen. Diese entstanden dadurch, daß die Notenbanken — insbesondere die Deutsche Bundesbank — in der Regel keine Anlagen am Euro-Geldmarkt vornehmen, sondern die ihnen zufließenden Devisen in amerikanischen Schatzwechseln anlegen oder damit Guthaben beim Federal Reserve System bilden, so daß die Devisen dem internationalen Geldkreislauf entzogen werden.

Die Politik der Deutschen Bundesbank war in der Regel defensiv; die Notenbank beschränkte sich darauf, durch vorübergehende Krediterleichterungen am Binnengeldmarkt das Volumen der „Repatriierungen" zu vermindern. Auf die Grenzen dieser Politik wurde bereits hingewiesen. In der Tat lösten die Kreditinstitute jeweils zum Jahresende in beträchtlichem Umfang Auslandsguthaben auf. Ende 1967 allerdings konnte die Bundesbank mit Hilfe ihrer Kurssicherungspolitik einen großen Teil der Devisen, die sie in der ersten Dezemberhälfte angekauft hatte, wieder auf den Geschäftsbankensektor übertragen[112].

Die Schweizerische Nationalbank unterstützte die „Repatriierungen" der Kreditinstitute am Jahresende durch den Abschluß entsprechender Kurssicherungsgeschäfte oder durch den Abbau ihres Terminengagements, weil die Schweizer Banken zu Anspannungsterminen stärker als die deutschen auf die Auflösung von Auslandsanlagen zur Liquiditäts-

---

110 Vgl. Mb-Bbk, August 1968, S. 122 f. (Tab. VII. 6. und VII. 7. a).

111 Vgl. Tabelle 7 im Anhang.

112 Vgl. *Coombs:* Report, a.a.O., Vol. 54 (1968), S. 278.

beschaffung angewiesen sind. Lediglich Ende 1967 kaufte sie 65 Mio. $ per Termin, um den Reexport spekulativer Geldzuflüsse zu ermöglichen. Im übrigen leitete sie die ihr zugeflossenen Devisen zum großen Teil entweder direkt durch eigene Anlagen oder über die Bank für Internationalen Zahlungsausgleich an den Euro-Geldmarkt zurück. Wurden allerdings die Devisen-Guthaben der Nationalbank durch ein Swapgeschäft mit der Federal Reserve Bank of New York kursgesichert[113], oder legte die BIZ die von ihr übernommenen Dollars in amerikanischen Geldmarktpapieren an[114], so wurden diese Mittel bei den amerikanischen Währungsbehörden stillgelegt, also dem Euro-Geldmarkt entzogen.

3. Der Einfluß der Swapsatzpolitik auf die Netto-Devisenposition der Deutschen Bundesbank[115]

Das zweite Hauptziel, das die Deutsche Bundesbank mit ihrer Devisenterminpolitik verfolgte, war, einen Teil der zentralen Währungsreserven auf die Geschäftsbanken zu verlagern. Hierbei konnte es sich nur um den vorübergehenden Ausgleich plötzlicher Devisenzuflüsse handeln, da die Kurssicherungsabschlüsse mit ihrer relativ kurzen Laufzeit allein dafür geeignet sind. Eine längerfristige Beteiligung der Kreditinstitute an der Haltung der nationalen Währungsreserven ist in diesem Zusammenhang nur in Höhe des Bodensatzes der privaten Auslandsanlagen möglich. Soweit diese zur Abwicklung des internationalen Zahlungsverkehrs dienen, entziehen sie sich weitgehend dem Einfluß der Zentralbank. Die Position „Täglich fällige Gelder“ wird daher ebenso wie die an das Ausland gegebenen kurzfristigen Kredite im folgenden außer Betracht gelassen. Die Untersuchung beschränkt sich also auf die statistischen Positionen „Termingelder“ und „Geldmarktpapiere“[116].

---

113 Dies war Ende 1962 und Ende 1967 bei Teilbeträgen der Fall.

114 Vgl. dazu *Janocha:* Intervention, S. 90.

115 Vgl. dazu die in Fußnote 104 angegebenen Quellen. — Wegen fehlender statistischer Unterlagen über die Auslandsposition der Schweizer Geschäftsbanken ist eine entsprechende Analyse der Terminmarkt-Operationen der Schweizerischen Nationalbank nicht möglich; die Kurssicherungsgeschäfte mit der Federal Reserve Bank of New York und die Gold-Dollar-Swapgeschäfte mit der BIZ können in jedem Fall als „erfolgreich“ angesehen werden, da sie keinen „Freiheitsgrad“ aufwiesen, insbesondere unabhängig von den Reaktionen der schweizerischen Geschäftsbanken waren.

116 Das vorübergehende Engagement der Kreditanstalt für Wiederaufbau in Schuldverschreibungen des amerikanischen Schatzamts aus dem Bestand der Bundesbank bleibt hier ebenfalls außer Betracht; denn dabei handelte es sich um Mittel, die für die Entwicklungshilfe vorgesehen waren, so daß der damit verbundene Kapitalexport letztlich langfristiger Natur war und sich der Beeinflussung durch die Bundesbank entzog.

Vergleicht man quartalsweise die Veränderungen der zentralen Währungsreserven mit den Veränderungen des Swap-Engagements der Bundesbank[117], so zeigt sich, daß die Notenbank Schwankungen in ihren Währungsreserven nur relativ selten verringern konnte. Im Herbst 1958 schloß sie zwar Kurssicherungsgeschäfte über 325 Mio. DM ab, die Auslandsanlagen der Geschäftsbanken veränderten sich aber dadurch kaum, so daß die Bundesbank den Devisenzufluß des letzten Quartals in Höhe von 1 Mrd. DM voll übernehmen mußte. Durch zusätzliche Swap-Abschlüsse im ersten Halbjahr 1959 erhöhte sie zwar die Auslandsanlagen der Geschäftsbanken, doch vergrößerte sie dadurch das Defizit der Devisenbilanz. Die Wiederaufnahme der Kurssicherungsgeschäfte im Herbst 1959 fiel mit einem starken Devisenzustrom zusammen; die Notenbank konnte jedoch trotz der Erhöhung ihres Engagements um 1 Mrd. DM im letzten Quartal 1959 und im ersten Quartal 1960 nicht verhindern, daß die Kreditinstitute ihr 0,9 Mrd. DM aus dem Verkauf von Geldmarktpapieren und der Auflösung von Termineinlagen anboten. Der Rückzug der Notenbank aus dem Kurssicherungsgeschäft im zweiten Quartal 1960 vergrößerte die Devisenreserven nochmals um 0,8 Mrd. DM, und auch nach der Wiederaufnahme der Terminmarktoperationen im Herbst 1960 blieb ein sichtbarer Erfolg zunächst aus: Im dritten Quartal bauten die Banken ihre Auslandsanlagen trotz des Kurssicherungsangebots der Notenbank weiter ab[118]; im vierten Quartal 1960 vergrößerten sie sie zwar um 0,3 Mrd. DM, die Bundesbank ihr Terminengagement jedoch um den vierfachen Betrag. Dies erklärt sich daraus, daß die Notenbank von Ende August bis Anfang November die Finanzierung des Einfuhr- und Transithandels in ihre Kurssicherungsabschlüsse einbezog. Darüber hinaus nahmen deutsche Filialen amerikanischer Banken in einigen Fällen am Euro-Geldmarkt oder in den Vereinigten Staaten Kredite auf und transferierten diese — unter Inanspruchnahme der Kurssicherung der Bundesbank — zu ihren Zentralen[119]. Da die Einlagen ausländischer Zweigstellen bei den Hauptniederlassungen in Amerika nicht der Mindestreservepflicht unterlagen und die Bundesbank die Kurssicherung im Herbst 1960 mit einem Report vornahm, waren derartige Geschäfte für die amerikanischen Banken gewinnbringend.

Zu Beginn des Jahres 1961 ließen die spekulativen Einflüsse auf den kurzfristigen internationalen Kreditverkehr nach. Der Kassakurs der

---

[117] Vgl. Tabelle 12 im Anhang.

[118] Der Umfang der von den Geschäftsbanken im Ausland gehaltenen Terminguthaben und Geldmarktpapiere war von Juni bis Oktober 1960 niedriger als bei Beginn der Swapoperationen im Oktober 1958.

[119] Diese Transaktionen entsprachen den später auch von deutschen Banken durchgeführten „Karussell"-Geschäften (vgl. S. 94 f.).

amerikanischen Währung, der von Januar bis Anfang Oktober 1960 praktisch dauernd am unteren Interventionspunkt von 4,1700 DM/$ gelegen hatte, stieg auf 4,1760 DM/$ am 31. Januar 1961, und auch Dreimonatsdollars wiesen nur noch geringe Deports von etwa 0,6 % p. a. auf. Die Geldexporte, die nach der Änderung der Kreditpolitik im November 1960 wieder eingesetzt hatten, verstärkten sich erheblich. Dadurch wurde der Devisenzufluß von fast 1 Mrd. DM, der sich ohne die Geldexporte der Kreditinstitute im ersten Quartal 1961 ergeben hätte, vollständig ausgeglichen; die zentralen Währungsreserven nahmen sogar um mehr als 200 Mio. DM ab[120]. Im weiteren Verlauf des Jahres verstärkte die Geldexportpolitik allerdings den ohnehin einsetzenden Devisenabfluß, der nur zum Jahresende durch außergewöhnlich hohe „Repatriierungen" von fast 2 Mrd. DM allein bei Geldmarktpapieren und Termineinlagen unterbrochen wurde. Auch im Jahre 1962 wirkte die Geldexportpolitik in Hinblick auf die gleichmäßige Entwicklung der deutschen Währungsreserven eher störend: Zu Beginn des Jahres führte sie zu starken Devisenverlusten bei der Notenbank, im weiteren Verlauf des Jahres hatte der Abbau des offiziellen Swap-Engagements einen beträchtlichen Devisenzufluß zur Folge; bei Aufrechterhaltung der bestehenden Terminverbindlichkeiten hingegen wäre eine ausgeglichene Devisenbilanz zu erwarten gewesen. Dieser Schluß ist deswegen gerechtfertigt, weil die Kurssicherung für Auslandsanlagen wegen der höheren Sätze am freien Markt fast ausschließlich über die Bundesbank erfolgte[121]. — Lediglich im vierten Quartal 1962 bewirkte der Abbau des Swap-Engagements um 1,2 Mrd. DM den Ausgleich der Devisenbilanz.

Auch in den Jahren 1964 und 1965 dämpfte die Devisenterminpolitik der Bundesbank die Schwankungen der zentralen Währungsreserven, doch war der Umfang der Transaktionen relativ gering. Die Interventionen Ende 1967 und Anfang 1968 können als erfolgreich angesehen werden: Im letzten Quartal 1967 wurde die Zunahme der Währungsreserven durch „Repatriierungen" und Kreditgewährungen des Auslands in Höhe von zusammen 2,5 Mrd. DM vermieden, im ersten Quartal 1968 erhöhten sich die Geldanlagen der Banken im Ausland

---

[120] Darin ist allerdings die durch die D-Mark-Aufwertung bedingte Veränderung der zentralen Währungsreserven um 1475 Mio. DM enthalten; vgl. Gb-Bbk 1961, S. 112.

[121] Die durch den Abbau des Swap-Engagements induzierten Geldrückflüsse waren von der Bundesbank keineswegs beabsichtigt. Diese wollte „einige Anomalien, die sich mit der extremen Bevorzugung der ausländischen Anlage auch für nur relativ kurzfristig verfügbare Gelder herausgebildet hatten, ... beseitigen und damit auf eine größere Stetigkeit der Auslandsposition der Geschäftsbanken ... (hinwirken, Anm. d. Verf.), ohne dabei die Grenze zu überschreiten, von der an mit neuen Geldzuflüssen aus dem Ausland gerechnet werden müßte" (Mb-Bbk, Juli 1962, S. 7).

und das Swap-Engagement der Bundesbank um jeweils ca. 1 Mrd. DM, so daß der Devisenzugang bei der Notenbank auf 1,5 Mrd. DM begrenzt werden konnte. Im zweiten Quartal wurde eine Abnahme der Währungsreserven vermieden; durch den vollständigen Abbau ihres Terminengagements erhöhte die Bundesbank diese vielmehr um 1,1 Mrd. DM, wodurch ihre expansive Geldpolitik unterstützt wurde.

Auch für die Zeit bis 1964 ergibt sich ein günstigeres Bild, wenn man vom Stand der Währungsreserven Ende September 1958 ausgeht und untersucht, inwieweit es der Bundesbank gelang, den Geschäftsbankensektor zu veranlassen, einen gewissen Teil davon in Form des „Bodensatzes" seiner Auslandsanlagen zu übernehmen.

Abbildung 18 verdeutlicht die Veränderung der durch Terminmarkt-Operationen direkt zu beeinflussenden Devisenpositionen, d. h. der Netto-Währungsreserven der Bundesbank und der Auslandsanlagen der Geschäftsbanken in Termingeldern und Geldmarktpapieren, während des Zeitraums zwischen der Aufnahme der Devisentermingeschäfte durch die Bundesbank im Herbst 1958 und Mitte 1968; von den jeweiligen Quartalswerten wurde der Bestand Ende September 1958 (Währungsreserven 25,206 Mrd. DM, Terminguthaben der Geschäftsbanken im Ausland 112 Mio. DM, Bestand der Geschäftsbanken an ausländischen Geldmarktpapieren 493 Mio. DM) subtrahiert.

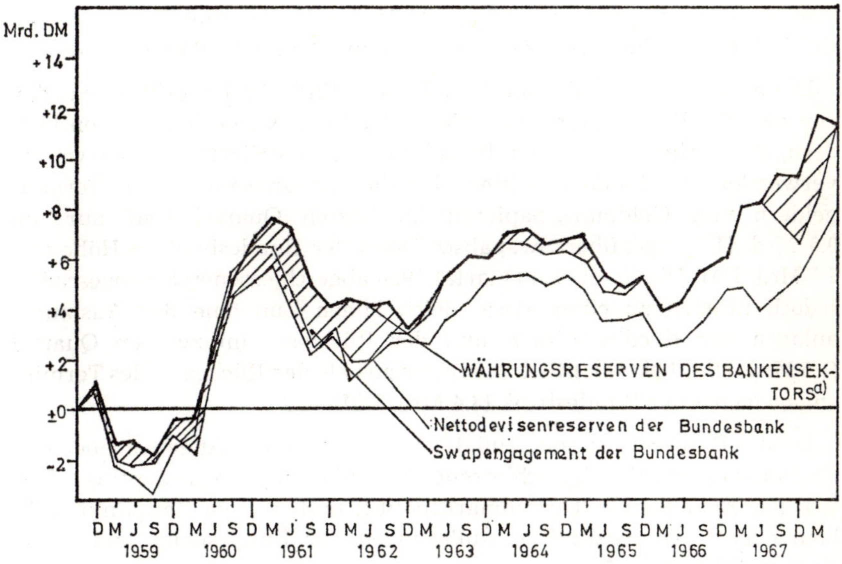

a) Netto-Währungsreserven der Deutschen Bundesbank und Auslandsanlagen der Geschäftsbanken in Geldmarktpapieren und Termingeldern.

Abb. 18: Die Entwicklung der Währungsreserven des Bankensektors[122]

[122] Eigene Berechnungen; *Quellen:* Vgl. Quellennachweis in Fußnote 104 und in Fußnote 110.

In den ersten Monaten der Geldexportpolitik wurde das genannte Ziel teilweise erreicht. Bis Ende August 1959 hatten die Geschäftsbanken 1,7 Mrd. DM zusätzlich in das Ausland gelegt. Im zweiten Quartal 1960 erfolgte ein Rückschlag, verursacht durch die restriktive Kreditpolitik der Bundesbank und Zinsrückgänge im Ausland, vor allem in den Vereinigten Staaten, die nicht durch entsprechende Reports ausgeglichen wurden. Als sich die Banken ab Frühjahr 1961 wieder in stärkerem Umfang den Auslandsmärkten zuwandten, nahmen sie die Kurssicherung zwei Jahre lang fast ausschließlich über die Bundesbank vor; als diese sich jedoch aus dem Kurssicherungsgeschäft zurückzog, wichen sie auf den freien Markt aus und hielten seit 1963 einen relativ konstanten Betrag als Bodensatz; dieser betrug bis Ende 1966 etwa 2 Mrd. DM und stieg dann sprunghaft auf 5 bis 6 Mrd. DM.

Die Kurssicherungsgeschäfte nach der Wiederaufnahme der Terminmarktpolitik im März 1964 wurden von den Banken offenbar für zusätzliche Auslandsanlagen genutzt. Erst im zweiten Quartal 1965 verringerten sich die am freien Markt gesicherten Anlagen etwas. Es hat den Anschein, daß die swapsatzpolitische Zielsetzung in dieser zweiten Phase der Terminmarktpolitik etwas modifiziert wurde: Während die Notenbank ihre Transaktionen im Jahre 1962 einzustellen begann, als ihre Währungsreserven auf 25 bis 26 Mrd. DM abgesunken waren, ließ sie sie 1965 bei einem Stand zwischen 28 und 29 Mrd. DM auslaufen.

Die Swapgeschäfte, die die Bundesbank Ende 1967 abschloß, wurden von den Kreditinstituten zum größten Teil zur Kurssicherung von Geldern, die vorher infolge der Pfund-Krise „repatriiert“ worden waren, verwendet; per Saldo erhöhten sich die Auslandsanlagen in Termingeldern und Geldmarktpapieren im letzten Quartal 1967 nur um 0,5 Mrd. DM gegenüber Swapabschlüssen der Bundesbank in Höhe von 2,5 Mrd. DM. Die im ersten Quartal 1968 abgeschlossenen Swapgeschäfte jedoch führten zu einer etwa gleich hohen Zunahme der Auslandsanlagen der Kreditinstitute, und der Rückgang im zweiten Quartal (1,5 Mrd. DM) fiel wesentlich niedriger aus als der Rückgang des Terminengagements der Bundesbank (3,4 Mrd. DM).

Da die Bundesbank seit Juni 1968 keine genauen Angaben über den Umfang der von ihr abgeschlossenen Geschäfte mehr veröffentlicht, läßt sich der Erfolg ihrer Terminmarktpolitik nach diesem Zeitpunkt nicht beurteilen[123]. Diesbezügliche Äußerungen der Bundesbank selbst sind eher zurückhaltend[124].

---

[123] Zur Swappolitik vgl. Mb-Bbk, September 1969, S. 40 f.; Gb-Bbk 1968, S. 23, 99 f.; Gb-Bbk 1969, S. 95 f. — Zu den „outright“-Geschäften finden sich einige Bemerkungen in Mb-Bbk, Sept. 1970, S. 43 f. — Vgl. auch *Coombs:* Report, a.a.O., Vol. 55 (1969), S. 214 ff., 701 ff.; Vol. 56 (1970), S. 228 ff.

[124] Vgl. Gb-Bbk 1969, S. 95 f.

IV. Grenzen terminmarktpolitischer Maßnahmen[125]

Die Beschränkungen, denen die Devisenterminpolitik unterworfen ist, ergeben sich einerseits aus der Technik der Interventionen bzw. der internationalen Kreditgewährungen, andererseits aus den institutionellen Rahmenbedingungen der nationalen Währungspolitik. Darüber hinaus spielen in der Praxis Kostengesichtspunkte eine Rolle. Schließlich finden speziell Terminmarktoperationen der Zentralbanken am freien Markt oder an Teilmärkten grundsätzlich eine Grenze, wenn sie das Gleichgewicht an ausländischen Geldmärkten stören[126].

1. Systemimmanente Grenzen

a) Beschränkungen der Aktionsparameter der Devisenterminpolitik

Die Einsatzfähigkeit der Devisenterminpolitik zur Beeinflussung von Zinsarbitrage-Geschäften hängt in der Praxis wesentlich davon ab, ob die Zinssätze im Inland höher oder niedriger sind als im Ausland. Sind die Geldmarktsätze im Inland niedriger, so weist die Auslandswährung per Termin normalerweise einen Deport auf; verringert die Notenbank diesen, indem sie Termindevisen nachfragt, so werden die Geldexporte zunehmen und die Geldimporte, vor allem auch solche der Nichtbanken, sich verringern oder ganz aufhören[127]. Gleichzeitig stärkt der Anstieg des Terminkurses das Vertrauen in die Auslandswährung. Die Bedingungen für eine aktive Geldexportpolitik durch Interventionen am freien Markt sind also in diesem Fall besonders günstig.

Beschränkt die Notenbank ihre Abschlüsse auf einen Teilmarkt, so ist denkbar, daß die Kreditinstitute aufgrund des günstigen Kurssiche-

---

[125] Der folgenden Untersuchung liegen die währungspolitischen Rahmenbedingungen in der Bundesrepublik und der Schweiz zugrunde. Vgl. dazu *Wilhelm Hankel:* Zahlungsbilanzausgleich durch regulierte Devisenarbitrage. Konjunkturpolitik, 5. Jg. (1959), S. 104 f. — *Paul Einzig:* Some Recent Developments in Official Exchange Operations. The Economic Journal, Vol. LXXIII (1963), S. 250 f. — *Neldner:* Kursbildung, S. 125 f., 128 ff. — Zu den Grenzen der Devisenterminpolitik bei der Stützung „schwacher" Währungen vgl. *Dudler:* Diskont- und Terminkurspolitik, S. 159 ff.

[126] Diese Gefahr ist gering, wenn die Kreditinstitute die von der Notenbank übernommenen Devisen am New Yorker Geldmarkt anlegen; denn dessen „Volumen" übersteigt dasjenige des deutschen oder des Schweizer Geldmarkts um ein Vielfaches. Vgl. dazu *Helmut Lipfert:* Der Geldmarkt kennt keine Grenzen. In: *Lipfert* (Hrsg.): Internationale Finanzmärkte, S. 334 f. — *Emeran Sedlmaier:* Devisenhandel gestern, heute und morgen. Der Volkswirt, 15. Jg. (1961), Beilage zu Heft 43, S. 24.

[127] Diese finden statt, wenn der Deport der Auslandswährung größer ist als die Differenz zwischen den Brutto-Zinssätzen, zu denen die Nichtbanken im Inland und im Ausland Kredite erhalten.

rungsangebots der Notenbank Geld exportieren, so daß der Geldmarktzins im Inland ansteigt. Dadurch werden sich die Geldimporte der Nichtbanken tendenziell erhöhen, so daß die von der Notenbank herbeigeführten Geldexporte teilweise kompensiert werden. Darüber hinaus sind sogenannte „Karussell"-Geschäfte der Kreditinstitute zu erwarten[128].

Ist das Zinsniveau im Ausland niedriger als im Inland, so muß die Notenbank Kurssicherungsgeschäfte mit einem Report abschließen, um Geldexporte herbeizuführen. Dabei ergibt sich im Falle der Deutschen Bundesbank und der Schweizerischen Nationalbank die Schwierigkeit, Spekulanten von der Kurssicherung auszuschließen. Denn da D-Mark und Schweizer Franken im Gegensatz zum Dollar, der als Anlagewährung vor allem in Frage kommt, zu den „starken" Währungen gehören, ist das Verlustrisiko der Spekulanten, die die amerikanische Währung mit einem Report verkaufen, gering; sie werden der Notenbank also in großem Umfang Termindevisen anbieten. Die Interventionskosten steigen dadurch entsprechend.

Werden die Spekulanten von der Kurssicherung ausgeschlossen, etwa, indem die Notenbank die Kurssicherung auf amerikanische Schatzwechselanlagen beschränkt, so werden die Kreditinstitute versuchen, „Karussell"-Geschäfte abzuschließen, indem sie sich die für zusätzliche Schatzwechselanlagen benötigten Mittel durch Kreditaufnahme im Ausland beschaffen. Auch in diesem Fall vergrößert sich also das Terminengagement der Notenbank, der Netto-Geldexport hingegen ändert sich kaum. Darüber hinaus werden die Binnenzinssätze aufgrund der Geldexportpolitik tendenziell ansteigen, so daß sich die Bruttozinsdifferenz zum Ausland vergrößert und damit auch die Kreditaufnahme der Nichtbanken im Ausland.

Aufgrund des Abkommens über den Internationalen Währungsfonds dürfen die Kurse, zu denen die Mitglieder Devisentermingeschäfte abschließen, nur um eine „vom Fonds für angemessen erachtete ... Marge" von der Parität abweichen[129]. Die Handlungsfreiheit der Deutschen Bundesbank[130] auf dem Gebiet der Terminmarktpolitik wurde durch diese Vorschrift kaum berührt; denn selbst wenn der Kassakurs des Dollars bei den bis Ende 1971 gültig gewesenen Bandbreiten von ± 0,75 % der Paritäten den oberen (unteren) Interventionspunkt erreicht hatte, konnte die Bundesbank mit einem um 2 % über (unter) der Parität liegenden Terminkurs — der noch als „angemessen" gelten

---

[128] Vgl. S. 94 f.

[129] Art. IV Abschn. 3 IWF-Abkommen.

[130] Die Schweiz ist nicht Mitglied des IWF.

kann[131] — für Dreimonatsdollars Reports (Deports) von 5 % p. a. festsetzen.

Die Wirksamkeit der Geldexportpolitik wird durch die Laufzeit der Kurssicherungsgeschäfte wesentlich mitbestimmt. Die Bundesbank wollte allzu starke Fluktuationen der Auslandsanlagen der Geschäftsbanken vermeiden[132] und differenzierte ihre Swapsätze dementsprechend[133]. Da das relative, auf den Anlagezeitraum bezogene Kursrisiko mit der Laufzeit der Anlage abnimmt, sind jedoch Kurssicherungsabschlüsse für kurze Fristen am wirkungsvollsten: Das Risiko einer absoluten Schwankung des Kassakurses der Anlagewährung um 0,5 % entspricht bei einer Anlagedauer von 15 Tagen einer potentiellen Minderung des Bruttozinsertrages der Anlage um 12 % p. a., bei einer Anlagefrist von 6 Monaten nur einer solchen von 1 % p. a. Auch das Volumen der Geldexporte nimmt mit steigender Mindestlaufzeit ab, da dann nur längerfristig verfügbare Gelder ins Ausland transferiert werden. Anlagefristen von mehr als 6 Monaten beeinträchtigen darüber hinaus die Flexibilität der Terminmarktpolitik und damit ihre Einsatzfähigkeit zur Regulierung des Geldmarkts.

Geldexportgeschäfte sind also in erster Linie ein „kurzfristig und vorübergehend wirkendes Mittel zur Milderung extremer Zahlungsbilanzpositionen“[134]; ein dauerhafter „Zahlungsbilanzausgleich“ mit Hilfe der Devisenterminpolitik ist kaum möglich, wenn die Zunahme der zentralen Währungsposition auf Überschüssen in der Grundbilanz beruht, wie dies in der Bundesrepublik — im Gegensatz zur Schweiz — häufig der Fall war.

Dadurch, daß die Bundesbank ihre Kurssicherungsgeschäfte auf Dollars beschränkte[135], wurde die Wirksamkeit der Geldexportpolitik nicht

---

[131] Auskunft der Deutschen Bundesbank. — Eine offizielle Stellungnahme des Fonds zur Frage der „angemessenen“ Schwankungsbreite von Devisenterminkursen gem. Art. IV Abschn. 3 des IWF-Abkommens ist bisher nicht erfolgt. Vgl. dazu *de Vries/Horsefield:* The International Monetary Fund, Vol. II, S. 82 f.

[132] „An sich sind solche Fluktuationen zwar nicht bedenklich, aber in einer Zeit, in der stärkere internationale Geldfluktuationen gewöhnlich mit einer gewissen Nervosität registriert werden, kann durch sie leicht unnötig Unruhe gestiftet werden.“ (Gb-Bbk 1962, S. 17). — Vgl. auch Mb-Bbk, Juli 1962, S. 6; Mb-Bbk, Januar 1963, S. 10; Mb-Bbk, April 1962, S. 6.

[133] Über die Befristung der von der Schweizerischen Nationalbank abgeschlossenen Geschäfte finden sich in den offiziellen und halboffiziellen Veröffentlichungen keine Angaben. Offenbar waren die Kurssicherungsgeschäfte, die die Nationalbank für längerfristige Geldexporte abschloß, in der Regel auf drei Monate befristet und wurden bei Fälligkeit jeweils erneuert, bis das „Grundgeschäft“ liquidiert wurde oder eine Anspannung am Binnengeldmarkt auftrat.

[134] Gb-Bbk 1961, S. 73.

[135] Die Schweizerische Nationalbank schloß auch Kurssicherungsgeschäfte in Lire und Pfunden ab; vgl. S. 110 f.

beeinträchtigt; für Dollars existieren vielfältige Anlagemöglichkeiten, und der Umtausch in andere Währungen ist jederzeit möglich. Eine Begrenzung des Umfangs möglicher Geldexporte ergibt sich jedoch daraus, daß die Banken in einzelnen Ländern nur bestimmte Höchstbeträge anlegen. Diese „Länderlimits" sind nach Auskunft einer deutschen Großbank absolut zinsindifferent[136]. Auch die Bilanzrelationen und Liquiditätsüberlegungen der Kreditinstitute setzen der Devisenterminpolitik Schranken, denn die Banken achten darauf, daß die einzelnen Arten ihrer Sekundärreserven unter Liquiditäts-, Rentabilitäts- und Sicherheitsgesichtspunkten in einem ausgewogenen Verhältnis zueinander stehen und halten daher nur bestimmte Höchstbeträge im Ausland bzw. in bestimmten Anlageformen.

Diese Einschränkung wurde in der Vergangenheit vor allem dann relevant, wenn die Notenbanken Kurssicherungsabschlüsse nur für bestimmte Arten von Auslandsanlagen vornahmen. Solange etwa die von der Bundesbank abgegebenen kursgesicherten Devisen nur zum Erwerb amerikanischer Schatzwechsel verwendet werden konnten, war das Volumen der Geldexporte wegen der „Länderlimits" der Kreditinstitute für die Vereinigten Staaten und vor allem wegen der begrenzten Substituierbarkeit der einzelnen Arten von Sekundärreserven relativ gering.

b) Kreditpolitik und Währungsreserven

Hohe Auslandsanlagen der Geschäftsbanken vermindern ceteris paribus die Wirksamkeit kreditpolitischer Maßnahmen und verstärken den Einfluß von Maßnahmen ausländischer Währungsbehörden auf die Binnenwirtschaft. Sie sind ein Teil der Sekundärreserven der Kreditinstitute und liquidieren sich in relativ kurzen Zeitabständen „von selbst". Ergreift die Notenbank restriktive Maßnahmen, so können die Banken sich also liquide Mittel beschaffen, indem sie fällig werdende Auslandsanlagen „repatriieren". Durch Veränderung der Kurssicherungskosten kann die Notenbank die Auslandsanlagen zwar rentabler machen und damit die Opportunitätskosten der Geldrückflüsse erhöhen, doch ist die kontraktive Wirkung dieser Maßnahme geringer als etwa die einer Erhöhung der Offenmarktsätze, die die Liquidisierung von Titeln längerer Laufzeit praktisch ausschließt und die durch administrative Maßnahmen unterstützt werden kann[137]. Die Erhöhung der Mindestreservesätze zur Stillegung „repatriierter" Auslandsgelder benachteiligt kleinere Institute, die nicht über Auslandsanlagen verfügen und sich

[136] Anders *Brehmer:* Official Forward Exchange Operations, S. 399.

[137] Zu denken wäre etwa an eine Abgabesperre für kurzfristige Papiere.

die zusätzlichen Reserveguthaben am Binnengeldmarkt, etwa durch Rückgabe von Offenmarktpapieren, beschaffen müssen.

Expansive kreditpolitische Maßnahmen ausländischer Notenbanken führen bei hohen Devisenguthaben der Kreditinstitute tendenziell zu einem verstärkten Kreditangebot im Inland, da sich die Opportunitätskosten der Banken vermindern, wenn die Zinssätze im Ausland sinken. Dies ist insbesondere dann der Fall, wenn die Geldmarktsätze in den Vereinigten Staaten und damit auch am Eurodollarmarkt nachgeben, weil die Anlagemöglichkeiten an anderen Geldmärkten begrenzt sind. Steigen die Zinssätze im Ausland, so werden die Banken verstärkt Geldexporte vornehmen. In der Vergangenheit griffen sie hierfür zeitweise sogar auf den Lombardkredit der Notenbank zurück, so daß diese, um den „Mißbrauch" dieses Refinanzierungsinstruments zu verhindern[138], den Lombardsatz erhöhen mußte.

Die beschriebenen Auswirkungen der Maßnahmen ausländischer Notenbanken auf den Binnengeldmarkt können durch Interventionen am Devisenterminmarkt gemildert werden. Sind die Zinssätze im Ausland höher als im Inland, so muß die Notenbank Termindevisen mit einem entsprechenden Deport anbieten, um Geldexporte zu verhindern. Befindet sich der Kassakurs des Dollars bereits in der Nähe des unteren Interventionspunktes, was im Falle der Schweiz und der Bundesrepublik immer in Betracht gezogen werden muß, so kann der Terminkurs infolge dieser Interventionen unter diese Grenze sinken; dadurch können spekulative Erwartungen einer Aufwertung der Inlandswährung verstärkt werden, so daß sich der Zufluß nicht kursgesicherter Auslandsgelder tendenziell verstärkt.

Die Deutsche Bundesbank hält die ihr zufließenden Devisenguthaben hauptsächlich in amerikanischen Schatzwechseln, die Schweizerische Nationalbank wandelt sie in der Regel in Gold um. In beiden Fällen werden die Devisen also dem internationalen Geldkreislauf entzogen. Verstärken hingegen die Geschäftsbanken ihre Auslandsanlagen, indem sie von der Notenbank Devisen erwerben, so fließen diese an den Euro-Geldmarkt. Fördern mehrere Notenbanken den Geldexport, so erweitern sich die Refinanzierungsmöglichkeiten von Kreditinstituten und Nichtbanken generell, da der internationale Kreditaustausch erleichtert wird. Banken und Nichtbanken werden also unabhängiger vom Kredit der Notenbank, so daß deren Einflußnahme auf die inländische Geldversorgung erschwert wird. Durch Beschränkung der Kurssicherung auf

[138] Der Lombardkredit der Deutschen Bundesbank soll nach einem Beschluß des Zentralbankrats vom Dezember 1952 „grundsätzlich nur gewährt werden, wenn es sich um die kurzfristige Überbrückung eines vorübergehenden Liquiditätsbedürfnisses handelt und keine Bedenken gegen den Zweck der Kreditaufnahme bestehen" (Gb-Bbk 1969, S. 107).

Anlagen in amerikanischen Schatzwechseln kann die Notenbank diese Nebenwirkung der Geldexportpolitik vermeiden[139]; sie muß dann aber entsprechend günstigere Kurssicherungsbedingungen gewähren, da der Zinsertrag dieser Papiere relativ niedrig ist.

Im Falle der Schweiz ist der Umfang möglicher Kurssicherungsabschlüsse auch deshalb beschränkt, weil die Nationalbank ihre Währungsreserven zum überwiegenden Teil in Gold hält, so daß die Übernahme von „Roosa-Bonds" und kursgesicherten Devisen nur in dem durch die Bilanzrelationen gezogenen Rahmen erfolgen kann.

c) *Internationale Währungsordnung*

Es wurde bereits erwähnt, daß die Geschäftsbanken ihre Devisenguthaben hauptsächlich in Form von Termindepositen am Euro-Geldmarkt halten. Das „Volumen" dieses Marktes hat sich in den sechziger Jahren mehr als verzehnfacht[140]. Diese Entwicklung wurde durch die Geldexportpolitik europäischer Notenbanken wesentlich gefördert. Der Gesamtbestand an internationaler Liquidität, d. h. von konvertiblen Devisenguthaben und Gold, blieb dabei zwar unverändert, aber die Mobilität der Devisenguthaben nahm erheblich zu. Viele Notenbanken, insbesondere auch die Deutsche Bundesbank, halten den größten Teil ihrer Devisenreserven in kurzfristigen amerikanischen Schatzwechseln, die sie vom Federal Reserve System erwerben. Dadurch verschwinden die ursprünglich angekauften Sichtguthaben bei amerikanischen Banken. Erhöhen hingegen die Geschäftsbanken ihre Auslandsguthaben, so findet der umgekehrte Vorgang statt: Die Notenbank verkauft amerikanische Schatzwechsel gegen Dollar-Sichtguthaben und überträgt diese auf die Kreditinstitute. Fließen diese Dollar-Guthaben an den Euro-Geldmarkt, so werden sie international verfügbar. Hierin liegt der tendenziell inflationäre Effekt der Geldexportpolitik. Kreditinstitute, die über freie Liquiditätsreserven verfügen, können diese anderen Instituten, die aus Mangel an eigener Liquidität keine weiteren Kredite gewähren können, zur Verfügung stellen. Vollzieht sich dieser Ausgleich lediglich am nationalen Geldmarkt, so hat es die Notenbank in der Hand, die Liquidität des gesamten Bankensektors und damit die Gewährung neuer Kredite einzuschränken. Am internationalen Geldmarkt fließen die Liquiditätsreserven von Ländern mit expansiver Geld-

---

[139] Vgl. dazu Mb-Bbk, September 1965, S. 18.

[140] Das „Volumen" des Euro-Geldmarkts wurde für Mitte 1962 auf 3 bis 3,5 Mrd. $ geschätzt (*Oscar L. Altman:* Recent Developments in Foreign Markets for Dollars and Other Currencies. Staff Papers, Vol. X [1963], S. 51), für Ende 1970 auf 37,5 Mrd. $ (*Bank for International Settlements* [Hrsg.]: Fortieth Annual Report. S. 157 f.).

politik in Länder mit restriktiver Geldpolitik, so daß ein Liquiditätsüberschuß in einem Land fast automatisch zur Ausdehnung des Kreditvolumens in einem anderen Land führt, wenn nicht der Devisenverkehr entsprechenden Beschränkungen unterworfen wird.

Durch die Forcierung von Geldexporten, die an den Euro-Geldmarkt flossen, wurde darüber hinaus die internationale Währungsordnung tendenziell geschwächt; denn bestimmte Notenbanken lösten — zum Teil aus politischen Gründen[141] — einen großen Teil der Dollarguthaben, die ihnen zuflossen, in Gold ein. Dadurch verminderten sich die amerikanischen Goldreserven, ein Vorgang, der durch die Swap-Operationen der Federal Reserve Bank of New York mit den europäischen Zentralbanken gerade verhindert werden sollte.

Der Aufbau umfangreicher Auslandspositionen der Kreditinstitute trug auch dadurch zur Destabilisierung des bestehenden Weltwährungssystems bei, daß bei Anspannungen an einzelnen nationalen Geldmärkten oder wenn Paritätsänderungen einzelner Währungen erwartet wurden, umfangreiche „Repatriierungen" ausgelöst und die Aufnahme zusätzlicher Devisenkredite am Euro-Geldmarkt erleichtert wurden. Je höher der Bestand der Banken an Devisenguthaben ist, desto umfangreicher sind etwa Geldrückflüsse, die aus bilanztechnischen Gründen am Jahresende stattfinden. Solche Geldbewegungen, die das Ausmaß der internationalen Kreditbeziehungen deutlich machen, können Spekulationen über eine Änderung der bestehenden Währungsparitäten auslösen.

2. Kosten terminmarktpolitischer Maßnahmen

Die Zentralbanken streben bei der Verwirklichung ihrer Ziele in der Regel keinen Gewinn an[142]. Dennoch darf der Kostengesichtspunkt beim Einsatz der währungspolitischen Instrumente nicht außer acht gelassen werden; insbesondere, wenn sich ein vorgegebenes Ziel mit Hilfe alternativer Maßnahmen verwirklichen läßt, ist er als wichtige Entscheidungsgröße anzusehen.

---

[141] Hierbei ist vor allem an die Banque de France zu denken, deren Devisenpolitik vorübergehend ausgesprochen „dollarfeindlich" war. Vgl. auch S. 84.

[142] Aus einer Bemerkung im Geschäftsbericht der Deutschen Bundesbank für das Jahr 1959 (S. 38) ist zu schließen, daß die Notenbank „ausreichende" Erträge anstrebt, wenn dieser Gesichtspunkt für ihre Währungspolitik auch nicht ausschlaggebend ist. Von größerer Bedeutung ist die Frage der Kosten währungspolitischer Maßnahmen für die Schweizerische Nationalbank, die eine Gesellschaft des Privatrechts ist und deren Ertragslage durch den hohen Goldanteil der Schweizer Währungsreserven ungünstig beeinflußt wird. Vgl. auch *Schweizerische Nationalbank* (Hrsg.): Schweizerische Nationalbank 1907 bis 1957, S. 206.

Die Kosten, die der Notenbank beim Abschluß von Devisentermingeschäften erwachsen[143], setzen sich aus Swapsatz und Opportunitätskosten zusammen. Werden — im Falle eines Geldexportgeschäfts — Termindevisen mit einem Report angekauft, liegt also der Kurs, zu dem die Notenbank die Termindevisen erwirbt, über dem gegenwärtigen Kassakurs, so erleidet sie einen relativen Verlust; denn sie muß für einen bestimmten Devisenbetrag einen höheren Kaufpreis aufwenden als bei einer Intervention am Kassamarkt. Erfolgt der Ankauf der Termindevisen hingegen mit einem Deport, so entsteht ein relativer Gewinn[144].

Die Opportunitätskosten von Geldexportgeschäften entsprechen dem Ertrag der Währungsreserven, die die Notenbank auflöst oder auf deren Ankauf sie verzichtet, um die für den Geldexport benötigten Kassadevisen bereitzustellen. In der Regel handelt es sich dabei um kurzfristige amerikanische Schatzwechsel[145], deren Verzinsung mithin die Opportunitätskosten von Geldexportgeschäften bestimmt. Bei Geldimportgeschäften entstehen keine Opportunitäskosen, da die Notenbank die Devisen gegen ad hoc geschaffenes Zentralbankgeld ankauft; erwirbt sie mit den Devisenguthaben verzinsliche Auslandsanlagen, so erzielt sie einen entsprechenden Gewinn.

Auch bei Geldexportgeschäften entstehen keine Opportunitätskosten, wenn die Notenbank die benötigten Kassadevisen gegen Gold erwirbt. In diesem Fall erhöht sich jedoch ihr Währungsrisiko, da die Summe ihrer Devisenforderungen zunimmt.

Zur Beurteilung der Grenzen der Einsatzfähigkeit von Kurssicherungsgeschäften unter Kostengesichtspunkten kommt es jedoch weniger auf die absoluten Kosten als vielmehr auf den Kostenvergleich mit alternativen Maßnahmen — vor allem der Offenmarktpolitik — an. „Liquiditätspapiere" und „Sterilisierungsreskriptionen" müssen von der deutschen bzw. von der Schweizer Notenbank verzinst werden, während

---

143 Bei dem folgenden Kostenvergleich wird unterstellt, daß Kurssicherungsabschlüsse der Notenbank einen gleich hohen Netto-Geldexport zur Folge haben und das die kontraktiven Wirkungen von Geldexporten und von Verkäufen von Offenmarktpapieren gleich sind. — Vgl. dazu S. 131 ff.

144 Dieser „Gewinn" oder „Verlust" schlägt sich nicht unbedingt in der entsprechenden Position der Notenbank-Bilanz nieder; die Bundesbank etwa wählt ihre Bilanzansätze nach dem Niederstwertprinzip, so daß die im Rahmen von Termingeschäften zu niedrigen Kursen erworbenen Devisen entsprechend niedrig bilanziert werden. Erfolgt eine Aufwertung der eigenen Währung, so vermindert sich der Aufwertungsverlust der Notenbank, wenn sie, anstatt Kassadevisen zu erwerben, durch den Ankauf von Termindevisen mit einem Deport Geldexportgeschäfte herbeiführt.

145 Die Deutsche Bundesbank unterhält bei der Federal Reserve Bank of New York ein Schatzwechsel-Depot, mit dem sie Schwankungen ihres amerikanischen Zentralbank-Guthabens ausgleicht.

die Bundesbank für die aus der Umwandlung ihrer Ausgleichsforderung gegen den Bund stammenden „Mobilisierungstitel“ eine Verzinsung von etwa 3 % p. a. erhält, selbst also nur die darüber hinausgehenden Zinskosten zu tragen hat. Letztlich entsprechen aber auch beim Einsatz der „Mobilisierungstitel“ die Kosten von Offenmarktgeschäften der tatsächlichen Verzinsung der ausgegebenen Papiere, da der Bundesbank beim Verkauf Opportunitätskosten in Form entgangener Zinsen entstehen[146].

Bei einem Vergleich zwischen den Kosten der Geldexportpolitik und den Kosten von Offenmarktoperationen muß also die Verzinsung im Ausland gehaltener „Liquiditätsanlagen“ der Notenbank, korrigiert um den Swapsatz, zu dem sie die Kurssicherungsgeschäfte abschließt, der Verzinsung abgegebener Offenmarkttitel gegenübergestellt werden. An „normalen“, nicht der Spekulation unterworfenen Geldmärkten ist die Nettoverzinsung beider Anlageformen bis auf eine geringe Indifferenzmarge gleich, weil der Bruttozinsvorteil eines Geldmarkts durch die Kurssicherungskosten für die entsprechende Währung aufgezehrt wird, sofern die Banken über ausreichende Arbitragefonds verfügen. Unter den gemachten Voraussetzungen sind also die Kosten kontraktiver Offenmarktgeschäfte um die Indifferenzmarge niedriger als die Kosten für Geldexportgeschäfte, wenn unterstellt wird, daß die Kreditinstitute die gleiche Rendite für ihre Auslandsanlagen erhalten wie die Notenbank für ihre „Liquiditätsanlagen“.

Beträgt beispielsweise der Abgabesatz der Bundesbank für Offenmarktpapiere 4 % p. a., die Verzinsung amerikanischer Schatzwechsel 5 % p. a., so sind beide Geldmärkte bei einem Deport des Dollars gegenüber der D-Mark von ungefähr 1 % p. a.[147] im Gleichgewicht. Verkauft die Bundesbank Offenmarkttitel, so entstehen ihr per Saldo Kosten in Höhe von 4 % p. a. des Interventionsbetrages. Schließt sie Kurssicherungsgeschäfte ab, so verliert sie — tatsächliche oder potentielle — Auslandsanlagen, erleidet also einen Zinsverlust in Höhe von 5 % p. a. ihres Terminengagements. Beträgt die Indifferenzmarge ¼ % p. a., so kann die Bundesbank die Kurssicherung mit einem Deport von ¾ % p. a vornehmen, ihr Nettozinsverlust beträgt also 4,25 % p. a.

---

146 *Schwilling* (Die kursbildenden Faktoren, S. 122 f.) stellt in seinem Kostenvergleich die Höherverzinsung, die die Bundesbank den Geschäftsbanken bei Offenmarktoperationen gegenüber der Rendite gewährt, die sie selbst vom Bund für ihre Ausgleichsforderung erhält, den im Rahmen der Swapsatzpolitik gewährten Reports gegenüber. Er übersieht dabei, daß die Bundesbank beim Verkauf von „Mobilisierungstiteln“ auch die Zinsen aufwenden muß, die sie selbst vom Bund erhält, und daß gezahlte Reports nur dann mit den Interventionskosten identisch sind, wenn die im Rahmen von Swapgeschäften abgegebenen Kassadevisen aus unverzinslichen Auslandsguthaben oder aus dem Erlös von Goldverkäufen bereitgestellt werden.

147 Der genaue Wert ergibt sich aus Gleichung (5), S. 17.

Abweichungen von der Regel, daß die Kosten kontraktiver Offenmarktgeschäfte um die Indifferenzmarge niedriger sind als die Kosten von Geldexportgeschäften, können sich daraus ergeben, daß die Auslandsanlagen von Notenbank und Geschäftsbanken unterschiedliche Zinserträge aufweisen; besteht ein Mangel an Arbitragefonds, so erhöht sich die Indifferenzmarge.

In der Praxis verzinsen sich die ausländischen Geldmarktanlagen der Kreditinstitute oft höher als die „Liquiditätsanlagen" der Notenbank, da diese in der Regel in Form amerikanischer Schatzwechsel, jene meist als Termineinlagen am Euro-Geldmarkt gehalten werden. In diesem Fall können die Kosten von Geldexportgeschäften niedriger sein als die Kosten von Offenmarktoperationen; dann nämlich, wenn die Marge zwischen den Zinssätzen für Geldmarktanlagen unterschiedlicher Liquidität im Inland geringer ist als im Ausland. Beträgt etwa — bei den oben angeführten Zinssätzen für Geldmarktpapiere — der Dreimonatssatz in Frankfurt 5 % p. a. und am Eurodollarmarkt 7 % p. a., so kann die Bundesbank Geldexporte bei einem Deport von 1,75 % p. a. durchführen; bei Opportunitätskosten von 5 % p. a. ergibt sich also ein Nettozinsverlust von 3,25 % p. a. gegenüber einem Zinsaufwand von 4 % p. a. bei Offenmarktgeschäften.

Der angeführte Fall, daß die Differenz zwischen Offenmarkt- und Termingeldsätzen im Inland geringer ist als im Ausland, tritt vor allem dann ein, wenn die Aufwertung der Inlandswährung erwartet wird; denn der Zinssatz für Termineinlagen in Inlandswährung richtet sich dann nach den Zinssätzen am Eurodollarmarkt und dem Report der Inlandswährung gegenüber dem Dollar, gegebenenfalls unter Berücksichtigung der bei einem Geldimport entstehenden Bardepot- oder Mindestreserveverpflichtungen. Er ist also — je nach der Höhe dieser Belastungen — relativ niedrig. Beispielsweise betrug der New Yorker Schatzwechselsatz im Mai 1969 etwa 6,1 % p. a., Dreimonatsgeld kostete am Eurodollarmarkt 9,5 % p. a. und in Frankfurt 4,4 % p. a.; der Deport des Dollars gegenüber der D-Mark betrug 7 % p. a. Ein Geldexport aus der Bundesrepublik war also bei einem Deport von 5 % p. a. möglich, so daß der Nettozinsverlust der Bundesbank nur 1,1 % p. a. betrug, während sie für Offenmarktpapiere 3,75 % p. a. aufwenden mußte[148].

---

[148] *Quelle für die Zins- und Swapsätze:* Mb-Bbk, September 1969, S. 42* f., 45* (Tab. V. 2, V. 5, V. 8).

V. Ergebnis der Untersuchung

Das bestehende Weltwährungssystem wurde 1944 geschaffen, um die monetären Voraussetzungen für die Wiederbelebung und ein ausgeglichenes Wachstum des Welthandels zu schaffen. Seine Basis ist die mehr oder weniger weitgehende Austauschbarkeit der Mitgliedswährungen in einem festen Verhältnis.

Die verspätete und zum Teil unzureichende Anpassung der Wechselkurse an veränderte Kaufkraftparitäten führte indes dazu, daß Länder mit stabilen Währungen in den Besitz großer Mengen internationaler Zahlungsmittel gelangten. Kauften die Zentralbanken die Devisen an, so wurde die Preisstabilität gefährdet und durch die Zunahme der offiziellen Währungsreserven die Gefahr einer Aufwertungsspekulation verstärkt. Die Zentralbanken versuchten daher, den Ankauf von Fremdwährungsguthaben zu vermeiden, indem sie mit Hilfe von Devisengeschäften die Nettorendite ausländischer Geldmarktanlagen soweit erhöhten, daß die Kreditinstitute die von ihnen angekauften Devisen selbst verwerteten.

Die theoretische Analyse im ersten Teil der vorliegenden Untersuchung zeigt, daß der erfolgreiche Einsatz der Devisenpolitik zur Beeinflussung kurzfristiger internationaler Geldbewegungen von einer Reihe von Bedingungen abhängt, wie dem Abstand der Kassa- und Terminkurse von den Interventionspunkten, dem Vertrauen in die bestehenden Paritäten und den Kassa- bzw. Terminkurselastizitäten von Importen und Exporten. Durch die Beschränkung der Kurssicherungsabschlüsse auf Zinsarbitrageure kann die Notenbank unter Umständen die Wirksamkeit ihrer Interventionen, d. h. das Verhältnis von Geldexporten bzw. Geldimporten zum Interventionsvolumen, erhöhen, beispielsweise wenn das Termindevisenangebot der Spekulanten sehr elastisch ist. Die Schwierigkeit besteht darin, Arbitragegeschäfte zwischen dem „freien“ Markt und dem Teilmarkt, an dem die Notenbank interveniert, zu unterbinden.

Bei einer umfassenden Analyse der Einsatzfähigkeit der Geldexportpolitik dürfen jedoch die internationalen Rahmenbedingungen nicht außer acht gelassen werden. Die dargestellten Devisenoperationen der Deutschen Bundesbank und der Schweizerischen Nationalbank (mit Ausnahme der „Ultimo“-Operationen der Nationalbank) können grundsätzlich nur dann als sinnvoll angesehen werden, wenn sie Ungleichgewichte im internationalen Zahlungsverkehr außerhalb der Vereinigten Staaten ausgleichen; denn in diesem Fall werden die aus einzelnen Ländern abgeflossenen Devisen durch Geldexportgeschäfte wieder international verfügbar und die von den amerikanischen Währungsbehörden durchgeführten Terminoperationen haben den Charakter einer vorübergehenden Kurssicherung von Interventionsreserven.

Tatsächlich waren die sechziger Jahre jedoch durch anhaltende Zahlungsbilanzdefizite der Vereinigten Staaten gekennzeichnet. Rückblikkend muß daher festgestellt werden, daß es sich bei den Geldexportgeschäften der beiden untersuchten Notenbanken nicht darum handelte, die gleichmäßige Verteilung des Bestandes an internationaler Liquidität zu erleichtern und gleichzeitig die expansiven Wirkungen von Überschüssen in der Grundbilanz zu vermeiden, sondern daß die Notenbanken die Übernahme neu geschaffener internationaler Liquidität soweit wie möglich zu vermeiden suchten.

Die „Privatisierung“ internationaler Liquidität war für das schnelle Wachstum des Euro-Geldmarktes verantwortlich, der zwar einigen Ländern die Finanzierung ihrer Zahlungsbilanzdefizite erleichterte, aber auch die Voraussetzungen für umfangreiche kurzfristige internationale Kapitalbewegungen schuf, deren Regulierung für die Notenbanken immer schwieriger wurde. In letzter Konsequenz führt sich die Geldexportpolitik unter den gegebenen Bedingungen also selbst ad absurdum. Es stellt sich die Frage, ob es nicht sinnvoller ist, den Zuwachs an internationaler Liquidität, soweit er über die Bedürfnisse des Welthandels hinausgeht, bei den Notenbanken stillzulegen und die binnenwirtschaftliche Liquidität durch die konventionellen währungspolitischen Instrumente zu steuern.

Tabellenanhang

Verzeichnis der Tabellen

Tabelle 1

Swapsätze der Deutschen Bundesbank für Kurssicherungsgeschäfte in US-Dollar mit Kreditinstituten

Gültig ab	Mindest- und Höchstfristen (Monate)	Deport (−), Report (+) in % p. a.
1958 6. Okt.	1—3	pari
1959 23. Jan.	1—3	− 1/8
12. Feb.	1—3	− 1/4
6. März	1—3	− 3/8
1. Juni	1—3	− 1/2
8. Juli	1—3	− 5/8
11. Juli	1—3	− 3/4
17. Juli	1—3	− 7/8
24. Okt.	1—6	− 1/2
29. Okt.	1	− 1/2
	2—6	− 1/4
3. Nov.	1	− 1/2
	2—6	− 1/8
18. Nov.	1	− 1/2
	2—6	pari
1. Dez.	1—6	pari
1960 11. Jan.	2—6	pari
14. Jan.	3—6	pari
24. Aug.	1/2—6	+ 1
26. Sept.	1/2—6	+ 1 1/2
1961 20. Jan.	1/2—6	+ 1
3. Feb.	1/2—6	+ 1/2
9. Feb.	1/2—6	+ 1/4
13. Feb.	1/2—6	pari
14. Aug.	1—6	− 1/4
15. Dez.	1—6	pari
1962 2. Jan.	1—6	− 1/4
8. Jan.	1—6	− 3/8
10. Jan.	1—6	− 1/2
14. Feb.	2—6	− 1/2
1962 8. März	1—6	− 1/2
30. März	1—2	− 1/2
	über 2—6	− 1/4
16. Juli	über 1—2	− 3/4
	über 2—6	− 1/2
1. Aug.	über 1—2	− 1
	über 2—6	− 3/4
24. Sept.	über 1—2	− 3/4
	über 2—6	− 1/2
1963 7. Jan.	über 1—2	− 1
	über 2—6	− 3/4
1964 10. März	3—6	− 1/2
13. Juli	3—6	− 1/4
1967 27. Nov.	(bis 2. 1. 68) -3	− 1 3/4
29. Nov.	2. 1.—31. 1. 68	− 2 1/4
	dar. bis 3 Mon.	− 2
1. Dez.	2. 1.—31. 1. 68	− 2 1/2
	dar. bis 3 Mon.	− 2 1/4
28. Dez.	1—3	− 3 1/2
1968 8. März	1—3	− 2
11. März	1—3	− 2 1/2
12. März	1—3	− 3
15. März	1—3	− 4
22. März	1—3	− 3 1/4
24. Mai	2—3	− 3 3/4
28. Juni	2—3	− 4
29. Aug.	2—3	− 3
30. Aug.	2—3	− 2 1/2
3. Sept.	1—3	− 2 1/2
11. Sept.	1—3	− 2 3/4

Tabelle 1 (Fortsetzung)

Gültig ab	Mindest- und Höchstfristen (Tage)	Deport (−), Report (+) in % p. a.	Gültig ab	Mindest- und Höchstfristen (Tage)	Deport (−), Report (+) in % p. a.
1968 2. Okt.	30—89	− 3	1969 12. Feb.	30—90	$-4\frac{1}{8}$
	90	$-2\frac{3}{4}$	3. März	80—90	$-4\frac{1}{2}$
10. Okt.	30—80	− 3	22. April	80—90	− 4
	81—90	$-2\frac{1}{4}$	24. April	60—79	$-4\frac{1}{2}$
11. Okt.	30—80	$-3\frac{1}{4}$		80—90	− 4
	81—90	$-2\frac{3}{4}$	7. Mai	60—79	$-5\frac{1}{2}$
7. Nov.	30—60	$-3\frac{1}{4}$		80—90	− 5
	61—90	$-2\frac{1}{2}$	21. Mai	60—79	− 6
12. Nov.	61—90	$-2\frac{3}{4}$		80—90	$-5\frac{1}{2}$
13. Nov.	61—90	− 3	2. Juni	60—90	− 6
15. Nov.	61—90	$-3\frac{1}{2}$	10. Juni	60—90	− 7
25. Nov.	61—90	− 3	11. Juni	60—90	$-7\frac{1}{2}$
2. Dez.	30—90	$-2\frac{3}{4}$	17. Juli	60—90	$-5\frac{1}{2}$
30. Dez.	30—60	− 3	21. Juli	60—90	− 5
	61—90	$-3\frac{1}{4}$	25. Juli	60—90	$-4\frac{5}{8}$
1969 2. Jan.	30—90	$-3\frac{1}{4}$	28. Juli	60—90	$-4\frac{1}{4}$
3. Jan.	30—79	$-3\frac{1}{2}$	5. Aug.	60—90	− 4
	80—90	$-3\frac{1}{4}$	14. Aug.	60—90	− 5
7. Jan.	30—79	$-3\frac{3}{4}$	29. Aug.	60—90	− 4
	80—90	$-3\frac{1}{2}$	1. Sept.	60—90	$-3\frac{3}{4}$
27. Jan.	30—79	− 4	18. Sept.	60—90	− 4
	80—90	$-3\frac{7}{8}$	1971 1. April	90	$+\frac{1}{2}$

Quellen: Gb-Bbk 1961, S. 145 (Tab. V/2); Mb-Bbk, Oktober 1967, S. 94 (Tab. IV/2 b); Mb-Bbk, Oktober 1968, S. 94 (Tab. IV/2 b); Mb-Bbk, Juni 1970, S. 43* (Tab. V/3); Mb-Bbk, April 1972, S. 47* (Tab. V/3).

Tabelle 2

D-Mark-Terminengagement des amerikanischen Schatzamts im Jahre 1961

(Mill. $)

Monat	Terminverpflichtungen am Monatsanfang	Terminverkäufe während des Monats	Fällige, nicht erneuerte Geschäfte	Terminverpflichtungen am Monatsende
März	—	118,7	—	118,7
April	118,7	104,4	—	223,1
Mai	223,1	78,4	—	301,5
Juni	301,5	52,8	86,5	267,8
Juli	267,8	32,9	98,1	202,6
August	202,6	12,7	89,3	126,0
September	126,0	0,3	76,6	49,7
Oktober	49,7	—	35,5	14,2
November	14,2	—	14,0	0,2
Dezember	0,2	—	0,2	—

Quelle: Charles A. Coombs: Treasury and Federal Reserve Foreign Exchange Operations. Federal Reserve Bulletin, Vol. 48 (1962), S. 1142.

Tabelle 3

Die Inanspruchnahme des Swapabkommens zwischen der Federal Reserve Bank of New York und der Deutschen Bundesbank durch die Federal Reserve Bank of New York

	Monat	Kreditlinie (Mill. $)	Laufzeit der Kredite (Monate)	Ziehungen (Mill. $)	Rück-zahlungen (Mill. $)	offene Kreditlinie (Mill. $)
1962	August	50	3			50
1963	Januar	150	3			150
	Mai—Juni	150	3	150		—
	August	150	3		75	75
	Oktober	250	3		75	250
	Nov.—Dezember	250	3	136	77	191
1964	Januar	250	3		59	250
	März	250	3	55	55	250
	Dezember	250	6	50		200
1965	Januar	250	6		50	250
	Februar	250	6	15	15	250
1966	September	400	6			400
	Dezember	400	6	140		260
1967	Februar	400	6		140	400
	November	750	6	350		400
1968	Januar	750	6		50	450
	Februar	750	6		300	750
	März	1000	6	300		700
	April	1000	6		25	725
	Mai	1000	6		50	775
	Juni	1000	6		225	1000
	November	1000	6	112,1		887,9
1969	Januar	1000	6		112,1	1000
1971	April	1000	6	60		940
	November	1000	6		10	950

Quelle: Charles A. Coombs: Treasury and Federal Reserve Foreign Exchange Operations. Federal Reserve Bulletin, Vol. 48 (1962) uff.

Tabelle 4

Ausgabe und Rückzahlung kurzfristiger D-Mark-Schuldverschreibungen durch das amerikanische Schatzamt

Ausgabe- bzw. Rückzahlungsdatum	Ausgabe (Nennwert in Mill. DM)	Rückzahlung (Nennwert in Mill. DM)	Laufzeit (Monate)	ausstehender Betrag (Mill. DM)
24. 1. 1963	200		15	200
24. 1. 1963	200		18	400
14. 2. 1963	200		21	600
14. 2. 1963	200		24	800
11. 7. 1963	100		24	900
28. 8. 1963	200		24	1100
Jan.—Mai 1964	800			1900
Juni 1964	600		24	2500
Oktober 1964	200			2700
12. 7. 1965		100		2600
1. 10. 1965		200		2400
1. 2. 1966		200		2200
1. 3. 1966		200		2000
1. 4. 1966		200		1800
1. 6. 1966		200		1600
1. 7. 1966		200		1400
9. 8. 1968		200		1200
2. 1969		200		1000
5. 1969		200		800
11. 1969		800		—

Quellen: Mb-Bbk, Oktober 1963, S. 58. — *Charles A. Coombs:* Treasury and Federal Reserve Foreign Exchange Operations. Federal Reserve Bulletin, Vol. 49 (1963), S. 1221; Vol. 50 (1964), S. 1125 f.; Vol. 51 (1965), S. 385; Vol. 52 (1966), S. 1322; Vol. 54 (1968), S. 732; Vol. 55 (1969), S. 217, 700; Vol. 56 (1970), S. 232.

Tabelle 5

Ausgabe und Rückzahlung mittelfristiger D-Mark-Schuldverschreibungen durch das amerikanische Schatzamt[a])

Ausgabe- bzw. Rückzahlungs- datum	Ausgabe (Nennwert in Mill. DM)	Rückzahlung (Nennwert in Mill. DM)	ausstehender Betrag (Mill. DM)
3. 7. 1967	500		500
2. 10. 1967	500		1000
5. 1. 1968	500		1500
4. 1968	500		2000
6. 1968	500		2500
19. 8. 1968	500		3000
10. 1968	500		3500
12. 1968	500		4000
4. 1969	500		4500
1. 1970		2000	2500
3. 3. 1972		250	2250

a) Die Emission vom Juni 1968 wurde bei deutschen Geschäftsbanken plaziert, die übrigen Schuldverschreibungen übernahm die Deutsche Bundesbank.

Quellen: Charles A. Coombs: Treasury and Federal Reserve Foreign Exchange Operations. Federal Reserve Bulletin, Vol. 54 (1968), S. 283, 724, 732; Vol. 55 (1969), S. 217, 700; Vol. 56 (1970), S. 232; Vol. 58 (1972), S. 231.

Tabelle 6

Swapgeschäfte der Schweizerischen Nationalbank zur Ultimo-Überbrückung

Ultimo	Swap-abschlüsse (Mill. sFr.)	kompensatorische Gold-Dollar-Swapgeschäfte mit der BIZ (Mill. sFr.)	Zunahme der Währungsreserven während des letzten Monats vor dem Ultimo (Mill. sFr.)
Dezember 1959	490	(465)	652
Dezember 1960	190	(178)	598
Dezember 1961	281	239	241
Dezember 1962	659	920	1121
Juni 1963	372	372	338
Dezember 1963	944	(1172)	1369
Dezember 1964	206	206	1054
Juni 1965	737	560	626
Dezember 1965	1662	1662	1702
Juni 1966	353	.	515
Dezember 1966	1717	693	1693
März 1967	959	.	911
Dezember 1967	464	1230	1897
Juni 1968	1851	(124)	1737
Dezember 1968	3206	.	3222
Juni 1969	1080	.	985
Dezember 1969	3406	.	3270
März 1970	1805	.	1755
Juni 1970	2110	.	1830
Sept. 1970	1830	.	2500
Dezember 1970	4794	.	4759
März 1971	2020	.	1040
Juni 1971	2475	.	1826

Die in Klammern angegebenen Zahlen sind Schätzwerte; sie geben den jeweils kleineren Betrag von Goldreserve-Zunahme im Monat vor dem Ultimo und Goldreserve-Abnahme im Monat nach dem Ultimo wieder. Soweit die so ermittelten Schätzwerte unter 100 Mill. sFr. liegen, wurden sie nicht aufgeführt.

Quellen: Gb-Nbk 1959, S. 54. — Gb-Nbk 1960, S. 15, 54. — Gb-Nbk 1961, S. 14 f., 54. — Gb-Nbk 1962, S. 16, 58. — Gb-Nbk 1963, S. 16 f., 60. — Gb-Nbk 1964, S. 18 f., 60. — Gb-Nbk 1965, S. 18 f., 60. — Gb-Nbk 1966, S. 17, 60. — Gb-Nbk 1967, S. 21 f., 66. — Gb-Nbk 1968, S. 26 f., 70. — Gb-Nbk 1969, S. 26 f., 68. — Gb-Nbk 1970, S. 23 f., 72. — Gb-Nbk 1971, S. 84. — *Charles A. Coombs:* Treasury and Federal Reserve Foreign Exchange Operations. Federal Reserve Bulletin, Vol. 55 (1969), S. 712; Vol. 56 (1970), S. 703 f.; Vol. 57 (1971), S. 203.

Tabelle 7

(Terminguthaben und Geldmarktpapiere), Devisenreserven und in Schweizer Franken

Monat		Netto-Käufe (Mill. $)	Netto-Liquidationen (Mill. $)	Stand am Monatsende (Mill. $)
1961	Juli—Nov.	152,5		152,5
	Dezember		15	137,5
1962	Januar	9		146,5
	Mai		55	91,5
	Juni		1,5	90
	Juli—Aug.	49		139
	Oktober	5		144
	November		31	113
	Dezember		30	83
1963	Januar		30	53
	April—Mai		46	7
	Juni		7	0,0
	Juli—Aug.	33		33
	September	72		105
	Oktober	14		119
	November	2		121
1964	Januar	9		130
	Mai		9	121
	Juni		19	102
	Juli		19	83
	Aug.—Sept.		31,5	51,5
1965	Jan.—Juni		29	22,5
	Dezember		22,5	0,0
1967	Nov.—Dez.	65,5		65,5
1968	Februar		10	55,5
	März	56		111,5
	April		43	68,5
	Juni		3	65,5
	Juli		29,5	36
	Aug.—Sept.		36	0,0

Quellen: Charles A. Coombs: Treasury and Federal Reserve Foreign Exchange Operations. Federal Reserve Bulletin, Vol. 48 (1962), S. 1144; Vol. 49 (1963), S. 317 ff., 1222; Vol. 50 (1964), S. 298 f., 1130; Vol. 51 (1965), S. 383, 1229; Vol. 52 (1966), S. 323; Vol. 54 (1968), S. 276, 734 ff. — *Peter Baur:* Wandlungen in der äusseren Währungspolitik der Schweiz seit dem Übergang zur Konvertibilität in Europa. Zürich 1967. S. 142 f.

Tabelle 8

Die Inanspruchnahme des Swapabkommens der Federal Reserve Bank of New York mit der Schweizerischen Nationalbank und des auf Schweizer Franken lautenden Abkommens mit der Bank für Internationalen Zahlungsausgleich durch die Federal Reserve Bank of New York

Monat	Kreditlinie (Mill. $)			Laufzeit der Kredite (Monate)	Ziehungen (Mill. $)			Rückzahlungen (Mill. $)			offene Kreditlinie in sFr. (Mill. $)
	Nbk	BIZ	Summe		Nbk	BIZ	Summe	Nbk	BIZ	Summe	
1962 Juli	100	100	200	3	50	50	100				100
August						10	10				90
Okt.						20	20		25	25	95
1963 Jan.—August								50	55	105	200
Sept.						50	50				150
Okt.					60	50	110				40
Nov.	150	150	300	3				5	5	10	150
Dez.					20	50	70				80
1964 Jan.—April					25		25		45	45	100
Mai									70	70	170
Juni								100	30	130	300
Dez.				6		100	100				200
1965 Januar					60		60				140
März					90		90				50
April—Juni								90	60	150	200
Juli—Dez.								60	40	100	300
1966 Jul.					75	75	150				150
Sept.	200	200	400	6				5		5	255
Okt.								55		55	310
1967 Januar								5		5	315
Feb.								10	75	85	400
Juni					218	200	418	28		28	10
Juli	250	250	500	6				10		10	120
August								7		7	127
Sept.—Nov.								50	85	135	262
Dez.	400	400	800	6	127	285	412				150

Tabelle 8 (Fortsetzung)

Monat	Kreditlinie (Mill. $) Nbk	BIZ	Summe	Laufzeit der Kredite (Monate)	Ziehungen (Mill. $) Nbk	BIZ	Summe	Rückzahlungen (Mill. $) Nbk	BIZ	Summe	offene Kreditlinie in sFr. (Mill. $)
1968 Jan.—März	600	600	1200	6				173	345	518	1068
Mai					73		73		55	55	1050
Juni								15		15	1065
Juli					145		145	135		135	1055
Aug.—Sept.								25		25	1080
Okt.					80		80	80		80	1080
Nov.					200		200				880
1969 Jan.—Feb.								280		280	1160
April					100		100	40		40	1100
Mai								5		5	1105
Juli								95		95	1200
Okt.					200		200				1000
Nov.								25		25	1025
Dez.								30		30	1055
1970 Feb.								145		145	1200
Mai					200		200				1000
Juli								15		15	1015
August								185		185	1200
Okt.					300		300				900
1971 März	600	600	1200	6	150		150	450		450	1200
Mai					250						950
August	1000	600	1600	6	750	600	1350				0

Quellen: Charles A. Coombs: Treasury and Federal Reserve Foreign Exchange Operations. Federal Reserve Bulletin, Vol. 48 (1962) uff. — Gb-Nbk 1962, S. 15 f.

Tabelle 9

Ausgabe und Rückzahlung kurzfristiger Schweizer-Franken-Schuldverschreibungen durch das amerikanische Schatzamt

Ausgabe- bzw. Rückzahlungsdatum	Ausgabe (Nennwert in Mill. sFr.)	Rückzahlung (Nennwert in Mill. sFr.)	Laufzeit (Monate)	Gläubiger	ausstehender Betrag (Mill. sFr.) Nbk	Bund	BIZ	Summe
10. 1961	200		3	Nbk	200			200
5. 1962		200		Nbk				—
18. 10. 1962	100		15	Bund		100		100
10. 1962	207		5 und 8	Nbk	207	100		307
8. 11. 1962	120		16	Bund	207	220		427
24. 1. 1963	130		16	Bund	207	350		557
4.–5. 1963	200		17 u. 18	Bund	207	550		757
10. 1963	130		12	Bund	207	680		887
5. 1964	300		15	BIZ	207	680	300	1187
4. 8. 1964	225		13	Nbk	432	680	300	1412
30. 7. 1965	100		15	BIZ	432	680	400	1512
16. 5. 1966		100		Bund	432	580	400	1412
20. 7. 1966		100		Bund	432	480	400	1312
4.–5. 1967	260			BIZ	432	480	660	1572
3. 1968	435		15	Nbk	867	480	660	2007
7. 1968	236		3	BIZ				
	575		3	Nbk	1442	480	896	2818
2. 1969	214			BIZ				
	109			Nbk	1551	480	1110	3141
29. 4. 1969	170		15	Nbk	1721	480	1110	3311
7. 1969	130			Nbk	1851	480	1110	3441
24. 7. 1969		230		BIZ	1851	480	880	3211
4. 1970		236		BIZ	1851	480	644	2975
3. 1971	1075			Nbk	2926	480	644	4050
8. 1971	1350			Nbk	4276	480	644	5400

Quellen: Charles A. Coombs: Treasury and Federal Reserve Foreign Exchange Operations. Federal Reserve Bulletin, Vol. 48 (1962), S. 1144; Vol. 49 (1963), S. 318, 1217, 1222; Vol. 50 (1964), S. 299, 1129 f.; Vol. 51 (1965), S. 383, 1229; Vol. 52 (1966), S. 1321; Vol. 53 (1967), S. 1520, 1523; Vol. 54 (1968), S. 270, 277, 724, 735; Vol. 55 (1969), S. 222, 700, 712 f.; Vol. 56 (1970), S. 703; Vol. 57 (1971), S. 789 f. — *Peter Baur:* Wandlungen in der äusseren Währungspolitik der Schweiz seit dem Übergang zur Konvertibilität in Europa. Zürich 1967. S. 142 f.

Tabelle 10

Die Inanspruchnahme des Swapabkommens zwischen der Federal Reserve Bank of New York und der Bank für Internationalen Zahlungsausgleich in anderen EWA-Währungen als dem Schweizer Franken

Quartal		Kreditlinie (Mill. $)	Ziehungen (Mill. $)	Währung	Ziehung durch	Rückzahlungen (Mill. $)	Netto-Inanspruchnahme am Ende des Quartals (Mill. $)
1966	I	150					
	II	150					
	III	200					
	IV	200	285		BIZ	85	200
1967	I	200				200	—
	II	200	225		BIZ	82	143
	III	300				143	—
	IV	600	346		BIZ		346
1968	I	1000	66	DM	BIZ	412	—
	II	1000	306	DM	BIZ	195	111
	III	1000	145	DM	BIZ	256	—
	IV	1000	126	DM	BIZ	46	80
1969	I	1000	51	DM	BIZ	131	—
	II	1000	25	DM	BIZ	25	—
	III	1000	4	DM	BIZ	4	—
	IV	1000	62	DM	BIZ	62	—
1970	I	1000	136	DM	BIZ	136	—
	II	1000	77	DM	BIZ	77	—
	III	1000	77	DM	BIZ	77	—
	IV	1000	44	DM	BIZ	44	—
1971	I	1000	21	DM	BIZ	21	—
	II	1000	6	DM	BIZ	6	—
	III	1000	35	bfr	FRB		35
	IV	1000	3	DM	BIZ	3	35

Quellen: Kreditlinien: *Charles A. Coombs:* Treasury and Federal Reserve Foreign Exchange Operations. Federal Reserve Bulletin, Vol. 51 (1965), S. 1223 f.; Vol. 52 (1966), S. 1339; Vol. 54 (1968), S. 722. — Ziehungen, Rückzahlungen: eigene Berechnungen aufgrund der Angaben in den Berichten von *Coombs* (a.a.O., Vol. 53 [1967] und Vol. 54 [1968]); ab 1968: *Coombs:* Report, a.a.O., Vol. 55 (1969), S. 213, 705; Vol. 56 (1970), S. 230, 692; Vol. 57 (1971), S. 191, 787.

Tabelle 11

Mindestreservestatistik
Aufgliederung der Verbindlichkeiten gegenüber Gebietsfremden[a])

— Mill. DM —

Durchschnitt im Monat	Gemäß § 2 Abs. 4 AMR[b]) kompensierte sowie reservepfl. Verbindlichkeiten gegenüber Gebietsfremden								
	insgesamt	nach § 2 Abs. 4 AMR[b]) von der Reservepflicht freigestellte Verbindlichkeiten				reservepflichtige Verbindlichkeiten[c])			
		insgesamt	Sichtverbindlichkeiten	befristete Verbindlichkeiten	Spareinlagen	insgesamt	Sichtverbindlichkeiten	befristete Verbindlichkeiten	Spareinlagen
	1	2	3	4	5	6	7	8	9
			Alle reservepflichtigen Kreditinstitute						
1961 Mai	3 878,2	1 926,4	1 677,9	221,2	27,3	1 951,8	966,5	721,5	263,8
Juni	4 101,5	2 471,0	2 044,3	362,8	63,9	1 630,5	675,0	716,3	239,2
Sept.	4 391,1	2 945,5	2 078,9	726,8	139,8	1 445,6	555,7	716,1	173,8
Dez.	4 160,8	2 712,1	1 995,4	573,6	143,1	1 448,7	561,5	700,8	186,4
1962 März	.	2 773,3	2 078,3	567,2	127,8	.	.	.	.
Juni	3 633,4	2 599,0	2 078,6	430,3	90,1	1 034,4	457,9	410,1	166,4
Sept.	3 931,4	2 503,7	1 919,6	501,8	82,3	1 427,7	507,7	732,6	187,4
Dez.	4 084,0	2 487,2	1 917,6	506,3	63,3	1 596,8	543,0	827,0	226,8
1963 März	3 769,6	2 148,0	1 764,2	356,2	27,6	1 621,6	659,0	680,4	282,2
Juni	3 982,2	2 066,3	1 745,3	246,9	74,1	1 915,9	826,5	842,3	247,1
Sept.	4 404,8	2 272,1	1 913,8	245,4	112,9	2 132,7	880,1	1 025,7	226,9
Dez.	4 472,1	2 390,0	2 029,9	253,4	106,7	2 082,1	737,3	1 102,0	242,8
1964 März	4 563,0	2 473,5	2 205,5	254,9	18,1	2 084,5	819,5	909,4	355,6
Juni	4 738,0	3 084,6	2 632,3	299,5	152,8	1 653,4	485,3	742,0	426,1
Sept.	4 818,3	3 061,4	2 559,3	360,5	141,6	1 756,9	426,8	849,2	480,9
Dez.	4 919,3	3 064,3	2 498,4	422,7	143,2	1 855,0	505,7	816,3	533,0

Tabelle 11 (Fortsetzung)

Durchschnitt im Monat	Gemäß § 2 Abs. 4 AMR[b]) kompensierte sowie reservepfl. Verbindlichkeiten gegenüber Gebietsfremden								
	insgesamt	nach § 2 Abs. 4 AMR[b]) von der Reservepflicht freigestellte Verbindlichkeiten				reservepflichtige Verbindlichkeiten[c])			
		insgesamt	Sichtverbindlichkeiten	befristete Verbindlichkeiten	Spareinlagen	insgesamt	Sichtverbindlichkeiten	befristete Verbindlichkeiten	Spareinlagen
	1	2	3	4	5	6	7	8	9
	Alle reservepflichtigen Kreditinstitute								
1965 März	4 962,5	3 485,7	2 749,7	544,4	191,6	1 476,8	438,7	522,0	516,1
Juni	5 163,4	3 452,5	2 838,8	399,2	214,5	1 710,9	601,3	560,0	549,6
Sept.	5 210,8	3 036,1	2 438,7	527,4	70,0	2 174,7	798,3	652,1	724,3
Dez.	5 444,6	3 487,1	2 590,0	707,7	189,4	1 957,5	669,4	643,8	644,3
1966 März	5 345,5	3 569,0	2 606,5	696,8	265,7	1 776,5	676,5	510,0	590,0
Juni	5 238,5	3 503,4	2 535,4	713,2	254,8	1 734,9	732,2	374,2	628,5
Sept.	5 188,3	3 545,5	2 511,4	772,4	261,7	1 642,8	671,6	315,3	655,9
Dez.	5 422,2	4 196,8	2 881,7	950,2	364,9	1 225,4	384,2	283,6	557,6

a) Ohne die nach § 2 Abs. 3 b—g) der Anweisung der Deutschen Bundesbank über Mindestreserven (AMR) von der Reservepflicht freigestellten Verbindlichkeiten gegenüber Gebietsfremden.
b) § 2 Abs. 4 der Anweisung der Deutschen Bundesbank über Mindestreserven (AMR) wurde mit Ablauf des 31. Dezember 1966 aufgehoben.
c) Von Mai 1961 bis Dezember 1961 sowie von Juni 1964 bis Dezember 1966 Angaben aus den Reservemeldungen aller reservepflichtigen Kreditinstitute. Von Juni 1962 bis März 1964 Angaben aus den Reservemeldungen von rd. 100 ausgewählten Kreditinstituten, bei denen der weitaus überwiegende Teil aller reservepflichtigen Verbindlichkeiten gegenüber Gebietsfremden unterhalten wurde. Im März 1962 wurden die reservepflichtigen Verbindlichkeiten gegenüber Gebietsfremden nicht gesondert erfaßt.

Quelle: Schreiben der Deutschen Bundesbank vom 18. 11. 1967 an den Verfasser.

Tabelle 12

Ausländische Geldmarktanlagen deutscher Geschäftsbanken (Terminguthaben und Geldmarktpapiere), Devisenreserven und Swapengagement der Deutschen Bundesbank

— Zunahme (+) bzw. Abnahme (−) in Mill. D-Mark —

Quartal	ausl. Geldmarkt-anlagen der Geschäfts-banken	Swap-engagement der Deutschen Bundesbank	Währungsreserven der Deutschen Bundesbank ohne Berücksichtig. von Swapgesch.	netto
1958 IV	+ 4	+ 325	+1297	+ 972
1959 I	+ 927	+ 589	−2706	−3295
II	+ 453	+ 53	− 373	− 426
III	+ 216	− 627	−1424	− 797
IV	− 601	+ 406	+2367	+1961
1960 I	− 280	+ 607	+ 960	+ 353
II	− 756	−1185	+2273	+3458
III	− 64	+ 375	+3008	+2633
IV	+ 281	+1136	+2700	+1563
1961 I	+1130	+ 197	− 10	− 207
II	+1444	+1239	− 653	−1892
III	− 324	− 510	−2505	−1995
IV	−1551	−1470	− 723	+ 747
1962 I	+2262	+1765	− 290	−2055
II	− 914	− 735	+ 32	+ 767
III	− 616	− 834	− 101	+ 733
IV	−1083	−1202	−1199	+ 3
1963 I	+ 995	− 49	− 145	− 96
II	+ 132	− 80	+ 920	+1000
III	+ 176	0	+ 695	+ 695
IV	−1003	0	+ 973	+ 973
1964 I	+1089	+ 384	+ 392	+ 8
II	− 74	+ 204	+ 325	+ 121
III	− 125	− 224	− 650	− 426
IV	− 242	− 8	+ 301	+ 309
1965 I	+ 765	+ 606	+ 96	− 510
II	− 430	− 320	−1493	−1173
III	− 512	− 574	− 582	− 8
IV	+ 180	− 68	+ 117	+ 185
1966 I	− 70	0	−1177	−1177
II	+ 94	0	+ 170	+ 170
III	+ 628	0	+ 745	+ 745
IV	− 885	0	+1292	+1292
1967 I	+1812	0	+ 142	+ 142
II	+1136	0	− 926	− 926
III	+ 528	0	+ 801	+ 801
IV	+ 480	+2527	+2923	+ 396
1968 I	+1013	+ 903	+2416	+1513
II	−1458	−3430	−2240	+1190

Quellen: Mb-Bbk, Februar 1960, S. 78; Mb-Bbk, Februar 1961, S. 78; Mb-Bbk, Februar 1962, S. 88; Mb-Bbk, Februar 1963, S. 96; Mb-Bbk, Mai 1964, S. 125; Mb-Bbk, Januar 1965, S. 119; Mb-Bbk, September 1965, S. 32; Mb-Bbk, Januar 1966, S. 123; Mb-Bbk, Dezember 1967, S. 91; Mb-Bbk, August 1968, S. 122.

Literaturverzeichnis

1. Einzelwerke

Auboin, Roger: The Bank for International Settlements, 1930—1955. Princeton 1955.

Baur, Peter: Wandlungen in der äußeren Währungspolitik der Schweiz seit dem Übergang zur Konvertibilität in Europa. Diss. Bern 1966. Zürich 1967.

Beck, Heinz: Gesetz über die Deutsche Bundesbank vom 20. Juli 1957. Mainz-Gonsenheim/Düsseldorf 1959.

Blondel, Danièle, Jean-Pierre *Daloz* und Claude *Jessua:* Essais sur la nouvelle théorie quantitative de la monnaie. Paris 1970.

Boarman, Patrick M.: Germany's Economic Dilemma. New Haven/ London 1964.

Boeck, Klaus, und Henry *Krägenau:* Devisenausgleich und Burden-Sharing. Hamburg 1971.

Boulding, Kenneth E.: Principles of Economic Policy. Englewood Cliffs 1958.

Brandes, Henning: Der Euro-Dollarmarkt. Wiesbaden 1968.

Brehmer, Ekhard: Struktur und Funktionsweise des Geldmarktes in der Bundesrepublik Deutschland seit 1948. 2. Aufl. Tübingen 1964.

Bremeier, Eberhard: Strukturanalysen ausländischer Bankensysteme: Schweiz. Frankfurt a. M. 1968.

Chancellor of the Exchequer (Hrsg.): The Basle Facility and the Sterling Area. London 1968.

Committee on the Working of the Monetary System (Hrsg.): Minutes of Evidence. London 1960.

— Report. London 1959.

Deutsche Bundesbank (Hrsg.): Die währungspolitischen Institutionen und Instrumente in der Bundesrepublik Deutschland. Sonderdruck. (Frankfurt a. M. 1971.)

Dudler, Hermann-Josef: Diskont- und Terminkurspolitik. Frankfurt a. M. 1966.

Einzig, Paul: A Dynamic Theory of Forward Exchange 2nd ed. London 1967.

— The Euro-Dollar-System. 4th ed. London 1970.

— The Theory of Forward Exchange. London 1937.

Europäische Wirtschaftsgemeinschaft (Hrsg.): Die währungspolitischen Instrumentarien in den Mitgliedstaaten der Europäischen Wirtschaftsgemeinschaft. Brüssel 1962.

Friedman, Milton: Die optimale Geldmenge und andere Essays. München 1970.

Giersch, Herbert: Allgemeine Wirtschaftspolitik. 1. Bd. Wiesbaden 1961.

Graf, Gerhard: Zur formalen Theorie des Devisenterminmarktes. Berlin 1971.

Grubel, Herbert G.: Forward Exchange, Speculation, and the International Flow of Capital. Stanford (California) 1966.

Hahn, L. Albert: Geld und Kredit. Frankfurt a. M. 1960.

Hawtrey, Ralph G.: The Art of Central Banking. London 1932.

Hein, Manfred: Die internationalen Geldmarktgeschäfte westdeutscher Banken. Berlin 1966.

Janocha, Peter: Intervention und Kooperation der Zentralbanken auf den Devisenmärkten nach dem Zweiten Weltkrieg. Tübingen 1966.

Jarchow, Hans-Joachim: Theoretische Studien zum Liquiditätsproblem. Tübingen 1966.

Jenny, Jörg: Termindevisen. Zürich 1968.

Keynes, John Maynard: Ein Traktat über Währungsreform. München/Leipzig 1924.

— A Tract on Monetary Reform. London 1923.

Kirschen, E. S. (Hrsg.): Economic Policy in our Time. Vol. III. Amsterdam 1964.

Klein, Kurt: Die Kreditplafondierung, eine geld- und kreditpolitische Notwendigkeit. Berlin 1967.

Klopstock, Fred H.: The Euro-Dollar-Market. Some unresolved Problems. Princeton 1968.

Lipfert, Helmut: Einführung in die Währungspolitik. 5. Aufl. München 1971.

— Der Geldmarkt. 7. Aufl. Frankfurt a. M. 1970.

— Internationaler Devisen- und Geldhandel. Frankfurt a. M. 1967.

Lutz, Ch.: Die dringlichen Bundesbeschlüsse über die Bekämpfung der Teuerung. Diss. Zürich 1967.

Lutz, Heinz: Die Möglichkeiten der Schweizerischen Nationalbank zur Beeinflussung des Geld- und Kapitalmarktes. Winterthur 1958.

Mayer, H. W.: Some Theoretical Problems relating to the Euro-Dollar-Market. Princeton 1970.

Mills, Rodney H.: The Regulation of Short-Therm Capital Movements: Western European Techniques in the 1960's. Washington 1968.

Neldner, Manfred: Die Kursbildung auf dem Devisenterminmarkt und die Devisenterminpolitik der Zentralbanken. Berlin 1970.

Rittershausen, Heinrich: Internationale Handels- und Devisenpolitik. 2. Aufl. Frankfurt a. M. 1955.

— Die Zentralnotenbank. Frankfurt a. M. 1962.

Rose, Klaus: Theorie der Außenwirtschaft. Berlin/Frankfurt a. M. 1970.

Schloss, Henry H.: The Bank for International Settlements. The Bulletin, Nos. 65—66 (September 1970).

Schmidt, Fritz: Internationaler Zahlungsverkehr und Wechselkurse. Leipzig 1919.

Schneider, Erich: Einführung in die Wirtschaftstheorie. III. Teil. 11. Aufl. Tübingen 1969.

Schröder, Jürgen: Zur Theorie der Devisenterminmärkte. Berlin 1969.

Schweizerische Nationalbank (Hrsg).: Schweizerische Nationalbank 1907—1957. Zürich 1957.

Schwilling, Werner: Die kursbildenden Faktoren am Devisenmarkt. Köln 1963.

Siegert, Werner: Währungspolitik durch Seelenmassage. Frankfurt a. M. 1963.

Sohmen, Egon: Flexible Exchange Rates. Chicago 1961.

— The Theory of Forward Exchange. Princeton 1966.

Spindler, Joachim v., Willy *Becker* und O.-Ernst *Starke*: Die Deutsche Bundesbank. 3. Aufl. Stuttgart 1969.

Stadermann, Bertfried: Offenmarktgeschäfte als Instrument der Liquiditätspolitik. Frankfurt a. M. 1961.

Steinmann, Gunter: Theorie der Spekulation. Tübingen 1970.

Swoboda, A. K.: The Euro-Dollar-Market. An Interpretation. Princeton 1968

Veit, Otto: Grundriß der Währungspolitik. 3. Aufl. Frankfurt a. M. 1969.

Vries, Margaret de, J. Keith *Horsefield* u. a.: The International Monetary Fund. 1945—1965. Vol. II. Washington, D. C., 1969.

Widmer, Robert: Der Euromarkt. Frankfurt a. M. 1969.

Winterberger, G.: Der Ausbau des Instrumentariums der Schweizerischen Nationalbank. Zürich 1967.

2. Aufsätze in Sammel- und Nachschlagewerken

Ackermann, Ernst: Artikel „Schweiz" In: Enzyklopädisches Lexikon für das Bank-, Geld- und Börsenwesen. Band 2. Frankfurt a. M. 1957. S. 1399—1410.

Besters, H.: Econmic Policy in Western Germany. In: E. S. Kirschen (Hrsg.): Economic Policy in our Time. Vol. III. Amsterdam 1964. S. 389—482.

Dahl, Robert A. und Charles E. *Lindblom*: Sieben Grundziele der Gesellschaftsgestaltung. In: Gérard Gäfgen (Hrsg.): Grundlagen der Wirtschaftspolitik. Köln, Berlin 1966. S. 211—236.

Kull, Walter: Schweizerische Nationalbank. In: Bank für Internationalen Zahlungsausgleich (Hrsg.): Acht europäische Zentralbanken. Frankfurt a. M. 1963. S. 367—422.

Lipfert, Helmut: Der Geldmarkt kennt keine Grenzen. In: Helmut Lipfert (Hrsg.): Internationale Finanzmärkte. Frankfurt a. M. 1964. S. 329—339.

— Swapsätze und Währungspolitik. Ebd., S. 326—329.

Moeller, Hero: Art. „Währung". In: HdSw, Bd. 11. Tübingen und Göttingen 1961. S. 430—443.

Schmidt, Willi: Deutsche Bundesbank. In: Bank für Internationalen Zahlungsausgleich (Hrsg.): Acht europäische Zentralbanken. Frankfurt a. M. 1964. S. 65—125.

Stucken, Rudolf: Neue Notenbankinstrumente in der Schweiz. In: Heinz Haller und Horst Claus Recktenwald (Hrsg.): Finanz- und Geldpolitik im Umbruch. Mainz 1969. S. 389—397.

Tuchtfeldt, Egon: Gentlemen's Agreements als Instrument der schweizerischen Geldpolitik. In: C. A. Andreae, K. H. Hansmeyer und G. Scherhorn (Hrsg.): Geldtheorie und Geldpolitik. Berlin 1968. S. 135—154.

3. Aufsätze in Zeitschriften und Zeitungen

Altman, Oscar L.: Foreign Markets for Dollars, Sterling, and Other Currencies. Staff Papers, Vol. VIII (1960/61), S. 313—352.

Bernholz, Peter: Einige Bemerkungen zur Devisenterminpolitik der Deutschen Bundesbank. JfNuSt, Bd. 182 (1969), S. 479—489.

Blondel, Danièle: Euro-dollars et liquidité internationale. Economie Appliquée, Tome XXIII (1970), S. 59—90.

Bloomfield, Arthur J.: Official Intervention in the Forward Exchange Market: Some Recent Experiences. Quarterly Review (Banca Nazionale del Lavoro), Vol. XVII (1964), S. 3—42.

Braun, Oswald: Zur Theorie des Devisenterminmarktes. JfNuSt, Bd. 177 (1965), S. 22—58, 132—158.

Brehmer, Ekhard: Official Forward Exchange Operations. The German Experience. Staff Papers, Vol. XI (1964), S. 389—413.

Brehmer, Ekhard und Graeme S. *Dorrance*: Controls on Capital Inflow: Recent Experiences of Germany and Switzerland. Staff Papers, Vol. VIII (1960/61), S. 427—438.

Carlo, G. R. de: Interest Sensitivity of Short-Term Capital Movements: Some Recent Statistical Studies. Kyklos, Vol. XXII (1969), S. 737—750.

Coombs, Charles A.: Treasury and Federal Reserve Foreign Exchange Operations. Federal Reserve Bulletin, Vol. 48 (1962), S. 1138—1153; Vol. 49 (1963), S. 311—320, 1216—1223; Vol. 50 (1964), S. 294—307, 1119—1133; Vol. 51 (1965), S. 377—389, 1223—1236; Vol. 52 (1966), S. 316—329, 1316—1326; Vol. 53 (1967), S. 355—366, 1518—1530; Vol. 54 (1968), S. 267—288, 721—742; Vol. 55 (1969), S. 210—227, 697—718; Vol. 56 (1970) S. 225—245, 691—707; Vol. 57 (1971), S. 189—207, 783—814; Vol. 58 (1972), S. 228—256.

Daloz, Jean-Pierre: Euro-dollars et déficits. Economie Appliquée, Tome XXIII (1970), S. 91—110.

Einzig, Paul: Some Recent Changes in Forward Exchange Practices. The Economic Journal, Vol. LXX (1960), S. 485—495.

— Some Recent Developments in Official Exchange Operations. The Economic Journal, Vol. LXXIII (1963), S. 241—253.

— Forward Exchange Intervention. Westminster Bank Review, February 1967, S. 2—12.

Feldstein, Martin S.: Uncertainty and Forward Exchange Speculation. Review of Economics and Statistics, Vol. L (1968), S. 182—192.

Fry, Richard: Guardians of the World's Fortunes. The Banker, Vol. CXX (1970), S. 44—50.

Goldstein, Henry H.: Forward Exchange Intervention. Another View of the Recent British Experiment. Westminster Bank Review, August 1966, S. 2—14.

Gröner, Helmut: Devisenausgleich — ein wirksames Instrument der Zahlungsbilanzpolitik? Wirtschaftspolitische Chronik, Bd. 16 (1967), S. 209—240.

Grubel, Herbert G.: A Multicountry Model of Forward Exchange: Theory, Policy, and Empirical Evidence, 1951—1961. Yale Economic Essays, Vol. 3 (1963), S. 105—169.

— A Neglected Aspect of Forward Exchange Theory and Policy. Journal of Finance, Vol. XVIII (1963), S. 537—548.

Hankel, Wilhelm: Zur Frage der Priorität der geldwertpolitischen Ziele. Konjunkturpolitik, 6. Jg. (1960), S. 253—271.

— Zahlungsbilanzausgleich durch regulierte Devisenarbitrage. Konjunkturpolitik, 5. Jg. (1959), S. 98—105.

Iklé, Max: Währungspolitik in der Konvertibilität. Außenwirtschaft, 17. Jg. (1962), S. 383—407.

— Switzerland's invisible Earnings: A Comparison with Britain. The Banker, Vol. CXX (1970), S. 58—63.

Jarchow, Hans-Joachim: Der Devisenterminmarkt als Ansatzpunkt für Zentralbankinterventionen. Weltwirtschaftschaftliches Archiv, Bd. 95 (1965 II), S. 202—222.

Jasay, Anthony Egan: Bank Rate or Forward Exchange Policy. Quarterly Review (Banca Nazionale del Lavoro), Vol. XI (1958), S. 56—73.

Köhler, Claus: Thesen und Gegenthesen. Bemerkungen zu Milton Friedmans monetärem Konzept des „New Liberalism". Weltwirtschaftliches Archiv, Bd. 105 (1970), S. 31—45.

Lademann, John: Währungspolitische Chronik. Außenwirtschaft, 18. Jg. (1963), S. 324—340; 19. Jg. (1964), S. 120—131, 316—331; 20. Jg. (1965), S. 89—103, 335—348; 21. Jg. (1966), S. 116—128, 398—410; 22. Jg. (1967), 133—144, 349—360; 23. Jg. (1968), S. 326—348; 24. Jg. (1969), S. 107—120; 25. Jg. (1970), S. 29—46, 265—274; 26. Jg. (1971), S. 31—46.

Leutwiler, Fritz: Geldpolitik in einer offenen Volkswirtschaft. Österreichisches Bankarchiv, 17. Jg. (1969), S. 2—11.

Lipfert, Helmut: Um eine bessere Devisenmarkt-Struktur. ZfgK, 20. Jg. (1967), S. 706—708.

Lotz, Walter: Die Währungsfrage in Österreich-Ungarn und ihre wirtschaftliche und politische Bedeutung. Jb. f. Gesetzgebung, Verwaltung und Volkswirtschaft im Deutschen Reich, N. F., 13. Jg. (1889), S. 1265—1303.

Oppenheimer, Peter M.: Forward Exchange Inervention: the Official View. Westminster Bank Review, February 1966, S. 2—13.

— Forward Exchange Intervention: A Further Note. Ebd., February 1967, S. 13—17.

Reading, B.: The Forward Pound, 1951—59. The Economic Journal, Vol. LXX (1960), S. 304—319.

Richebächer, Kurt: Die Optik des „Geldexports". ZgfK, 12. Jg. (1959), S. 465—466.

Rittershausen, Heinrich: 7 1/2 % Diskont zu hoch? ZfgK, 23. Jg. (1970), S. 477—478.

Schmölders, Günter: Wirtschaftspolitik mit dem Zeigefinger. Der Volkswirt, 14. Jg. (1960), Heft 52/53, S. 86—90.

Schreiber, H.-J.: Der begehrte Donnerstag-Dollar. ZfgK, 20. Jg. (1967), S. 606—607.

Schwegler, W.: Die Regelung des schweizerischen Geldumlaufes durch die Schweizerische Nationalbank. Außenwirtschaft, 23. Jg. (1968), S. 55—86.

Sedlmaier, Emeran: Devisenhandel gestern, heute und morgen. Der Volkswirt, 15. Jg. (1961), Beilage zu Heft 43, S. 23—27.

Spraos, John: Speculation, Arbitrage, and Sterling. The Economic Journal, Vol. LXIX (1959), S. 1—21.

— The Theory of Forward Exchange and Recent Practice. The Manchester School of Economic and Social Studies, Vol. XXI (May 1953), S. 87—117.

Tamagna, Frank M.: Central Banks and International Monetary Arrangements. Quarterly Review (Banca Nazionale del Lavoro), Vol. XIV (1961), S. 115—140.

Teichmann, Ulrich: Möglichkeiten und Grenzen einer antizyklischen Geldpolitik. Kredit und Kapital, 5. Jg. (1972), S. 72—86.

Tether, Gordon: Dollars — Hard, Soft, and Euro. The Banker, Vol. CXI (1961), S. 395—404.

Tsiang, S. C.: The Theory of Forward Exchange and Effects of Government Intervention on the Forward Exchange Market. Staff Papers, Vol. VII (1959—60), S. 75—106.

Ungerer, Martin: Neues kreditpolitisches Instrumentarium in der Schweiz. ZfgK, 21. Jg. (1968), S. 1029—1030.

Veit, Otto: Wirkungsfelder des Zinses. Zeitschrift für die gesamte Staatswissenschaft, 115. Bd. (1959), S. 495—513.

White, William H.: Interest Rate Differences, Forward Exchange Mechanism, and Scope for Short-term Capital Movements. Staff Papers, Vol. X (1963), S. 485—501.

Zeitel, Gerhard: Zur Währungspolitik der Deutschen Bundesbank. JfNuSt, Bd. 173 (1961), S. 169—190.

o. V.: Devisenreserven — „national" und privat. ZgfK, 11. Jg. (1958), S. 1022.

— Braucht der Geldexport noch eine Starthilfe? Der Volkswirt, 13. Jg. (1959), S. 1804—1805.

— Swiss Measures to Discourage Inflow of Short-Term Funds. International Financial News Survey (IMF), Vol. XII (1959/60), S. 470 f.

— Deutsch-britisch-amerikanisches Abkommen über Devisenhilfe. Auszüge aus Presseartikeln, Jg. 1967, Nr. 34, S. 1—4.

— Bundesbank interveniert erstmals am Devisenmarkt. Handelsblatt vom 16. 6. 1970, S. 1.

— Bundesbank senkt Ankaufskurs für Termindollar. Handelsblatt vom 18. 6. 1970, S. 33.

— What is Money? Business Conditions (Federal Reserve Bank of Chikago), June 1971, S. 9—15.

4. Sonstige Veröffentlichungen

Abkommen über die Gründung einer Europäischen Zahlungsunion. BGBl. II 1951, S. 32—58.

Abkommen über den Internationalen Währungsfonds. BGBl. II 1952, S. 638—663.

Änderungen und Ergänzungen des Abkommens über den Internationalen Währungsfonds. Ausgearbeitet gemäß Resolution Nr. 22-8 des Gouverneursrats. BGBl. II 1968, S. 1227—1250.

Anweisungen der Deutschen Bundesbank über Mindestreserven (AMR) vom 16. April 1959. Gb-Bbk 1958, S. 62—65.

Desgl. vom 3. September 1962. Gb-Bbk 1962, S. 108—112.

Desgl. vom 11. November 1968. Gb-Bbk 1968, S. 115—120.

Außenwirtschaftsgesetz vom 28. April 1961. BGBl. I 1961, S. 481—495.

Gesetz zur Änderung des Außenwirtschaftsgesetzes vom 23. Dezember 1971. BGBl. I 1971, S. 2141—2142.

Authorization Regarding Open Market Transactions in Foreign Currencies. Federal Reserve Bulletin, Vol. 48 (1962), S. 1150—1153.

Bank für Internationalen Zahlungsausgleich: Jahresberichte Nr. 34 uff.

Bundesgesetz über das Münzwesen vom 17. 12. 1952. Amtliche Sammlung der Bundesgesetze und Verordnungen der schweizerischen Eigenossenschaft, Jg. 1952, S. 209.

Bundesgesetz über die Banken und Sparkassen vom 8. November 1934. Bereinigte Sammlung der Bundesgesetze und Verordnungen 1848—1947, Bd. 10, S. 337.

Bundesgesetz über die Schweizerische Nationalbank vom 23. Dezember 1953. Amtliche Sammlung der Bundesgesetze und Verordnungen der Schweizerischen Eidgenossenschaft. Jg. 1954, S. 599.

Bundestagsdrucksache 2781. Veröffentlicht in: Verhandlungen des Deutschen Bundestages. 2. Wahlperiode 1953. Anlagen zu den stenographischen Berichten. Bd. 45. Bonn 1956.

Bundestagsdrucksache 2832. Ebd.

Bundestagsdrucksache 3603. Ebd., Bd. 53. Bonn 1957.

Deutsche Bundesbank: Geschäftsberichte für das Jahr 1958 uff.

— Mitteilung Nr. 7002/62 betreffend Entscheidung der Exekutivdirektoren vom 5. Januar 1962 über Allgemeine Kreditvereinbarungen (General Arrangements to Borrow).

— Mitteilung Nr. 7007/72 betreffend Bekanntmachung anläßlich der Einführung einer Bardepotpflicht für Auslandsverbindlichkeiten.

— Monatsberichte, lfde. Nummern.

Europäisches Währungsabkommen. BGBl. II 1959, S. 295—325.

Gesetz über die Deutsche Bundesbank vom 26. Juli 1957. BGBl. I, S. 745—755.

Gesetz zur Änderung des Gesetzes über die Deutsche Bundesbank vom 22. Juli 1969. BGBl. I, S. 877.

Gesetz zur Förderung der Stabilität und des Wachstums der Wirtschaft vom 8. Juni 1967. BGBl. I, S. 582—589.

International Monetary Fund: International Financial Statistics, lfde. Nummern.

Schweizerische Nationalbank: Geschäftsberichte Nr. 52 (1959) uff.

— Monatsberichte, lfde. Nummern.

Statuten der Bank für Internationalen Zahlungsausgleich. RGBl. II 1930, S. 297—327.

Verordnung zur Durchführung des Außenwirtschaftsgesetzes vom 22. August 1961. BGBl. I, S. 1381 ff.

14. Verordnung zur Änderung der Außenwirtschaftsverordnung vom 22. November 1968. BGBl. I, S. 1197.

21. Verordnung zur Änderung der Außenwirtschaftsverordnung vom 1. März 1972. BGBl. I, S. 213.

5. Mündliche und schriftliche Auskünfte

Bank für Handel und Industrie A.G., Berlin

Berliner Disconto Bank A.G., Berlin

Deutsche Bundesbank, Frankfurt a. M.

Dresdner Bank A.G., Frankfurt a. M.

First National City Bank, Berlin

Landeszentralbank in Berlin, Berlin

Schweizerische Nationalbank, Zürich

Volkswirtschaftliche Schriften

1 **Grundlagen der Preisbildung.** Von E. Carell. 138 S. 1952. DM 15,80

2 **Schöpferischer Wettbewerb und klassenlose Gesellschaft.** Von H. Arndt. 148 S. 1952. DM 18,60

3 **Sozialprodukt und Volkseinkommen.** Von O. Kraus. 123 S. 1952. DM 12,60

4 **Der Mensch als wirtschaftliches „Datum".** Von H. Droege. 72 S. 1952. DM 9,80

5 **Weltwirtschaftlicher Solidarismus.** Von R. Fleck. 128 S. 1952. DM 15,80

6 **Die Konkurrenz und ihre Fehlentwicklungen.** Von B. Röper. 243 S. 1952. DM 19,60

7 **Der organisierte Teilzahlungskredit.** Von H. Reuschel. 114 S. 1953. DM 14,—

8 **Kreislauf und Entwicklung der Volkswirtschaft.** Von O. Kraus. 112 S. 1953. DM 11,80

9 **Notenbankverfassung und Notenbankentwicklung in USA und Westdeutschland.** Von R. P. Geisler. 213 S. 1953. DM 22,60

10 **Der freie und der gebundene Arbeitsmarkt.** Von Ch. E. Weber. 180 S. 1953. DM 16,80

11 **Die volkswirtschaftliche Gesamtrechnung.** Von W. Hofmann. 217 S. 1954. DM 26,—

12 **Das Konkurrenzproblem im Oligopol.** Von R. Richter. 112 S. 1954. DM 12,—

13 **Nivellierung und Differenzierung der Arbeitseinkommen in Deutschland seit 1925.** Von J. H. Müller. 175 S. 1954. DM 19,60

14 **Das Akzelerationsprinzip.** Von W. Mieth. 118 S. 1954. DM 12,80

15 **Wohin steuert die Sowjetwirtschaft?** Von W. Hofmann. 141 S. 1955. DM 16,80

16 **Kapitalbeteiligung des Arbeitnehmers am arbeitgebenden Unternehmen.** Von W. G. Schmitz. 96 S. 1955. DM 10,60

17 **Kupfer in der Weltwirtschaft.** Von M. H. Hess. 122 S. 1955. DM 15,60

18 **Gewerbefreiheit als wirtschaftspolitisches Problem.** Von E. Tuchtfeldt. 220 S. 1955. DM 22,—

19 **Der amerikanische Arbeitsmarkt.** Von E. Kröller. 215 S. 1956. DM 20,60

20 **Die Periodenanalyse als Theorie der volkswirtschaftlichen Dynamik.** Von E. Hoppmann. 225 S. 1956. DM 26,60

21 **Wohnungsbau für Minderbemittelte.** Hrsg. von M. Schneider. 124 S. 1956. DM 9,60

22 **Die Arbeitsverfassung der Sowjetunion.** Von W. Hofmann. XIX, 542 S. 1956. Ln. DM 48,—

23 **Die finanzielle Einheit der französischen Union.** Von W. Vollrodt. 185 S. 1956. DM 19,60

24 **Die deutschen und angelsächsischen Kreditbanken im Lichte ihrer Bilanzen.** Von W. Fischöder. 116 S. 1956. DM 13,60

25 **Lohnwertbildung und Eigentumsordnung in der modernen Marktwirtschaft.** Von Ch. E Weber. 108 S. 1957. DM 9,80

26 **Die Kaufkraft der Rupie.** Von W. O. Habermeier. 115 S. 1957. DM 13,60

27 **Wirtschaftsintegrationen und Integrationsstatistik.** Von F. Below. 144 S. 1957. DM 16,60

28 **Der Unternehmungsgewinn.** Von S. Varga. 158 S. 1957. DM 15,60

29 **Vertikale Preisbindung und Handel.** Von E. Hoppmann. 64 S. 1957. DM 6,60

30 **Der Geldschöpfungskoeffizient der Kreditbanken in der Bundesrepublik.** Von H.-J. Lierow. 69 S. 1957. DM 8,—

31 **Die Industrialisierung der wirtschaftlich unterentwickelten afrikanischen Länder und ihre Auswirkungen auf die Weltwirtschaft.** Von A. Muddathir. 331 S. 1957. DM 32,—

32 **Das neutrale Geld.** Von W. Paede. 82 S. 1957. DM 9,80

33 **Die eisenschaffende Industrie Brasiliens.** Von E. A. Boas. 184 S. 1957. DM 22,60

34 **Das System der Einkommensverteilung in der sozialistischen Marktwirtschaft Jugoslawiens.** Von I. Weitzmann. 147 S. 1958. DM 18,—

35 **Steuerüberwälzungslehre.** Von H. C. Recktenwald. 2. Aufl. 219 S. 1966. Brosch. DM 28,—; Ln. DM 32,—

36 **Verkaufswerbung — ihre Technik, Psychologie und Ökonomie.** Von G. Friedrichs. 183 S. 1958. DM 22,20

37 **Die Kategorien des ökonomischen Denkens.** Von Ch. E. Weber. 120 S. 1958. DM 11,80

38 **Der Lagerzyklus.** Von H. Schimmler. 113 S. 1958. DM 15,—

39 **Funktionsfähige Konkurrenz.** Von K. Kühne. VII, 282 S. 1958. DM 32,60

40 **Das Kapital und seine Besteuerung.** Von G. Schmidt. 247 S. 1959. DM 28,—

41 **Die Probleme der Währungskonvertierbarkeit.** Von K. R. Hartung. 147 S. 1959. DM 18,60

42 **Faktorelastizität und Beschäftigungsverlauf.** Von H. Kasten. 84 S. 1959. DM 10,80

43 **Konkurrenz und Kooperation.** Von H. H. Habisreitinger. 100 S. 1959. DM 13,80

44 **Marktwirtschaftliche Theorie des neutralen Geldes.** Von H. H. Lechner. 120 S. 1959. DM 14,80

45 **Europa-Markt und Wettbewerb.** Von W. Hofmann. 48 S. 1959. DM 5,60

46 **Die Veränderungen der Lohnstruktur.** Von J. Klaus. 116 S. 1959. DM 14,40

47 **Die wirtschaftliche Problematik der Raumordnung.** Von D. Storbeck. 201 S. 1959. DM 22,60

48 **Der Unternehmer und die volkswirtschaftliche Entwicklung.** Von F. Rexhausen. 129 S. 1960. DM 16,—

49 **Über die Problematik der internationalen währungspolitischen Kooperation.** Von H. W. Prill. 258 S. 1960. DM 28,—

50 **Welfare Economics.** Von J. Pahlke. 84 S. 1960. DM 9,80

51 **Außenhandel und Außenwirtschaftspolitik des Iran.** Von A. Adli. 314 S. 1960. DM 39,60

52 **Die Berechtigung sittlicher Werturteile in den Sozialwissenschaften.** Von G. Weigand. 120 S. 1960. DM 14,80

53 **Der gerechte Lohn.** Von W. Baldamus. 85 S. 1960. DM 11,60

54 **Die Theorie der Standortwahl.** Von W. Meyer. 298 S. 1960. DM 33,60

55 **Der Neoliberalismus und die Gestaltung der Wirtschaftsverfassung in der Bundesrepublik Deutschland.** Von R. Behlke. 223 S. 1961. DM 28,—

56 **Produktivität und Distribution im Lichte der deutschen gewerkschaftlichen Lehrmeinungen der Weimarer Epoche (1918—1933).** Von K. M. Wrede. 195 S. 1960. DM 19,60

57 **Zur Problematik des Miteigentums.** Von A. von Loesch. 102 S. 1961. DM 12,80

58 **Die Schweizer Bankobligationen unter Ausschluß der Pfandbriefe.** Von H. Mohr. 120 S. 1961. DM 14,80

59 **Deflationierungsmethoden im Rahmen der volkswirtschaftlichen Gesamtrechnung.** Von B. Friedmann. 156 S. 1961. DM 22,60

60 **Die Rolle des Staates in den Frühstadien der Industrialisierung.** Von U. P. Ritter. 176 S. 1961. DM 22,60

61 **Der langfristige Lieferantenkredit im Außenhandel (Exportkredit).** Von S. Frhr. v. Stetten. 151 S. 1962. DM 18,60

62 **Produktionstechnik, Kapital und Fortschritt.** Von P. Bünte. 107 S. 1961. DM 19,60

63 **Der Geldkreislauf.** Von C. Köhler. 229 S. 1962. DM 26,60

64 **Der Lohn.** Von E. Bandholz. 208 S. 1962. DM 26,60

65 **Automation.** Von H. Tagwerker. 151 S. 1962. DM 18,60

66 **Die Lombardpolitik der Zentralnotenbanken.** Von H. Haase. 237 S. 1962. DM 33,60

67 **Der Güterbegriff in der Theorie des Qualitätswettbewerbs.** Von H. R. W. Rieger. 96 S. 1962. DM 12,60

68 **Vertikale Preisbindung.** Von P. Wörmer. 338 S. 1962. DM 48,—

69 **Die Recession der Jahre 1957/58 in den Vereinigten Staaten von Amerika unter besonderer Berücksichtigung des Preisverhaltens.** Von P. Bohley. 190 S. 1963. DM 24,80

70 **Der Rentenbegriff in der Wirtschaftstheorie.** Von M. Klafkowski. 215 S. 1963. DM 26,60

71 **Der freie Wechselkurs.** Von D. Pentzek. 96 S. 1963. DM 12,80

72 **Die Preisbildung der öffentlichen Unternehmen.** Von H.-D. Lösenbeck. 121 S. 1963. DM 16,60

73 **Das Selbstverständnis der ökonomischen Theorie.** Von F. Jonas. 236 S. 1964. DM 28,60

74 **Wettbewerbsordnung und Eliminierungsplanung.** Von H. Braeutigam. 134 S. 1964. DM 16,60

75 **Theorie des Datenrahmens.** Von K. Holzer. 135 S. 1964. DM 18,60

76 **Fiscal Policy in Großbritannien.** Von K. Schierloh. 227 S. 1964. DM 33,60

77 **Die Wirkungen internationaler Präferenzsysteme auf Preise und Handelsströme.** Von K. Poser. 160 S. 1964. DM 22,80

78 **System und Politik der Mindestreserve.** Von K. P. Tudyka. 168 S. 1964. DM 24,80

79 **Die Erbschaftsteuer als Mittel der Vermögensredistribution.** Von K. P. Kisker. 200 S. 1964. DM 33,60

80 **Die Grundsätze der pluralistischen Wirtschaft.** Von J. Solterer. 112 S. 1964. DM 18,60

81 **Wissenschaftliche Agrarpolitik im Königreich Norwegen.** Von Frhr. v. Malchus. 129 S. 1964. DM 19,60

82 **Finanzpolitische Willensbildung in der Bundesrepublik Deutschland.** Von R. Glaeser 234 S. 1964. DM 38,60

83 **Determinanten der internationalen Güterströme.** Von P. Düesberg. 180 S. 1965. DM 29,60

84 **Lohnbildung im Wechselpiel zwischen politischen und wirtschaftlichen Kräften.** Von B. Külp. 401 S. 1965. DM 56,—

85 **Die Interpretation der Theorie David Ricardos als geschlossenes nicht arbeitswert-axiomatisches Gleichgewichtssystem.** Von H. Bydekarken. 154 S. 1965. DM 29,60

86 **Organisationstheorie, Theorie der Unternehmung und Oligopol.** Von H.-G. Krüsselberg. 217 S. 1965. DM 29,80

87 **Neue landwirtschaftliche Unternehmenstypen in der Bundesrepublik?** Von A. Nienaber. 323 S. 1965. DM 48,—

88 **Die Vergrößerung der Bandbreite für Devisenkursschwankungen.** Von G. N. Halm. 68 S. 1965. DM 8,—

89 **Die Lehre von der optimalen Bevölkerungszahl.** Von H. Adebahr. 150 S. 1965. DM 22,80

90 **Finanzierungsprobleme in den Entwicklungsländern.** Von T. Scharf. 126 S. 1965. DM 18,60

91 **Grundlagen und Formen der Preisdifferenzierung im Lichte der Marktformenlehre und der Verhaltenstheorie.** Von L. M. Schmid. 158 S. 1965. DM 24,80

92 **Absatztheorie der Einsatzprodukte.** Von G. v. Beckerath. 110 S. 1965. DM 19,60

93 **Der sozial-ökonomische Rat der niederländischen Wirtschaft.** Von M. Estor. 208 S. 1965. DM 33,60

94 **Die Bedeutung staatlicher Entwicklungsplanung für die wirtschaftliche Entwicklung unterentwickelter Länder.** Von W. E. Behrens. 165 S. 1966. DM 26,60

95 **Aufbau und Verfassung der britischen und amerikanischen Gewerkschaften.** Von A. Villiger. 208 S. 1966. DM 36,—

96 **Zur Problematik des flexiblen Wechselkurses der Währung eines relativ preisstabilen Landes.** Von R. Meimberg. 44 S. 1966. DM 6,60

97 **Die demokratischen Grundlagen der funktionalen Finanzwirtschaften.** Von J. Ufer. 105 S. 1966. DM 15,80

98 **Gesellschaftsschädigungen und Wohlfahrtsökonomik.** Von K. H. Steinhöfler. 122 S. 1966. DM 22,60

99 **Externe Effekte der Produktion und ihre Bedeutung für die Wirtschaftspolitik.** Von K. Heinemann. 149 S. 1966. DM 28,—

100 **Die eisenschaffende Industrie Latein-Amerikas.** Von E. A. Boas. 174 S. 1966. DM 28,—

101 **Strukturwandlungen der westdeutschen Automobilindustrie.** Von K. W. Busch. 208 S. 1966. DM 33,60

102 **Zölle und Lohnquote.** Von R. Peffekoven. 238 S. 1966. DM 38,60

103 **Die Verteilungstheorie von Kenneth E. Boulding.** Von W. Kerber. 178 S. 1966. DM 29,60

104 **Der Einfluß des technischen Fortschritts auf die Preise landwirtschaftlich genutzten Bodens in Industrieländern.** Von H. Griesbach. 126 S. 1966. DM 19,80

105 **Wichtige Erscheinungsformen der Lohnquote.** Von P. Klemmer. 134 S. 1967. DM 19,80

106 **Zur Theorie der Außenwirtschaft.** Von M. Klafkowski. 325 S. 1967. DM 58,60

107 **Die Kreditplafondierung, eine geld- und kreditpolitische Notwendigkeit.** Von K. Klein. 246 S. 1967. DM 39,80

108 **Der französische Trésor.** Von H. Zuber. 210 S. 1967. DM 38,60

109 **Monetäre Voraussetzungen der gesamtwirtschaftlichen Nachfrage.** Von E.-A. Gramann. 124 S. 1967. DM 22,60

110 **Das wirtschaftspolitische Instrumentarium.** Von R. Krüger. 141 S. 1967. DM 24,—

111 **Volkswirtschaftliche Theorie des technischen Fortschritts.** Von R. Eder. 150 S. 1967. DM 24,60

112 **Die Industrialisierung Indiens unter dem Druck der steigenden Auslandsverschuldung.** Von H. Breuer. 162 S. 1967. DM 29,60

113 **Steigender Steuerdruck bei sinkendem Geldwert.** Von A. Tautscher. 73 S. 1967. DM 12,60

114 **Entwicklung der Wirtschaft.** Von H. Stephenson. 122 S. 1967. DM 19,80

115 **Bürgschaften und Garantien als Mittel der Wirtschaftspolitik.** Von E.-A. Conrad. 191 S. 1967. DM 29,60

116 **Der Internationale Ausgleich der Faktorpreise.** Von K. Mackscheidt. 258 S. 1967. DM 44,60

117 **Entlohnungssysteme und sozialer Konflikt.** Von A. W. Michl. 150 S. 1968. DM 26,60.

118 **Behandlung und Erkenntniswert der Erwartungen in der Wirtschaftstheorie.** Von P. Machinek. 205 S. 1968. DM 36,60

119 **Das Kartell.** Von D. Eckel. 334 S. 1968. DM 59,80

120 **Umverteilung und wirtschaftliche Entwicklung.** Von E. Weissel. 101 S. 1968. DM 16,80.

121 **Die Theorie der Domination von François Perroux.** Von U. Jeck. 148 S. 1968. DM 26,60

122 **Markttransparenz und Preispolitik.** Von E. Lindemann. 142 S. 1968. DM 24,60

123 **Die Entwicklungspolitik der Volksrepublik China 1949 bis 1962.** Von U. E. Simonis. 196 S. 1968. DM 44,60

124 **Die Wirkungen zwischenstaatlichen Kapitalverkehrs auf Wechselkurse und Zahlungsbilanzen.** Von E. v. Wangenheim. 137 S. 1968. DM 32,60

125 **Die Politik der Reichsbank von 1876 - 1914 im Lichte der Spielregeln der Goldwährung.** Von M. Seeger. 161 S. 1968. DM 29,60

126 **Wird die kleine und mittlere industrielle Unternehmung diskriminiert?** Von B. Gellner. 189 S. 1968. DM 33,60

127 **Theorie der personellen Einkommensverteilung.** Von H.-J. Krupp. 260 S. 1968. DM 39,—

128 **Wirtschaftssystem und Industrialisierung in den Entwicklungsländern.** Von H. Effenberger. 167 S. 1968. DM 29,60

129 **Ordnungspolitische Probleme des Warentests.** Von D. Meiners. 215 S. 1968. DM 42,60

130 **Zur Theorie der Devisenterminmärkte.** Von J. Schröder. 148 S. 1969. DM 29,80

131 **Der metallische Rohstoff Zinn.** Von W. Gocht. 260 S. 1969. DM 56,60

132 **Makroökonomische Wirkungen der Sozialen Sicherung.** Von S. Schultz. 163 S. 1969. DM 29,80

133 **Effektivität und Legitimität der Tarifautonomie.** Von H. Weitbrecht. 267 S. 1969. DM 48,60

134 **Die Koordination von gesamtwirtschaftlicher, regionaler und lokaler Planung.** Von R. Krüger. 192 S. 1969. DM 36,—

135 **Wirtschaftslenkung und Preisintervention.** Von A. Hegelheimer. 312 S. 1969. DM 58,60

136 **Wissenschaftstheoretische Überlegungen zu Grundannahmen der Nationalökonomie.** Von L. Bauer. 153 S. 1969. DM 29,80

137 **Arbeitsmobilität, regionales Wachstum und Integration.** Von H.-J. Bodenhöfer. 196 S. 1969. DM 36,60

138 **Grundbegriffe der Statistik.** Von G. Marinell. 99 S. 1969. DM 18,60

139 **Die Rolle der Offiziere in der deutschen Wirtschaft nach dem Ende des Zweiten Weltkrieges.** Von M. Lesch. 179 S. 1970. DM 38,60

140 **Rationales Handeln in der Ökonomie.** Von D. Eckel. 136 S. 1970. DM 24,80

141 **Gebändigter Klassenkampf. Tarifautonomie in der Bundesrepublik Deutschland.** Von C. Noé. 351 S. 1970. DM 58,60

142 **Investitionsquote, Wachstum und Gleichgewicht.** Von H.-J. Rüstow. 62 S. 1970. DM 15,60

143 **Forschungspolitik und Forschungsplanung.** Von J. F. Reuter. 193 S. 1970. DM 39,60

144 **Die Wirkung der Besteuerung auf das Arbeitsangebot.** Von A. Blazek. 140 S. 1970 DM 28,60

145 **Die Steuerwirkungen.** Von R. Eppler. 184 S. 1970. DM 44,60

146 **Gemeinwirtschaftlichkeit als Ordnungsprinzip.** Von T. Thiemeyer. 347 S. 1970. DM 66,—

147 **Zur Theorie der Einkommensverteilung.** Von U. Schleehauf. 154 S. 1970. DM 28,—

148 **Planung und Information.** Von E. Wille. 284 S. 1970. DM 48,60

149 **Ziel-Mittel-Konflikte als Problem der Wirtschaftspolitik.** Von F. Mehler. 444 S. 1970. DM 78,60

150 **Das geldtheoretische und geldpolitische Werk Walter Euckens.** Von W. Folz. 221 S. 1970. DM 48,—

151 **Die Gemeinde als wirtschaftspolitisches Entscheidungszentrum.** Von R. Schneider. 275 S. 1971. DM 54,60

152 **Einführung in die Theorie der wirtschaftlichen Werbeleistungen.** Von H. Steiner. 215 S. 1971. DM 39,60

153 **Ökonometrische Modelle.** Von W. Meißner. 178 S. 1971. DM 48,—

154 **Zeitablauf und Angebotspolitik.** Von D. Eckel. 134 S. 1971. DM 29,80

155 **Geldtheoretische Analysen der Deutschen Bundesbank als Elemente einer Strategie der Überredung.** Von R. Pohl. 102 S. 1971. DM 28,60

156 **Theorie der Lohnpolitik.** Von E. R. Dall'Asta. 171 S. 1971. DM 38,60

157 **Steuerpolitische Ansatzpunkte der Anbieterinflationsbekämpfung.** Von D. Cansier. 228 S. 1971. DM 44,60

158 **Rahmenplanung des Städtebaus.** Von K. Wittkau. 133 S. 1971. DM 26,—

159 **Die Vermögensteuer im Rahmen der modernen allgemeinen Einkommensteuer.** Von B. B. Gemper. 300 S. 1971. DM 58,—

160 **Handlungs- und Wirkungsverzögerungen in der Wirtschaftspolitik.** Von T. Winter. 154 S. 1971. DM 29,60

161 **Ruinöser Wettbewerb.** Von M. Tolksdorf. 219 S. 1971. DM 44,60

162 **Kapital als wirtschaftliche Energie und Geld als ihr Maßstab.** Von E. Eckelt. 420 S. 1971. DM 78,60

163 **Der Funktionswandel der Genossenschaften in industriellen Marktwirtschaften.** Von W. Engelhardt. 127 S. 1971. DM 26,60

164 **Die Ursachen der Einkommensunterschiede in landwirtschaftlichen Betrieben und ihre Quantifizierung.** Von W. Ort. 244 S. 1971. DM 56,60

165 **Lohnbildung durch Kollektivverhandlungen.** Von G. Himmelmann. 240 S. 1971. DM 48,—

166 **Verbändelehre bei Goetz Briefs.** Von J. Niggemann. 147 S. 1971. DM 29,80

167 **Wirtschaft und Wissenschaft.** Von K. Engelmann. 269 S. 1971. DM 48,—

168 **Zur Theorie der Nachfrage.** Von R. Porstmann. 312 S. 1971. DM 58,60

169 **Die Konzentration im Bereich der deutschen Konsumgenossenschaften nach dem zweiten Weltkrieg.** Von E. Gandenberger. 161 S. 1971. DM 36,—

170 **Die volkswirtschaftliche Bedeutung und rechtliche Zulässigkeit von Verkaufssyndikaten.** Von U. Martin. 158 S. 1971. DM 33,60

171 **Produkttechnischer Fortschritt und Profite.** Von H. Bortis. 135 S. 1971. DM 39,80

172 **Koordination des Einsatzes geld- und finanzpolitischer Instrumente.** Von K. Socher. 140 S. 1971. DM 32,60

173 **Investitionstätigkeit und Investitionspolitik in der internationalen Mineralölindustrie.** Von R. B. Eich. 252 S. 1971. DM 68,—

174 **Mobilitätsorientierung und Fluktuationsbereitschaft.** Von K. Krahn. 160 S. 1971. DM 38,60.

175 **Ökonomische Gesetze als Bestimmungsfaktoren von Produktion und Konsum.** Von D. Eckel. 146 S. 1971. DM 29,80

176 **Programmierte Instruktion.** Von H.-G. Braun. 165 S. 1971. DM 38,60

177 **Die ideologischen Elemente in der neoklassischen Theorie.** Von F. Romig. 68 S. 1971. DM 14,80

178 **Wohlfahrtsökonomische Aspekte der Besteuerung.** Von H. Henschel. 148 S. 1971. DM 29,80

179 **Die Fluktuation der Arbeitskräfte.** Von H. Adebahr. 262 S. 1971. DM 53,60

180 **Der flexible Wechselkurs als Instrument außenwirtschaftlicher Absicherung einer autonomen Wirtschaftspolitik.** Von W.-R. Pohlmann. 150 S. 1971. DM 29,60.

181 **Unternehmenskonzentration als Ergebnis und Mittel nationalsozialistischer Wirtschaftspolitik.** Von D. Swatek. 172 S. 1972. DM 38,60.

182 **Gleitende Paritäten und erweiterte Bandbreiten.** Von E. Stoffers. 128 S. 1972. DM 28,60

183 **Die Banque de France: Organisation und Operationen.** Von M. Mersch. 299 S. 1972. DM 68,60

184 **Theorie der öffentlichen Güter und optimale Struktur einer Föderation.** Von C. Liedtke. 176 S. 1972. DM 38,60

185 **Investitionskriterien und Preismechanismus in Entwicklungsländern.** Von A. Konrad. 133 S. 1972. DM 38,60.

186 **Grundlagen des Debt Management.** Von G. Jurke. 150 S. 1972. DM 39,60

187 **Wachstum und Verteilung in neoklassischer und postkeynesianischer Sicht.** Von P. Kalmbach. 232 S. 1972. DM 64,60

188 **Auf dem Wege zur gemeinsamen Mineralölpolitik.** Von A. Mulfinger. 335 S. 1972. DM 66,60

189 **Das Hickssche Konjunkturmodell und seine monetäre Problematik.** Von D. Römheld. 90 S. 1972. DM 28,60

190 **Abwertung und gesamtwirtschaftliches Gleichgewicht.** Von D. Bender. 198 S. 1972. DM 48,—

191 **Italienische Agrarreform.** Von G. Giorgi. Hrsg. von A. Tautscher. 100 S. 1972. DM 19,60

192 **Grundlagen konjunkturbeeinflussender Haushaltspolitik.** Von B. Rahmann. 148 S. 1972. DM 36,60

193 **Marktstruktur und wirtschaftliche Entwicklung.** Von K. Schmidt. 211 S. 1972. DM 44,60

194 **Zur wohlfahrtstheoretischen Behandlung von Verteilungsproblemen.** Von J. Hackmann. 222 S. 1972. DM 48,60

195 **Grundlagenkritik preistheoretischer Modelle.** Von G. Gerdsmeier. 234 S. 1972. DM 56,—

196 **Preis- und Investitionspolitik für Autobahnen.** Von H.-M. Schellhaaß. 220 S. 1972. DM 58,60

197 **Siedlungsstruktur und wirtschaftliche Entwicklung.** Von U. P. Ritter. 177 S. 1972. DM 36,60

198 **Die Wettbewerbsfunktion der deutschen Sparkassen und das Subsidiaritätsprinzip.** Von B. Röper. 200 S. 1973. DM 48,—.

199 **Altersstrukturveränderungen der Bevölkerung, Ersparnis und wirtschaftliches Wachstum.** Von K. Jaeger. 193 S. 1973. DM 76,—.

DUNCKER & HUMBLOT / BERLIN

Allgemeine Theorie der Beschäftigung, des Zinses und des Geldes. Von J. M. Keynes. Ins Deutsche übersetzt von F. Waeger. 3. Aufl. XI, 344 S. 1966. Ln. DM 36,—.

Vom Gelde. (A Treatise on Money). Von J. M. Keynes. XX , 635 S. Unveränderter Nachdruck 1955. Ln. DM 66,—.

Geldschöpfung und Wirtschaftskreislauf. Von Prof. Dr.-Ing. Dr. C. Föhl. 2. Aufl., XVII, 436 S. 1955. Ln. DM 48,—.

Konjunktur-, Geld- und Entwicklungstheorie. Von F. Korenjak. XXII, 456 S. 1959. Ln. DM 96,—.

Marktwirtschaftliche Theorie des neutralen Geldes. Von Priv.-Doz. Dr. Hans H. Lechner. 120 S. 1959. DM 14,80.

Finanz- und währungspolitische Bedingungen stetigen Wirtschaftswachstums. Verhandlungen auf der Tagung des Vereins für Socialpolitik in Baden-Baden 7.—10. Oktober 1958. Hrsg. von Prof. Dr. W. G. Hoffmann. 354 S. 1959. DM 32,—.

Untersuchungen zur Einkommensverteilung im Wirtschaftswachstum. Von Dr. G.-A. Küster. 386 S. 1969. DM 69,60.

Volkswirtschaftliche Theorie des Geldes. Von Prof. Dr. A. Forstmann. Bd. I: Allgemeine Geldtheorie. XVI, 722 S. 1943. DM 74,—. Bd. II: Monetäre Ökonomie. Allgemeine Volkswirtschaftslehre der Geldwirtschaft. XX, 940 S. 1955. Ln. DM 88,—.

Internationale Währungs- und Finanzpolitik. Mit Beiträgen von L. A. Hahn. G. N. Halm, W. Hofmann, O. Kraus, A. Kruse, W. Meinhold, H. Rittershausen, G. Schmölders und Th. Suranyi-Unger. Hrsg. von Prof. Dr. W. Meinhold. 185 S. 1961. Ln. DM 24,60.

Probleme der Haushalts- und Finanzplanung. Hrsg. von Prof. Dr. H. Haller. 174 S. 1969. DM 28,60.

Kapitalhilfe. Untersuchungen zur bilateralen Kapitalhilfe im Rahmen öffentlicher Leistungen. Von Prof. Dr. A. Kruse-Rodenacker und H. Dumke unter Mitarbeit von N. v. Götz. 208 S. 1969. Ln. DM 48,60.

Studien zur Geldtheorie und monetäre Ökonometrie. Hrsg. von Prof. Dr. G. Bombach. 225 S. 1972. DM 44,60

Geldtheorie und Geldpolitik. Günter Schmölders zum 65. Geburtstag. Hrsg. von Prof. Dr. C. A. Andreae, Prof. Dr. K. H. Hansmeyer, Prof. Dr. G. Scherhorn. XIII, 355 S. 1968. Ln. DM 56,—.

Der Geldkreislauf. Geldtheoretische Thesen im Spiegel der Empirie. Von Prof. Dr. Cl. Köhler. 229 S. 1962. DM 26,60.

Geldwirtschaft. Bd. I: Geldversorgung und Kreditpolitik. Von Prof. Dr. Cl. Köhler. XX, 373 S. mit 13 Tab. u. 65 Abb. 1970. Ln. DM 39,80; Bd. II: Internationale Liquidität. In Vorbereitung.

Geld — Kredit — Währung. Eine kurzgefaßte Einführung. Von Prof. Dr. O. Kraus. 262 S. 1958. Ln. DM 24,80.

DUNCKER & HUMBLOT / BERLIN